普通高等院校工程管理专业系列规划教材

建设项目评估

JIANSHE XIANGMU PINGGU

主编 陈 波

西南交通大学出版社
·成 都·

内容简介

本书依据《建设项目经济评价方法与参数》(第3版)的要求,介绍了建设项目评估的标准、参数和报表体系等,同时按照新的体系要求修订了建设项目可行性研究报告编写大纲的相关内容。

本书的主要内容包括建设项目可行性论证与项目评估概述、项目建设必要性评估、项目建设条件评估、建设项目环境影响评估、建设项目工艺技术方案评估、建设项目投资估算与筹资方案评估、建设项目财务效益评估、建设项目国民经济效益评估、建设项目风险和不确定性评估、建设项目总评估、建设项目后评估、建设项目评估案例分析及案例练习等。全书着重阐述建设项目评估的基本思路、基本内容、基本程序和基本方法,力争做到深入浅出。

本书可作为工程管理、工程造价、房地产经营管理、土木工程等工程类专业及其他管理类本科专业的教材或教学参考书,也可作为金融、投资、项目管理等相关专业学生及专业人员的参考用书。

图书在版编目(CIP)数据

建设项目评估 / 陈波主编. —成都:西南交通大学出版社,2013.8(2018.8 重印)

普通高等院校工程管理专业系列规划教材

ISBN 978-7-5643-2517-6

Ⅰ. ①建… Ⅱ. ①陈… Ⅲ. ①基本建设项目—项目评价—高等学校—教材 Ⅳ. ①F282

中国版本图书馆 CIP 数据核字(2013)第 182465 号

普通高等院校工程管理专业系列规划教材

建设项目评估

主编 陈 波

*

责任编辑 张 波
助理编辑 姜锡伟
封面设计 墨创文化

西南交通大学出版社出版发行

(四川省成都市金牛区交大路 146 号 邮政编码:610031 发行部电话:028-87600564)

http://www.xnjdcbs.com

四川煤田地质制图印刷厂印刷

*

成品尺寸:185 mm×260 mm 印张:12.5
字数:312 千字
2013 年 8 月第 1 版 2018 年 8 月第 3 次印刷
ISBN 978-7-5643-2517-6
定价:29.50 元

图书如有印装质量问题 本社负责退换
版权所有 盗版必究 举报电话:028-87600562

前　言

随着 21 世纪我国建设进程的加快，特别是经济的全球化大发展和我国加入 WTO 以来，国家工程建设领域对从事项目决策和全过程管理的复合型高级管理人才的需求逐渐扩大，而这种扩大又主要体现在对应用型人才的需求上，这使得高校工程管理专业人才的教育培养面临新的挑战与机遇。

本套教材本着"概念准确、基础扎实、突出应用、淡化过程"的编写原则，力求做到既能够符合现阶段该专业教学大纲、专业方向设置及课程结构体系改革的基本要求，又可满足目前我国工程管理专业培养应用型人才目标的需要。本套教材是在总结以往教学经验的基础上编写的，主要注重突出以下特点：专业的融合性。工程管理专业是个多学科的复合型专业，根据国家提出的"宽口径、厚基础"的高等教育办学思想，本套教材按照该专业指导委员会制订的 4 个平台课程的结构体系方案，即土木工程技术平台课程及管理学、经济学和法律专业平台课程来规划配套。

本书在建设项目评估理论、方法和实务性这 3 个方面相辅相成，逻辑思路清晰，理论介绍内容详略得当；为学生在基础理论、专业知识、业务能力的协调发展方面创造了条件。本书由陈波担任主编，王维敏、廖佳、李冀蜀、黄孝斌参编。具体写作分工是：第 1、4 章由黄孝斌编写；第 2、3 章由陈波编写；第 5、10 章由李冀蜀编写；第 6、9 章由廖佳编写；第 7、8 章由王维敏编写。

由于编者水平有限、时间较紧，教材中的疏漏之处在所难免，敬请读者批评指正。

编　者

2013 年 5 月

目　录

第1章　建设项目可行性论证与建设项目评估概述 ... 1
- 1.1　项目发展周期与项目前期研究 ... 1
- 1.2　建设项目可行性研究 ... 8
- 1.3　建设项目评估 ... 10
- 本章小结 ... 14
- 课后习题 ... 14

第2章　项目建设必要性评估的方法与技术 ... 15
- 2.1　项目建设必要性评估概述 ... 15
- 2.2　项目建设必要性评估的市场预测方法 ... 15
- 本章小结 ... 31
- 课后习题 ... 31

第3章　项目建设条件评估 ... 32
- 3.1　建设规模评估概述 ... 32
- 3.2　项目生产规模的确定方法——盈亏平衡分析法 ... 34
- 3.3　项目物料供应分析 ... 36
- 3.4　建设项目建厂地区及厂址分析 ... 37
- 3.5　项目场（厂）址的比选 ... 39
- 3.6　建设厂址选择的主要技术和方法 ... 40
- 3.7　总图运输 ... 42
- 本章小结 ... 45
- 课后习题 ... 46

第4章　建设项目环境影响评估 ... 48
- 4.1　建设项目环境影响评估的含义和要求 ... 48
- 4.2　建设项目环境影响评估的内容 ... 53
- 4.3　建设项目环境影响的经济损益分析 ... 56
- 本章小结 ... 61
- 课后习题 ... 61

第5章　建设项目工艺技术方案评估 ... 63
- 5.1　建设项目技术方案评估 ... 63
- 5.2　建设项目生产工艺方案评估 ... 68
- 5.3　建设项目工艺设备评估 ... 72
- 5.4　建设项目工程设计方案分析 ... 76
- 本章小结 ... 81

课后习题 ··· 81

第6章　建设项目投资估算

6.1　建设项目投资估算概述 ··· 83
6.2　固定资产投资估算 ·· 86
6.3　流动资金估算 ··· 105
6.4　项目总投资与分年投资计划 ·· 108
本章小结 ··· 109
课后习题 ··· 110

第7章　建设项目财务效益评估

7.1　项目的财务评价概述 ··· 111
7.2　建设项目财务评价基础数据的测算 ·· 112
7.3　建设项目财务评价报表体系及评价指标 ··· 118
本章小结 ··· 129
课后习题 ··· 129

第8章　建设项目国民经济效益评估

8.1　项目的国民经济评价概述 ·· 131
8.2　建设项目国民经济评价效益与费用的确定 ····································· 132
8.3　国民经济效益评估的价格调整 ·· 134
8.4　建设项目国民经济评价报表及评价指标 ·· 138
本章小结 ··· 142
课后习题 ··· 143

第9章　不确定性分析与风险分析

9.1　盈亏平衡分析 ··· 144
9.2　敏感性分析 ··· 148
9.3　风险分析 ·· 153
本章小结 ··· 168
课后习题 ··· 168

第10章　建设项目的总评估和后评估

10.1　项目总评估概述 ·· 170
10.2　建设项目总评估的对象和内容 ·· 171
10.3　建设项目总评估的步骤和方法 ·· 177
10.4　建设项目后评估概述 ··· 181
10.5　项目后评估的内容、方法和程序 ··· 183
10.6　建设项目后评估的组织与实施 ·· 190
本章小结 ··· 191
课后习题 ··· 191

参考文献 ··· 194

第1章 建设项目可行性论证与建设项目评估概述

本章要点
(1) 了解建设项目的内涵。
(2) 掌握建设项目前期的工作。
(3) 了解项目可行性研究。
(4) 掌握建设项目评估的程序。

1.1 项目发展周期与项目前期研究

1.1.1 项目

现代项目管理理论认为：项目是一个组织为实现自己既定的目标，在一定时间、人员和其他资源的约束条件下所开展的一种有一定独特性的、一次性的工作；也可以理解为是在一定的时间和一定的预算内所要达到的预期目的。这个定义说明，项目是人类社会中的一种特有的社会活动，是为创造特定产品或服务而开展的一次性社会活动。因此，凡是人类为创造独特产品或服务的一次性活动都属于项目的范畴。项目侧重于过程，是一个动态的概念，例如我们可以把一条高速公路的建设过程视为项目，但不可以把高速公路本身称为项目。那么到底什么活动可以称为项目呢？安排一个演出活动、开发和介绍一种新产品、策划一场婚礼、设计和实施一个计算机系统、进行工厂的现代化改造、主持一次会议等这些在我们日常生活中经常可以遇到的一些事情，都可以称为项目。

按照世界银行的解释，项目是指在规定的期限内，为完成一项开发目标而规定的投资、政策、机构以及其他各方面的综合体。一个建设项目一般要包括以下几个因素：

(1) 具有能用于土建工程或机器设备及其安装等投资的资金。
(2) 具备提供有关工程设计、技术方案，实施施工监督、改进操作和维修等业务的能力。
(3) 拥有一个按集中统一原则组织起来的，能协调各方面关系、促进各种要素合理配置的，高效、精干的组织机构。
(4) 改进与项目有关的价格、补贴、税收和成本回收等方面的政策，使项目能够与所属部门和整个国民经济的发展目标协调一致，并能提高项目自身的经济效益。
(5) 拟订明确的项目目标和项目的具体实施计划。

对项目的定义有多种，其中最具有代表性的是项目管理协会（PMI）给出的定义。他们认为：项目是为提供某些独特产品、服务或成果所做的临时性的努力。定义中"临时性"是指每个项目都有明显的起点和终点，而"独特性"则是指一个项目形成的产品、服务或成果在关键特性上的不同。

此外，国际标准化组织（ISO）对项目也有一个定义：项目是由一系列具有开始和结束日期、相互协调和控制的活动组成的独特过程。

本书对项目的定义为：项目是一个特殊的将被完成的有限任务，它是在一定时间内，满足一系列特定目标的多项相关工作的总称。项目的定义包含三层含义：第一，项目是一项有待完成的任务，且有特定的环境与要求；第二，在一定的组织机构内，利用有限资源（人力、物力、财力等）在规定的时间内完成任务；第三，任务要满足一定性能、质量、数量、技术指标等要求。这三层含义对应着项目的三重约束，即时间、费用和性能。项目的目标就是满足客户、管理层和供应商在时间、费用和性能（质量）上的不同要求。

对项目的定义有广义和狭义之分。广义的项目泛指一切符合项目定义的一次性活动；狭义的项目一般专指一次性工程建设项目，如修建一座办公楼等。

1.1.2　建设项目

1. 建设项目的概念

建设项目（Construction Project），是指在限定的投资、时间和质量等约束条件下，以形成固定资产为明确目标，按一个总体设计组织施工，建成后具有完整的系统，可以独立地形成生产能力或者使用价值的建设工程。一般以一个企业（或联合企业）、事业单位或独立工程作为一个建设项目。

凡属于一个总体设计中的主体工程和相应的附属配套工程、综合利用工程、环境保护工程、供水供电工程以及水库的干渠配套工程等，都统作为一个建设项目；凡不属于一个总体设计，经济上分别核算，工艺流程上没有直接联系的几个独立工程，应分别列为几个建设项目。

建设项目是一个建设单位在一个或几个建设区域内，根据上级下达的计划任务书和批准的总体设计和总概算书，经济上实行独立核算，行政上具有独立的组织形式，严格按基建程序实施的基本建设工程。它一般指符合国家总体建设规划，能独立发挥生产功能或满足生活需要，其项目建议书经批准立项和可行性研究报告经批准的建设任务，如工业建设中的一座工厂、一个矿山，民用建设中的一个居民区、一幢住宅、一所学校等均为一个建设项目。建设项目包括基本建设项目（新建、扩建等扩大生产能力的建设项目）和技术改造项目。

按照建设项目分解管理的需要可将建设项目分解为建设项目、单项工程、单位工程（子单位工程）、分部工程（子分部工程）、分项工程。

（1）建设项目。

指在一个总体范围内，由一个或几个单项工程组成，经济上实行独立核算，行政上实行统一管理，并具有法人资格的建设单位。例如：一所学校、一个工厂等。

（2）单项工程。

是指在一个建设项目中，具有独立的设计文件，能够独立组织施工，竣工后可以独立发挥生产能力或效益的工程。例如：一所学校的教学楼、实验楼、图书馆等。

（3）单位工程。

指竣工后不可以独立发挥生产能力或效益，但具有独立设计，能够独立组织施工的工程。例如：土建工程、电气照明工程、给水排水工程等。

（4）分部工程。

按照工程部位、设备种类和型号、使用材料的不同划分。例如：基础工程、砖石工程、混凝土工程、装修工程、屋面工程等。

（5）分项工程。

按照不同的施工方法、不同的材料、不同的规格划分。例如：砖石工程可分为砖砌体、毛石砌体两类，其中砖砌体可按部位不同分为内墙、外墙、女儿墙。分项工程是计算工、料及资金消耗的最基本的构造要素。

2. 建设项目的分类

工程建设项目种类繁多，为了适应科学管理的需要，正确反映工程建设项目的性质、内容和规模，可从不同角度对其进行分类。

（1）按建设性质划分。

基本建设项目可分为新建项目、扩建项目、迁建项目和恢复项目。

① 新建项目。

是指根据国民经济和社会发展的近远期规划，按照规定的程序立项，从无到有、"平地起家"的建设项目。现有企、事业和行政单位一般不应有新建项目。有的单位如果原有基础薄弱需要再兴建的项目，其新增加的固定资产价值超过原有全部固定资产价值（原值）3倍以上时，才可算新建项目。

② 扩建项目。

是指现有企业、事业单位在原有场地内或其他地点，为扩大产品的生产能力或增加经济效益而增建生产车间、独立的生产线或分厂的项目；事业和行政单位在原有业务系统的基础上扩充规模而进行的新增固定资产投资项目。

③ 迁建项目。

是指原有企业、事业单位，根据自身生产经营和事业发展的要求，按照国家调整生产力布局的经济发展战略需要或出于环境保护等其他特殊要求，搬迁到异地而建设的项目。

④ 恢复项目。

是指原有企业、事业和行政单位，因在自然灾害或战争中使原有固定资产遭受全部或部分报废，需要进行投资重建来恢复生产能力和业务工作条件、生活福利设施等的建设项目。这类项目，不论是按原有规模恢复建设，还是在恢复过程中同时进行扩建，都属于恢复项目。但对尚未建成投产或交付使用的项目，受到破坏后，若仍按原设计重建的，原建设性质不变；如果按新设计重建，则根据新设计内容来确定其性质。

基本建设项目按其性质分为上述4类，一个基本建设项目只能有一种性质，在项目按总体设计全部建成以前，其建设性质是始终不变的。

更新改造项目包括挖潜工程、节能工程、安全工程、环境保护工程等。

（2）按投资作用划分。

根据其投资作用，工程建设项目可分为生产性建设项目和非生产性建设项目。

① 生产性建设项目。

是指直接用于物质资料生产或直接为物质资料生产服务的工程建设项目，主要包括：

Ⅰ．工业建设，包括工业、国防和能源建设；

Ⅱ．农业建设，包括农、林、牧、渔、水利建设；

Ⅲ．基础设施建设，包括交通、邮电、通信建设、地质普查、勘探建设等；

Ⅳ．商业建设，包括商业、饮食、仓储、综合技术服务事业的建设。

② 非生产性建设项目。

是指用于满足人民物质和文化、福利需要的建设和非物质资料生产部门的建设，主要包括：

Ⅰ．办公用房，如国家各级党政机关、社会团体、企业管理机关的办公用房；

Ⅱ．居住建筑，如住宅、公寓、别墅等；

Ⅲ．公共建筑，如科学、教育、文化艺术、广播电视、卫生、博览、体育、社会福利事业、公共事业、咨询服务、宗教、金融、保险等建设；

Ⅳ．其他建设，不属于上述各类的其他非生产性建设。

（3）按项目规模划分。

为适应对工程建设项目分级管理的需要，国家规定基本建设项目分为大型、中型、小型三类，更新改造项目分为限额以上和限额以下两类。不同等级标准的工程建设项目，国家规定的审批机关和报建程序也不尽相同。划分项目等级的原则如下：

① 按批准的可行性研究报告（初步设计）所确定的总设计能力或投资总额的大小，依据国家颁布的《基本建设项目大中小型划分标准》进行分类。

② 凡生产单一产品的项目，一般按产品的设计生产能力划分；生产多种产品的项目，一般按其主要产品的设计生产能力划分；产品分类较多、不易分清主次、难以按产品的设计能力划分时，可按投资总额划分。

③ 对国民经济和社会发展具有特殊意义的某些项目，或虽然设计能力或全部投资不够大、中型项目标准但经国家批准已列入大、中型计划或国家重点建设工程的项目，也按大、中型项目管理。

④ 更新改造项目一般只按投资额分为限额以上和限额以下项目，不再按生产能力或其他标准划分。

⑤ 基本建设项目的大、中、小型和更新改造项目限额的具体划分标准，根据各个时期经济发展和实际工作中的需要而有所变化。现行国家的有关规定如下：

Ⅰ．按投资额划分的基本建设项目，属于生产性建设项目中的能源、交通、原材料部门的工程项目，投资额达到 5 000 万元及其以上的为大中型项目；其他部门和非工业建设项目，投资额达到 3 000 万元及其以上的为大中型建设项目。

Ⅱ．按生产能力或使用效益划分的建设项目，以国家对各行各业的具体规定作为标准。

Ⅲ．更新改造项目只按投资额标准划分，能源、交通、原材料部门投资额达到 5 000 万元及其以上的工程项目和其他部门投资额达到 3 000 万元及其以上的项目为限额以上项目，否则为限额以下项目。

⑥ 一部分工业、非工业建设项目，在国家统一下达的计划中，不作为大中型项目安排。

Ⅰ．分散零星的江河治理、国有农场、植树造林、草原建设等，以及原有水库加固，并结合加高大坝、扩大溢洪道和增修灌区配套工程的项目，除国家指定者外，不作为大中型项目。

Ⅱ．分段整治，施工期长，年度安排有较大伸缩性的航道整治疏浚工程。

Ⅲ．科研、文教、卫生、广播、体育、出版、计量、标准、设计等事业的建设（包括工业、交通和其他部门所属的同类事业单位），新建工程按大中型标准划分，改、扩建工程除国家指定者外，一律不作为大中型项目。

Ⅳ．城市的排水管网、污水处理、道路、立交桥梁、防洪、环保等工程，城市的一般民用建筑（包括集资统一建设的住宅群、办公和生活用房）等。

Ⅴ．名胜古迹、风景点、旅游区的恢复、修建工程。

Ⅵ．施工队伍以及地质勘探单位等独立的后方基地建设（包括工矿业的农副业基地建设）。

Ⅶ．采取各种形式利用外资或国内资金兴建的旅游饭店、旅馆、贸易大楼、展览馆科教馆等。

（4）按行业性质和特点划分。

根据工程建设项目的经济效益、社会效益和市场需求等基本特性，可将其划分为竞争性项目、基础性项目和公益性项目3种。

① 竞争性项目。

主要是指投资效益比较高、竞争性比较强的一般性建设项目。这类建设项目应以企业作为基本投资主体，由企业自主决策、自担投资风险。

② 基础性项目。

主要是指具有自然垄断性、建设周期长、投资额大而收益低的基础设施和需要政府重点扶持的一部分基础工业项目，以及直接增强国力的符合经济规模的支柱产业项目。这类项目主要应由政府集中必要的财力、物力，通过经济实体进行投资；同时，还应广泛吸收地方、企业参与投资，有时还可吸收外商直接投资。

③ 公益性项目。

主要包括科技、文教、卫生、体育和环保等设施，公、检、法等政权机关以及政府机关、社会团体办公设施，国防建设等。公益性项目的投资主要由政府用财政资金安排。

（5）按管理权限和投资规模划分。

中国石油天然气股份有限责任公司，按管理权限和投资规模把建设项目分为限上项目和限下项目，以便实行对投资项目集中决策，股份公司、专业公司和地区公司分级管理。股份公司规划计划部负责限上项目的管理，主要负责组织有关专家对限上项目的项目建议书、可行性研究报告进行评审，提出审查意见，经批准后，办理批复文件；需报国家审批的项目，负责向国家有关部门办理立项审批手续，经国家批准后下达。限下项目由专业公司和地区公司实行分级管理。其中，3 000万元及以上项目的前期论证材料，由专业公司报股份公司规划计划部备案。股份公司管理的限上项目包括：

① 新申请勘查登记的勘探项目；预探发现储量（控制或预测）规模石油在5 000万吨、天然气在300亿立方米以上的整装油气田，需转入评价勘探的项目。

② 动用石油可采储量在400万吨（或30万吨/年产）及以上，动用天然气可采储量在100亿立方米（或5亿立方米/年产）及以上的开发建设项目。

③ 投资在5 000万元以上（含5 000万元，下同）的新建、改扩建油气长输管道项目。

④ 新建炼化厂及现有炼油厂扩大一次加工能力的项目；投资在5 000万元以上的炼油、

化工、天然气化工及配套项目。

⑤ 油库、加油站销售网络建设。

⑥ 利用外资（外汇）贷款的项目和合资合作项目。

⑦ 50万美元及以上的引进项目（含20万美元及以上的软件项目）。

⑧ 对外投资项目和楼、堂、馆、所建设项目。

⑨ 按规定应上报国家发展和改革委员会（以下简称"发改委"）、国家经济贸易委员会和国务院审批的建设项目。

1.1.3 建设项目发展周期

建设项目发展周期是指项目从投资开始，经过可行性研究和设计、建设、生产，直到项目报废为止的整个发展过程。虽然，每个建设项目的性质不同，面临的内外环境也有所不同，但是它们都有一个发展周期的问题。从投资活动的角度来看，建设项目发展周期一般包括3个阶段：投资前阶段、投资建设阶段和生产经营阶段。对建设项目发展周期概念的引入，有利于人们对项目投资建设有一个较为完整的把握。

建设项目发展周期在我国是指建设项目从策划、选择、评估、决策、设计、施工到竣工验收、投入生产（交付使用）的整个过程所经历的项目生命周期。

我国建设项目发展周期主要分为8个阶段，各阶段的主要工作内容如下：

1. 项目建议书阶段

项目建议书是业主单位向国家提出的要求建设某一项目的建议文件，是对工程项目建设的轮廓设想，主要申述项目申报的理由和主要依据，项目的市场需求、生产建设条件、投资概况以及简单的经济效益和社会效益等基本情况。按现行规定，大中型及限额以上项目的项目建议书首先应报送行业归口主管部门，同时抄送国家发改委，凡行业归口主管部门初审未通过的项目，国家发改委不予审批；凡属小型或限额以下项目的项目建议书，按项目隶属关系由部门或地方发改委审批。

2. 可行性研究阶段

可行性研究是投资前期工作的中心环节，是项目决策的依据。可行性研究的目的是对拟建项目的技术先进性和适用性、经济合理性和有效性以及建设必要性和可行性进行全面分析、系统论证、多方案比较和综合评价，由此得出该项目是否应该投资和如何投资等结论性意见，为项目投资决策提供可靠的科学依据。可行性研究内容包括选定建设地点、研究建设条件以及分析生产成本和利润、预测投资收益等工作。可行性研究报告是在批准的项目建议书的基础上编制的。对于一个建设项目，只有在可行性研究报告批准后，建设项目才算正式"立项"。

3. 设计工作阶段

建设项目设计主要包括初步设计和施工图设计。初步设计是项目可行性研究的继续和深化，是对项目各项技术经济指标进行全面规划的重要环节。初步设计一般包括设计概论、建设规模与产品方案、总体布局、工艺流程及设备选型、主要技术经济指标、主要建筑物、公用辅助设施、劳动定员、"三废"处理、占地面积及征地数量、建设工期计划等。

4. 建设准备阶段

建设准备阶段主要包括对设备和原材料的订购与采购、编制施工组织设计和进行施工图预算、建筑工程的招标以及征地、拆迁、辅助性临时房屋建设等，一切都为工程建设施工做好前期准备。

5. 施工安装阶段

项目新开工日期是指工程建设项目设计文件中规定的任何一项永久性工程第一次正式破土开槽、开始施工的日期。不需开槽的工程，正式开始打桩的日期就是开工日期。铁路、公路、水库等需要进行大量土方、石方工程的，以开始进行土方、石方工程的日期作为正式开工日期。工程地质勘察、平整场地、旧建筑物拆除及临时建筑施工用临时道路和水、电等工程开始施工的日期不能算作正式开工日期。分期建设的项目分别按各期工程开工的日期计算，如二期工程应根据工程设计文件规定的永久性工程开工的日期计算。

6. 生产准备阶段

生产准备阶段一般包括招收和培训生产人员、组织准备、技术准备、物资准备等。生产准备工作一般包括：按计划要求培训管理人员和工人，组织生产人员参加主要设备和工程的安装、调试，在投产前熟悉工艺流程和操作技术。

7. 竣工验收阶段

竣工验收是全面考查建设成果、检查设计和施工质量的重要环节。按照设计要求检查施工质量，及时发现问题并解决，以保证投资项目建成后能够达到设计要求的各项技术经济指标。工程项目全部建完，经过各单位的验收，符合设计要求，并具备竣工图、竣工决算、工程总结等必要的文件资料后，由项目主管部门或建设单位向负责验收的单位提出竣工验收申请报告。

8. 生产运营/交付使用阶段

项目完工后，正式投入使用。

1.1.4 建设项目前期工作研究

建设项目正式立项前，必须做好相应的前期工作，主要包括以下几个方面：

1. 项目建议书

在我国，项目建议书相当于西方国家的机会研究。它是由各工业部门、省、市、自治区以及有关的企、事业单位，根据国家经济发展的长远规划和行业、地区规划，经济建设方针，技术经济政策和建设任务，结合资源情况、建设布局等条件，在调查、预测的基础上向国家或上级主管部门提出的项目建议。

对于跨行业的或对国计民生有重大影响的大型项目，由有关部门联合提出项目建议书。

项目建议书的主要内容包括以下几方面：

（1）项目提出的理由和依据。对于技术引进项目还应包括国内外技术差距描述和引进理由。

（2）产品方案、拟建规模和建设地点的初步选择或设想。

（3）资源情况、建设条件、协作关系。

（4）投资估算与资金筹措的初步设想。利用外资项目的要说明利用外资的可能性及偿还贷款能力的初步分析。

（5）项目建设进度的安排。

（6）对经济效益、社会效益的初步分析。

编写项目建议书，应在调查研究、收集资料的基础上，采用定性和定量相结合的分析方法。在进行定量分析时，通常采用类似工程项目的推算方法来制定，粗略地分析出项目的经济效果，然后做出项目是否可行的初选结论。项目建议书是选择建设项目的依据之一，经有关部门审查批准后，即可委托承担单位进行可行性研究。

2. 可行性研究

可行性研究是项目建议书的深化，也是整个投资前期的关键阶段。在项目初选确认之后，即项目建议书经主管部门认可后，需进一步对项目的诸因素做出全面设计和详细估算，以确认项目的生命力；确定项目可行或不可行，为决策者提供最终的依据。

可行性研究的内容可能因项目所属行业的不同而各有所侧重，但以下三方面的内容是必须包括的。

（1）市场分析。这是建设项目能否成立的前提和依据。如果所生产的产品没有市场，项目就没有必要建设。从另一个角度讲，建设项目的年生产规模也应根据市场需求的情况来确定，所以市场分析是可行性研究的基础。

（2）有关技术分析。这里包括资源情况、厂址选择、工艺方案选择和设备选型，以及未来工厂的组织设计、劳动定员和环境保护等。

（3）建设项目的合理性即经济效益分析。这是可行性研究的核心和重点。可行性研究的最终成果是可行性研究报告。可行性研究一般由投资者或投资主管部门委托经国家正式批准颁发证书的设计院或咨询公司来承担。

3. 项目评估

项目评估是投资前期研究工作的最后阶段。项目评估通常可由决策部门委托贷款银行或咨询公司组织有关人员或外请专家来进行。该阶段的任务是检查和判断可行性研究报告的真实性和可靠性，并从评审角度提出项目是否可行的意见，作为投资者决策的依据。

项目评估的最终成果是评估报告。评估报告要同可行性研究报告一起，送往投资者或投资主管部门进行审批。一般大、中型项目还要报国家发改委批准，重大项目还需要报国务院批准。

1.2 建设项目可行性研究

1.2.1 建设项目可行性概述

可行性研究是 20 世纪 30 年代随着社会生产技术和经济管理科学的发展而产生的。第二次世界大战后，在科学技术飞速发展、经济活动日益复杂、竞争日益激烈的背景下，西方发达国家纷纷采用了可行性研究这一方法，将其广泛应用于投资建设领域，并逐步推广到其他国家和地区及其他工作领域，经过不断的充实和完善，逐步形成了一整套比较系统的科学研究方法。作为一门科学，可行性研究是跨技术科学、经济科学和自然科学的新兴综合性科学。其研究对象是项目投资决策中的技术经济问题；研究目的是揭示客观规律、提供科学手段，以减少决策失误风险，从而能有效地利用现有的有限资源，获取尽可能高的投资效益。

可行性研究工作随着社会生产力的发展和科学技术的进步，应用范围逐渐扩大到各个领域。世界各国进行可行性研究的方法虽然不尽相同，但作为一门科学，可行性研究已经被发达国家和其他很多发展中国家作为工程项目投资决策的重要手段而广泛应用。如在日本，可行性研究被称为"投资前研究"；在前苏联，可行性研究被称为"技术经济论证"；欧美国家将可行性研究称为"可行性研究"；印度将可行性研究称为"投资研究或费用分析"。由此可见，可行性研究的应用极其广泛，但各国对可行性研究的称谓又有所不同。可行性研究是在投资决策之前，对拟建项目进行全面技术经济分析论证并对其做出可行与否论断的一种科学方法。

对项目进行可行性研究，无论采用何种手段和方法，最终都要回归到以下3个方面：

（1）为什么要上这个项目？此处回答项目建设的必要性问题。

（2）怎么上这个项目？此处回答建设项目的可行性问题。

（3）上这个项目最终能达到一个什么样的结果？此处回答项目建设的合理性问题。

1.2.2　建设项目可行性研究

1. 项目可行性研究的概念

项目可行性研究是指对某工程项目在做出是否投资的决策之前，先对与该项目相关的技术、经济、社会、环境等所有方面进行调查研究，对项目各种可能的拟建方案认真地进行技术经济分析论证，研究项目在技术上的先进适用性，在经济上的合理有利性和建设上的可能性，对项目建成后的经济效益、社会效益、环境效益等进行科学的预测和评价，据此提出该项目是否应该投资建设，以及选定最佳投资建设方案等的结论性意见，为项目投资决策提供依据。

2. 可行性研究的作用

（1）作为工程项目投资决策的依据。

（2）作为编制设计任务书的依据。

（3）作为筹集资金和银行申请贷款的依据。

（4）作为与有关协作单位签订合同或协议的依据。

（5）作为工程项目建设的基础资料。

（6）作为环保部门审查项目对环境影响的依据，并作为向项目所在地的政府和规划部门申请建设执照的依据。

（7）作为项目科研试验、机构设置、职工培训、生产组织的依据。

（8）作为项目考核的依据。

可行性研究以经济理论与方法为依据，采取了一套行之有效的科学分析论证方法，对建设项目的一些主要问题，如市场需求、原材料、交通运输条件等重大问题，从技术和经济两方面，进行全面系统的调查研究，然后进行分析计算和方案的比较选择，并对投资效果进行预测。

联合国工业发展组织（UNIDO）为促进国际的交流、推动发展中国家开展可行性研究，于1978年编写和颁发了《工业可行性研究手册》和《项目评价准则》等文件，这对世界各国可行性研究工作的开展起到了一定的指导和推动作用。此外，世界银行等国际金融机构通常都规定必须以贷款金额的5%~10%作为开展贷款项目可行性研究的费用，从而保证了可行性研究工作的开展和贷款项目的成功。

1.3 建设项目评估

1.3.1 建设项目评估概述

建设项目评估是指在项目可行性研究的基础上，由第三方根据国家颁布的政策、法规、方法、参数和条例等，从项目、国民经济、社会角度出发，对拟建项目建设的必要性、建设条件、生产条件、产品市场需求、工程技术、经济效益和社会效益等进行评价、分析和论证，进而判断其是否可行的一个评估过程。

1. 建设项目评估的概念

项目评估，简单地说就是对项目的审查和估价。

建设项目评估就是由建设项目主管部门或贷款机构依据国家、行业和部门的有关政策、规划、法规及参数，对上报的建设项目可行性研究报告进行全面的审查和估价，即对拟建建设项目的必要性、可行性、合理性及效益、费用进行再评价的过程。

2. 建设项目评估的分类

（1）工程项目评估。

通常意义的建设项目评估，指的是项目审批单位在审批项目前对拟建项目可行性研究所做的再分析、再评估。

（2）贷款项目评估。

贷款银行对项目单位的资信情况、建设项目的必要性、技术的合理性、财务效益和国民经济效益进行分析评价。

（3）项目后评估。

1.3.2 建设项目评估的程序

建设项目评估的程序是指开展项目评估工作应当依次经过的步骤。不同类型的项目，其投资额不同、涉及面不同，因而对其进行评估的程序也不完全一致。就一般项目而言，其评估的程序大致如下：

1. 准备和组织

对投资项目的评估，要根据项目自身的特点组织评估。简单的项目，可指定专人负责。对于重点项目，由于评估复杂、涉及面广、技术性强，因此应组织专门的评估小组，成立评估委员会，要注意组织结构的完整性，既要有熟悉经济、管理的专家，又要有熟悉工程建筑的人员。评估小组内部，要明确分工、落实责任、互相配合，并指定好评估工作计划，有步骤、有目的地进行。

2. 项目评估工作计划

项目评估工作计划是项目评估各项工作的前期总体规划，是保障项目评估工作有条不紊进行的指导性文件。其内容一般应包括以下几个方面：

（1）明确评估的目的，即根据项目的性质、特点，明确项目评估的原因、背景以及需要解决的问题和预计达到的目的。

（2）明确评估内容，即根据不同项目不同决策者的要求，结合本项目的目的、性质、特点，确定进行分析评估的具体内容。

（3）明确评估方法，即为达到评估的目的，确定采用什么方法、采用什么资料等。

（4）确定评估进度，即根据调查、评估和审查分析的内容、范围以及时间要求是否紧迫，制定出项目的时间进度。

3. 整理数据

根据评估工作计划的内容，由评估小组负责人做明确的分工，各自分头工作，进行数据调查与整理。

收集项目评估所需要的资料数据，包括有关该项目产品市场、厂址选择、生产技术及建设条件、工程造价、生产成本、产品价格、税收等方面的资料。

数据调查和分析的重点在于对可行性研究报告的审查所提出的问题。评估人员可以与编制可行性研究报告的单位交换意见，也可以与建设单位或主管部门交换意见。在对收集的资料进行整理以后，进行审查与分析。

4. 审查分析

项目评估组在开展调查研究和收集资料数据之后，对项目进行全面的审查、评价，具体内容包括以下几个方面：

（1）评价分析项目的基本情况。

（2）项目建设条件的分析与评估。

（3）技术评估。

（4）组织机构评估。

（5）项目财务评估。

（6）经济及社会评估。

（7）项目风险及对策评估。

5. 编写评估报告初稿

项目评估报告是向有关领导和决策部门报告项目情况和评估结论的书面文件，是项目评估工作成果的集中表现，因此项目评估报告的质量是检验项目评估工作好坏或成败的重要依据。评估报告是以审查分析过程中大量的数据测算、指标计算与合理推断为基础编写的。

在基本掌握所需要的数据并进行适当的分析论证之后，即可进入评估报告的编写阶段。

6. 论证和修改

编写出项目评估报告的初稿以后，首先要由评估小组成员进行分析和论证，根据所提意见进行修改后方可定稿。

1.3.3 项目评估的内容

项目评估的内容，因项目类型、规模的不同，各有差异，一般包括以下几部分：

1. 项目与企业概况评估

首先，对项目的实施背景进行简要分析，如该项目是在什么样的市场环境之下建立起来的，是否符合国民经济发展的宏观调控方针以及政策、法律；其次，对项目的基本概况，如总投入、总支出、总利润、投资利税率、投资回收期（包括静态的和动态的）、投资风险所在、不确定性分析、国民经济效益分析的结果等，作扼要的说明。

对于基本建设项目，主要评估项目的投资者、建设性质、建设内容、产品方案、项目隶属关系以及项目得以成立的依据（如立项的批复文件、选址意见书等）。

对于更新改造项目，除上述内容外，还要评估现有企业的基本概况、历史变革、组织机构、技术经济水平、资信程度、经济效益等。

对于中外合资项目，则还要分别评估合资各方的基本概况。

2. 项目建设必要性评估

要从宏观和微观角度，分别论述项目建设的必要性，如项目的建设是否符合国家的产业政策，是否符合国民经济发展规划与地区发展规划，是否有助于优化城市总体布局等。

3. 项目市场需求分析

项目市场需求分析主要分析项目所产出的产品或服务的市场现状及产品服务在市场上的竞争能力等。

4. 项目生产规模的确定

在必要性评估与市场需求分析的基础上，分析厂址情况、资金筹措能力、技术管理水平及最佳生产规模。

5. 项目建设生产条件评估

结合项目的具体情况（如规模经济等），主要评估项目的建设施工条件能否满足项目正常实施的需要，生产条件能否满足日常生产经营活动的需要。

6. 项目工程与技术评估

项目工程与技术评估主要评估项目工程设计的合理性、经济性和安全性。

7. 投资估算与资金评估

投资估算与资金评估主要估算项目总投资额（包括建设投资、流动资金投资与建设期利息等），并制订相应的资金筹措方案和资金使用计划。

8. 财务效益分析

从企业或项目的角度出发，根据收集和估算出的财务数据，以财务价格为基础，编制有关表格，计算相应的技术经济指标，据此判断项目的财务盈利能力和清偿能力。

9. 国民经济效益分析

从国民经济的角度出发，根据收集和估算出的经济数据，以影子价格为基础，编制有关表格，计算相应的技术经济指标，据此判断项目对国民经济的贡献。

10. 社会效益分析

从社会的角度出发，以社会影子价格为基础，编制社会评价表格，计算相应的技术经济指标，据此判断项目对实现社会发展目标的贡献。

11. 不确定性分析

通过运用有关方法，计算有关指标，考察项目抵御风险的能力。

12. 项目总评估

在上述各项评估的基础上，得出项目评估的结论，并提出相应的问题和建议。在现实评估中，可根据项目的性质、规模、类别等对上述内容加以调整。

项目评估的流程图如图 1.1 所示。

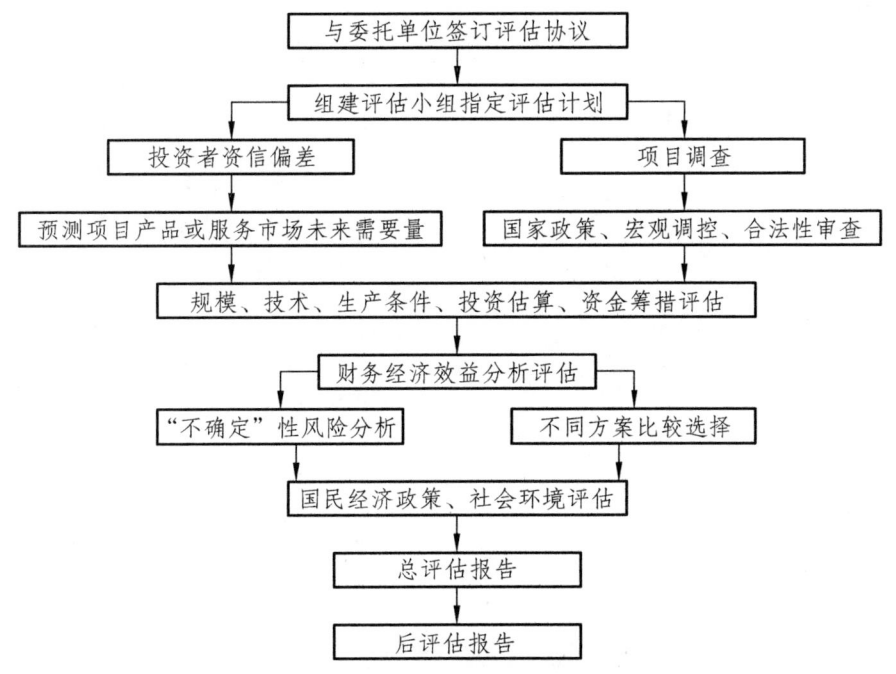

图 1.1 项目总体评估流程图

本章小结

根据我国现行政策和建设程序规定，在项目的投资前期工作阶段，项目评估工作的主要内容是对项目建议书和项目可行性研究报告进行评估。政府部门委托的工程咨询机构和贷款银行对不同部门、不同行业进行的项目评估程序并不相同，但是评估的基本内容和评估的基本方法却有很多相同之处。

建设项目评估作为建设项目建设发展周期中一个重要的环节，对于建设项目前期决策、项目的成功具有十分重要的意义。

课后习题

一、名词解释

项目　建设项目　建设项目发展周期　单项工程　单位工程　基本建设项目　更新改造项目　生产性项目　非生产性项目　项目评估

二、简答题

1．什么是项目？
2．什么是建设项目？建设项目需具备哪些因素？
3．建设项目的组成主要划分为哪几个层次？
4．什么是建设项目评估？
5．建设项目评估的作用和意义是什么？
6．建设项目评估的具体操作程序如何？

第 2 章 项目建设必要性评估的方法与技术

本章要点
（1）了解项目建设必要性评估的作用。
（2）掌握项目建设必要性评估的预测方法。
（3）掌握项目建设必要性评估的内容和方法体系。

2.1 项目建设必要性评估概述

2.1.1 项目建设必要性评估的概念

项目建设的必要性评估就是对可行性研究报告中提出的项目必须建设的理由及建设的重要性进行重新审查、分析和评估。建设项目的必要性评估保证了投资项目规划和投资决策的正确性，有利于控制投资项目建设规模，避免盲目和重复建设，为项目增强产品竞争能力、提高投资效益和降低投资风险提供可靠依据，有利于指导投资者和贷款机构选择正确的投资方向。

2.1.2 项目建设必要性评估的内容

（1）对项目背景及项目发展概况的审查、分析与评估。
（2）对项目产品市场供求的竞争能力的审查、分析与评估。
（3）对项目建设规模的审查、分析与评估。
（4）对项目产品在国民经济和社会发展中的地位进行审查、分析与评估。

市场分析是项目决策分析与评价的基础，为确定项目的目标市场、建设规模和产品方案提供依据。科学的投资决策建立在可靠的市场调查和准确的市场预测基础上。因此，下面主要就项目建设必要性评估中项目产品市场供给和需求分析的方法和技术进行介绍，包括一元线性回归分析、弹性系数分析、消费系数法、简单移动平均法、指数平滑法等。

2.2 项目建设必要性评估的市场预测方法

2.2.1 市场预测的概念

市场预测是指对事物未来或未来事物的推测，是通过科学分析根据已知事件去推测未知事件，是项目投资决策的基础。

市场预测是在市场调查取得一定资料的基础上，运用已有的知识、经验和科学方法，对市场未来的发展状态、行为、趋势进行分析并做出推测与判断的过程。市场预测中最为关键的是产品需求预测。市场预测是项目可行性研究的基本任务之一，也是项目投资决策的基础。

2.2.2 市场预测要解决的主要问题

（1）投资项目的方向。分析投资项目的产品方向，生产什么产品有利，产品的目标市场在哪里，销路如何。

（2）投资项目的产品方案。社会需求什么就生产什么，市场不仅决定投资项目的投资方向，还决定着具体的产品方案和相应的建设内容。

（3）投资项目的生产规模。应通过市场分析确定市场需求量，了解竞争对手的情况，最终确定项目建成时的最佳生产规模，使企业在未来能够保持合理的盈利水平和持续发展能力。

【例 2.1】 在投资项目决策分析与评价中，通过市场预测要解决的主要问题包括（   ）。
A. 明确投资项目的目标市场
B. 提出投资项目的建设规模
C. 确定投资项目的工艺技术
D. 选定投资项目的建设地点
E. 选择投资项目的设备方案
【解】 AB

2.2.3 市场预测的内容

市场预测是市场调查内容在时间上的延伸。投资项目市场预测的内容侧重于以下三个方面：

1. 市场需求预测

国内市场的需求预测主要是预测需求量和销售量。需求量是指未来市场上有支付能力的需求总量。销售量是指拟建项目的产品在未来市场上的销售量。

2. 产品出口和进口替代分析

产品出口和进口替代分析一般通过项目产品与有代表性的国外同类产品相对比进行。应当了解国外产品的销售和市场占有率，找出自身产品的优势和劣势以及劣势的原因和对策，并估计产品出口和进口替代可能的数量。

3. 价格预测

市场经济下产品价格一般以均衡价格为基础，供求关系是价格形成的主要影响因素。价格预测不仅要考察市场供求状况，还要了解产品生产和经营过程中的劳动生产率、成本、利润等影响产品价格的其他因素。

2.2.4 市场预测的基本方法

预测方法的分类如图 2.1 所示。

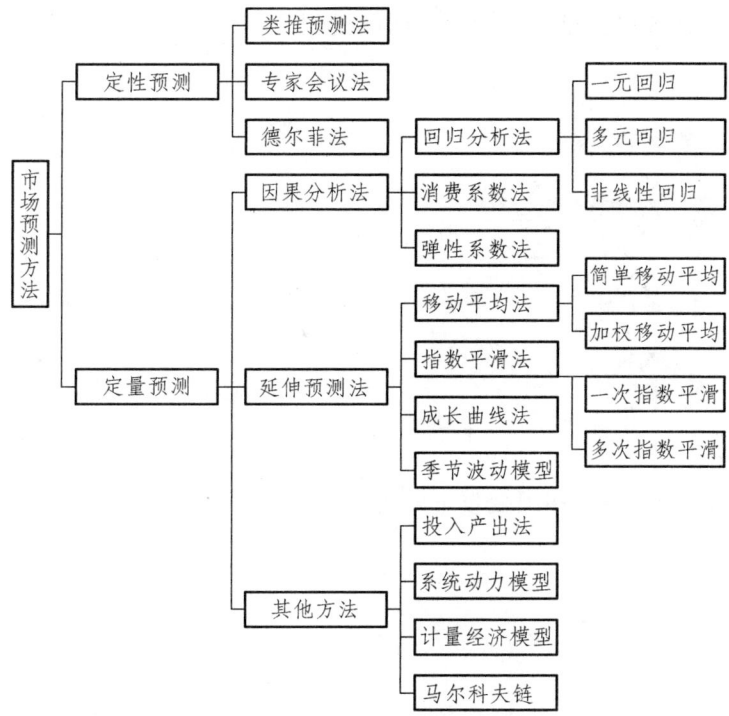

图 2.1 预测方法体系

1. 一元线性回归分析

（1）基本原理。

一元线性回归分析就是通过建立一元线性模型来模拟两个变量之间的线性关系，并利用最小二乘法和已知的历史数据求出模型中的未知参数，使得模型计算得出的拟合值与实际值的误差最小，然后将自变量代入模型对因变量进行预测的方法。

（2）预测流程（图2.2）。

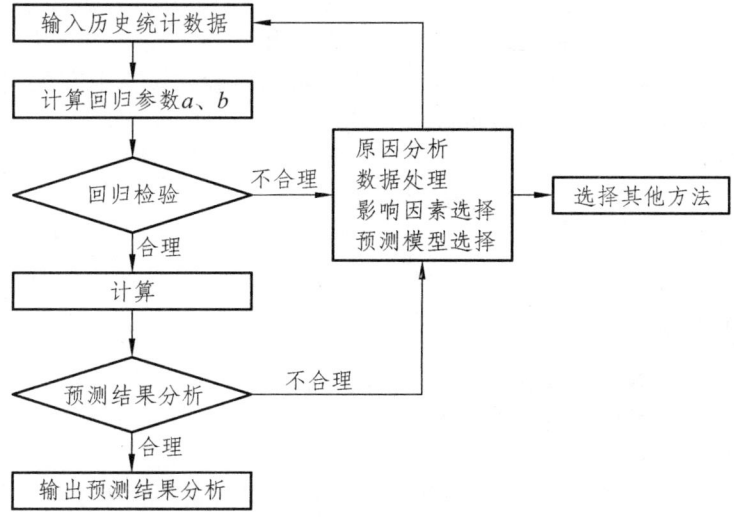

图 2.2 一元线性回归预测流程

① 输入历史统计数据，建立一元线性回归模型。

$$y = a + bx$$

② 计算回归参数 a 和 b。

$$b = \frac{\sum x_i y_i - \overline{x} \sum y_i}{\sum x_i^2 - \overline{x} \sum x_i}$$

$$\overline{x} = \frac{\sum x_i}{n}$$

$$\overline{y} = \frac{\sum y_i}{n}$$

$$a = \overline{y} - b\overline{x}$$

式中，x_i、y_i 分别是自变量 x 和因变量 y 的观察值。

③ 回归检验。

Ⅰ．方差分析。

$$\sum (y_i - \overline{y})^2 = \sum (y_i - y_i')^2 + \sum (y_i' - \overline{y})^2$$

其中，$\sum (y_i - \overline{y})^2 = TSS$，称为偏差平方和，反映了 n 个 y 值的分散程度，又称为总变差；$\sum (y_i' - \overline{y})^2 = RSS$，称为回归平方和，反映了 x 对 y 线性影响的大小，又称可解释变差；$\sum (y_i - y_i')^2 = ESS$，称为残差平方和，根据回归模型的假设条件，$ESS$ 是由残差项 e 造成的，它反映了除 x 对 y 的线性影响之外的一切使 y 变化的因素，其中包括 x 对 y 的非线性影响及观察误差，因为它无法用 x 来解释，故又称未解释变差。所以

即
$$TSS = RSS + ESS$$
偏差平方和 = 残差平方和 + 回归平方和
总变差 = 未解释变差 + 可解释变差

其实际意义是总变差等于可解释变差与未解释变差之和。

在进行检验时，通常先进行方差分析，一方面可以检验在计算上有无错误；另一方面，也可以提供其他检验所需要的基本数据。

定义可决系数

$$R^2 = RSS / TSS$$

R^2 的大小表明了 y 的变化中可以用 x 来解释的百分比，因此，R^2 是评价两个变量之间线性关系强弱的指标。可以导出：

$$R^2 = \frac{\sum (y_i' - \overline{y})^2}{\sum (y_i - \overline{y})^2} = 1 - \frac{\sum (y_i - y_i')^2}{\sum (y_i - \overline{y})^2}$$

$R^2 \leq 1$，越接近 1，x 对 y 的线性影响就越强，拟合方程的误差就越小。

Ⅱ．相关系数检验。

相关系数是描述两个变量之间线性相关关系密切程度的数量指标，用 R 表示。

ⅰ. 计算相关系数 R。

$$R = \frac{\sum_{i=1}^{n}(x_i - \bar{x}) \cdot (y_i - \bar{y})}{\sqrt{\sum_{i=1}^{n}(x_i - \bar{x})^2 \cdot \sum_{i=1}^{n}(y_i - \bar{y})^2}}$$

R 在 -1 和 1 之间，当 $R=1$ 时，变量 x 和 y 完全正相关；当 $R=-1$ 时，为完全负相关；当 $0<R<1$ 时，为正相关；当 $-1<R<0$ 时，为负相关；当 $R=0$ 时，变量 x 和 y 没有线性关系。所以 R 的绝对值越接近 1，表明其线性关系越好；反之，R 的绝对值越接近 0，表明其线性关系越不好。只有当 R 的绝对值大到一定程度时，才能采用线性回归模型进行预测。在计算出 R 的值后，可以查相关系数检验表。在自由度（$n-2$）和显著性水平 α（一般取 0.05）下，若 R 大于临界值，则变量 x 和 y 之间的线性关系成立；否则，两个变量不存在线性关系。

ⅱ. 将计算得出的 R 值与 R（α，$n-2$）进行比较。

$R(\alpha, n-2)$ 是自由度（$n-2$）和显著性水平 α（一般取 0.05）的临界值，可以查相关系数检验表得到：

$R > R(\alpha, n-2)$，则变量 x 和 y 之间的线性关系成立；

$R \leqslant R(\alpha, n-2)$，则变量 x 和 y 之间的线性关系不成立。

ⅲ. t 检验。

t 检验是回归系数的显著性检验，用以判定预测模型变量 x 和 y 之间的线性假设是否合理。因为要使用参数 t，故称 t 检验。根据一元线性回归模型的特点，$y = a + bx + e$，回归常数 a 是否为 0 的意义不大，通常只检验参数 b。

首先，计算 t_b。

$$t_b = \frac{b}{S_b} = b \sqrt{\frac{\sum(x_i - \bar{x})^2}{\frac{\sum(y_i - y_i')^2}{n-2}}}$$

其中，S_b 是参数 b 的标准差，$S_b = \dfrac{S_y}{\sqrt{\sum(x_i - \bar{x})^2}}$，$n$ 为样本个数。

S_y 为回归标准差

$$S_y^2 = \frac{\sum(y_i - y_i')^2}{n-2}$$

t_b 也可以表述为

$$t_b = \frac{b\sqrt{\sum(x_i - \bar{x})^2}}{S_y}$$

然后，将计算得出的 t_b 值与 $t\left(\dfrac{\alpha}{2}, n-2\right)$ 进行比较。

$t\left(\dfrac{\alpha}{2}, n-2\right)$ 是显著性水平为 α、自由度为 $n-2$ 的 t 值,可通过 t 分布表查得。

若 $|t_b| > t\left(\dfrac{\alpha}{2}, n-2\right)$,则表明回归系数显著性不为 0,$t$ 检验通过,变量 x 和 y 之间线性假设合理。

若 $|t_b| \leq t\left(\dfrac{\alpha}{2}, n-2\right)$,则回归系数为 0 的可能性较大,未通过 t 检验。回归系数不显著,说明变量 x 和 y 之间的线性假设不合理。

④ 点预测和区间预测。

Ⅰ. 点预测是指在给定了自变量的未来值 x_0 后,利用回归模型(2.13)求出因变量的回归估计值 y_0',也称为点估计。

$$y_0' = a + bx_0$$

通常点估计的实际意义并不大,由于现实情况的变化和各种环境因素的影响,预测的实际值总会与预测值产生或大或小的偏离,如果仅根据一点的回归就做出预测结论,这几乎是荒谬的。因此预测不仅要得出点预测值,还要得出可能偏离的范围。于是,以一定的概率 $1-\alpha$ 预测的 y 在 y_0' 附近变动的范围,称为区间预测。

Ⅱ. 区间预测。

数理统计分析表明,对于预测值 y_0' 而言,在小样本统计下(当样本量 n 小于 30),置信水平为 $100(1-\alpha)\%$ 的预测区间为

$$y_0' \pm t\left(\dfrac{\alpha}{2}, n-2\right) S_0$$

其中,$t\left(\dfrac{\alpha}{2}, n-2\right)$ 可以查 t 检验表得出。通常取显著性水平 $\alpha = 0.05$。

$$S_0 = S_y \sqrt{1 + \dfrac{1}{n} + \dfrac{(x_0 - \bar{x})^2}{\sum (x_i - \bar{x})^2}}$$

根据概率论中的 3α 原则,当样本 n 很大时,在置信度为 68.2%、95.4%、99.7% 的条件下,预测区间分别为

$$(y_0' - S_y, y_0' + S_y)$$
$$(y_0' - 2S_y, y_0' + 2S_y)$$
$$(y_0' - 3S_y, y_0' + 3S_y)$$

⑤ 预测结果分析。

⑥ 输出预测结果分析。

【例 2.2】 2005 年某地区镀锌钢板需求预测。

2005 年某地区镀锌钢板消费量为 15.32 万吨,1996—2005 年当地镀锌钢板消费量及同期第二产业产值如表 2.1 所示。按照该地区"十一五"规划,"十一五"期间地方第二产业增长速度预计为 12%。

【问题】 请用一元线性回归方法预测 2010 年当地镀锌钢板的需求量。

表 2.1　1996—2005 年某地镀锌钢板消费量与第二产业产值

年份	镀锌钢板消费量（万吨）	第二产业产值（千亿元）
1996	3.45	1.003
1997	3.50	1.119
1998	4.20	1.260
1999	5.40	1.450
2000	7.10	1.527
2001	7.50	1.681
2002	8.50	1.886
2003	11.00	1.931
2004	13.45	2.028
2005	15.32	2.274

【解】（1）建立回归模型。

经过分析，发现该地区镀锌钢板消费量与第二产业产值之间存在线性关系，将镀锌钢板消费量设为因变量 y，以第二产业产值为自变量 x，建立一元回归模型

$$y = a + bx$$

（2）计算参数。

各年第二产值 x 的平均值

$$\bar{x} = \frac{\sum x_i}{n} = 1.62（千亿元）$$

各年镀锌钢板消费量的平均值

$$\bar{y} = \frac{\sum y_i}{n} = 7.94（万吨）$$

$$\sum x_i y_i = 143.33$$
$$\sum x_i^2 = 27.68$$
$$b = \frac{\sum x_i y_i - \bar{x}\sum y_i}{\sum x_i^2 - \bar{x}\sum x_i} = 9.590$$
$$a = \bar{y} - b\bar{x} = -7.55$$

（3）相关检验。

$$R = \frac{\sum_{i=1}^{n}(x_i - \bar{x}) \cdot (y_i - \bar{y})}{\sqrt{\sum_{i=1}^{n}(x_i - \bar{x})^2 \cdot \sum_{i=1}^{n}(y_i - \bar{y})^2}} = 0.961$$

因此，相关系数 $R = 0.961$。

在 $\alpha = 0.05$ 时，自由度 $n - 2 = 10 - 2 = 8$，查相关检验表，得 $R_{0.05} = 0.632$。因 $R = 0.961 > 0.632 = R_{0.05}$，故在 $\alpha = 0.05$ 的显著性检验水平上，检验通过，说明第二产业产值与镀锌钢板需求量线性关系合理。

（4）t 检验。

$$t_b = \frac{b}{S_b} = b\sqrt{\frac{\sum(x_i - \overline{x})^2}{\frac{\sum(y_i - y'_i)^2}{n-2}}} = 9.85$$

在 $\alpha = 0.05$ 时，自由度 $= n - 2 = 10 - 2 = 8$，查 t 检验表，得 $t\left(\frac{\alpha}{2}, n\right) = t(0.025, 8) = 2.306$。因 $t_b = 9.85 > 2.306$，故在 $\alpha = 0.05$ 的显著性检验水平上，t 检验通过，说明第二产业产值与镀锌钢板需求量线性关系明显。

（5）需求预测。

根据当地经济发展规划，2006—2010 年当地第二产业年增长速度为 12%，则 2010 年地区第二产业产值将达到

$$x_{(2010)} = (1+r)^5 x_{(2010)} = (1+12\%)^5 \times 2.274 = 4.008 （千亿元）$$

于是，2010 年当地镀锌钢板需求点预测为

$$y_{(2010)} = y'_0 = a + bx_{(2010)} = -7.55 + 9.59 \times 4.008 = 30.88 （万吨）$$

区间预测

$$S_0 = S_y\sqrt{1 + \frac{1}{n} + \frac{(x_o - \overline{x})^2}{\sum(x_i - \overline{x})^2}} = 2.656$$

于是，在 $\alpha = 0.05$ 时的显著性检验水平上，2010 年镀锌钢板需求量的置信区间为

$$y'_0 \pm t(\alpha/2, n-2)S_0 = 30.88 \pm t(0.025, 8)S_0$$
$$= 30.88 \pm 2.306 \times 2.656 = 30.88 \pm 6.13$$

即有 95% 的可能性在（24.75, 37.01）的区间内。相关计算见表 2.2。

表 2.2　相关系数计算表

年份	y_i 实际消费量（万吨）	y'_i 预测消费量（万吨）	$(y_i - y'_i)^2$	$(y_i - \overline{y})^2$
1996	3.45	2.06	1.92	20.18
1997	3.50	3.18	0.10	19.73
1998	4.20	4.53	0.11	14.00
1999	5.40	6.35	0.90	6.46
2000	7.10	7.09	0.00	0.71

续表2.2

年份	y_i 实际消费量（万吨）	y_i' 预测消费量（万吨）	$(y_i - y_i')^2$	$(y_i - \bar{y})^2$
2001	7.50	8.57	1.14	0.20
2002	8.50	10.53	4.13	0.31
2003	11.00	10.96	0.00	9.35
2004	13.45	11.89	2.42	30.34
2005	15.32	14.25	1.14	54.43
合计	79.42	79.42	11.86	155.71
平均值	7.94	7.94	1.19	15.57

2. 弹性系数分析

弹性系数亦称弹性，弹性是物理学的概念，指物体对外界的作用力的反作用力。在经济分析里，它衡量的是某一变量改变所引起的另一变量相对变化的敏感程度。

一般来说，两个变量之间的关系越密切，相应的弹性值就越大；两个变量越是不相关，相应的弹性值就越小。

用弹性分析方法处理经济问题的优点是简单易行、计算方便、成本低、需要的数据少、应用灵活广泛。但也存在某些缺点：

一是其分析带有一定的局部性和片面性。计算弹性或作分析时，只能考虑两个变量之间的关系，而忽略了其他相关变量所能产生的影响。

二是弹性分析的结果在许多情况下显得比较粗糙。弹性系数可能随着时间的推移而变化，以历史数据测算出的弹性系数来预测未来可能不准确，许多时候需要分析弹性系数的变动趋势，需要对弹性系数进行修正。

（1）收入弹性。

收入弹性就是商品价格保持不变时，该商品购买量变化率与消费者收入的变化率之比。因此可以把收入弹性表示为

$$收入弹性 = 购买量变化率 / 收入变化率$$

设 $Q_1, Q_2, \cdots, Q_n$ 为时期 1，2，$\cdots$，n 的商品购买量；$I_1, I_2, \cdots, I_n$ 为时期 1，2，$\cdots$，n 的收入水平；ΔQ 与 ΔI 分别为相应的变化量。则可按以下公式计算弹性 ε_I：

$$\varepsilon_I = \frac{\Delta Q / Q}{\Delta I / I}$$

在计算收入弹性时，应根据所研究的问题来决定采用什么收入变量。收入水平的衡量既可以用国民收入，也可用人均收入或其他收入变量。一般来说，收入弹性为正数，即收入增加，需求量上升；收入减少，需求量下降。

【例 2.3】 某地区照相机消费需求预测。

2000—2005 年照相机销售量和人均年收入如表 2.3 所列，预计到 2010 年人均年收入较 2005 年增加 86%，人口增长控制在 0.4%。请用收入弹性法预测 2010 年照相机需求量。

表 2.3 某地区 2000—2005 年照相机消费量和人均年收入

年份	人均收入（元/年）	人口（万人）	照相机销售量（万台）
2000	2 820	680	3.22
2001	3 640	684	3.56
2002	4 640	688	3.99
2003	5 978	692	4.36
2004	7 585	696	4.81
2005	9 198	701	5.18

【解】
（1）计算照相机收入弹性系数，如表 2.4 所列。

表 2.4 某地区 2000—2005 年照相机消费收入弹性系数表

年份	较上年收入增长（%）	每万人照相机消费（台/万人）	每万人照相机消费增长（%）	收入弹性系数
2000		47.35		
2001	29.1	52.00	9.8	0.34
2002	27.5	58.00	11.5	0.42
2003	28.8	63.00	8.6	0.30
2004	26.9	69.00	9.5	0.35
2005	21.3	74.00	7.2	0.34

从表 2.4 可以看出，2000—2005 年照相机消费收入弹性系数为 0.30～0.42，平均为 0.35。因此，取 2010 年的弹性系数为 0.35。

① 计算 2010 年照相机需求量增长率。

以 2005 年为基数，2010 年人均年收入增长 86%，则每万人人均照相机消费增长为

$$收入增长比例 \times 收入弹性系数 = 86\% \times 0.35 = 30.1\%$$

② 计算 2010 年万人照相机需求量。

2010 年每万人照相机需求为

$$2005 年万人照相机消费量 \times 需求增长 = 74 \times (1 + 30.1\%) = 96.27（台）$$

③ 计算 2010 年当地人口量。

$$2010 年当地人口 = 2005 年人口数 \times (1 + 年人口增长速度)^5 = 715（万人）$$

④ 计算 2010 年照相机需求量。

$$2010 年当地照相机需求量 = 715 万人 \times 96.27 台/万人 = 6.88（万台）$$

（2）价格弹性。

价格弹性就是商品需求的价格弹性。某个商品需求的价格弹性是指当收入水平保持不变时，该商品购买量变化比例与价格变化比例之比。因此可以把价格弹性表示为

$$价格弹性 = 购买量变化率/价格变化率$$

设 $Q_1, Q_2, \cdots, Q_n$ 为时期 $1, 2, \cdots, n$ 的商品购买量；设 $P_1, P_2, \cdots, P_n$ 为时期 $1, 2, \cdots, n$ 的商品价格；ΔQ 与 ΔP 分别为相应的变化量。则可按以下公式计算价格弹性 ε_P：

$$\varepsilon_P = \frac{\Delta Q / Q}{\Delta P / P}$$

一般来说，价格弹性为负数。这反映了价格的变动方向与需求量变动方向的不一致性。价格上升，需求量就会下降；价格下降，需求量就会上升。

【例 2.4】 某地空调消费需求预测。

1999—2005 年某地空调消费量和平均销售价格如表 2.5 所列，如果 2006 年空调价格下降到 2 000 元/台，请用价格弹性系数法预测 2006 年的空调需求量。

表 2.5　某地区 1999—2005 年空调消费量与价格表

年份	空调价格（元/台）	空调消费量（万台）
1999	4 996	32
2000	4 547	35
2001	4 012	39
2002	3 580	44
2003	3 198	49
2004	2 820	54
2005	2 450	62

【解】

① 计算各年的空调价格弹性系数，见表 2.6。

表 2.6　某地区 1999—2005 年空调价格弹性系数表

年份	空调价格（元/台）	价格较上年增长（%）	空调消费量（万台）	空调消费较上年增长（%）	价格弹性系数
1999	4 996		32		
2000	4 547	-9.0	35	9.4	-1.04
2001	4 012	-11.8	39	11.4	-0.97
2002	3 580	-10.8	44	12.8	-1.19
2003	3 198	-10.7	49	11.4	-1.06
2004	2 820	-11.8	54	10.2	-0.86
2005	2 450	-13.1	62	14.8	-1.13

从表 2.6 可以看出，1999—2005 年该地区空调的价格弹性系数在 -0.86 ~ -1.19 之间，取 1999—2005 年价格弹性系数的平均值 -1.04 作为 2006 年的价格弹性，即价格每降低 10%，需求增长 10.4%。

② 计算 2006 年空调需求增长率。

2006 年如果价格降低到 2 000 元/台，较 2005 年价格降低了 18.4%，空调需求增长率为

$$\text{空调价格下降率} \times \text{价格弹性系数} = 18.4\% \times 1.04 = 19.1\%$$

③ 计算 2006 年空调需求量。

$$2006\text{ 年空调需求量} = 2005\text{ 年空调消费量} \times 2006\text{ 年需求增长率}$$
$$= 62 \times (1 + 19.1\%) = 74\text{（万台）}$$

3. 简单移动平均法

移动平均法根据预测时使用的各元素的权重不同，可以分为：简单移动平均和加权移动平均。简单移动平均法是以过去某一段时期的数据平均值作为将来某时期预测值的一种方法。该方法对过去若干历史数据求算术平均数，并把该数据作为以后时期的预测值。而加权移动平均法是在简单移动平均法的基础上，给不同时期的变量值赋予不同的权重来计算预测值。

（1）简单移动平均公式。

简单移动平均可以表述为

$$F_{t+1} = \frac{1}{n} \sum_{i=t-n+1}^{t} X_i$$

其中，F_{t+1} 是 $t+1$ 时的预测数；n 是在计算移动平均值时所使用的历史数据的数目，即移动时段的长度。

为了进行预测，需要对每一个 t 计算出相应的 F_{t+1}，所有计算得出的数据形成一个新的数据序列。经过 2~3 次同样的处理，历史数据序列的变化模式将会被揭示出来。这个变化趋势较原始数据变化幅度小，因此，移动平均法从方法论上分类属于平滑技术。

（2）n 的选择。

采用移动平均法进行预测，用来求平均数的时期数 n 的选择非常重要，这也是移动平均的难点。事实上，不同 n 的选择对所计算的平均数是有较大影响的。n 值越小，表明对近期观测值预测的作用越重视，预测值对数据变化的反应速度也越快，但预测的修匀程度较低，估计值的精度也可能降低。反之，n 值越大，预测值的修匀程度越高，但对数据变化的反应速度较慢。因此，n 值的选择无法二者兼顾，应视具体情况而定。

不存在一个确定时期 n 值的规则。n 一般为 3~200，视序列长度和预测目标情况而定。一般对水平型数据，n 值的选取较为随意；一般情况下，如果考虑到历史序列的基本发展趋势变化不大，则 n 应取大一点。对于具有趋势性或阶跃型特点的数据，为提高预测值对数据变化的反应速度，减少预测误差，n 值取较小一些。如果预测目标的趋势正在不断发生变化，则 n 应选小一点，以使移动平均值更能反映目前的发展变化趋势。

（3）简单移动平均的应用范围。

移动平均法只适用于短期预测，在大多数情况下只用于以月或周为单位的近期预测。简单移动平均法的另外一个主要用途是对原始数据进行预处理，以消除数据中的异常因素或除

去数据中的周期变动成分。当产品需求既不快速增长也不快速下降,且不存在季节性因素时,移动平均法能有效地消除预测中的随机波动,是非常有用的。

移动平均法的主要优点是简单易行、容易掌握。其缺点是:只是在处理水平型历史数据时才有效,每计算一次移动平均需要最近的 n 个观测值。而在现实经济生活中,历史数据的类型远比水平型复杂,这就大大限制了移动平均法的应用范围。

【例 2.5】 洗衣机销售量预测。

某商场某年 1~12 月洗衣机销售量如表 2.7 所示,请用简单移动平均法预测下一年第一季度该商场的洗衣机销售量($n=3$)。

表 2.7 移动平均法计算

月份	实际销售量 x_t(台)	3 个月移动平均预测
1	53	
2	46	
3	28	
4	35	42
5	48	36
6	50	37
7	38	44
8	34	45
9	58	41
10	64	43
11	45	52
12	42	56

【解】 采用 3 个月移动平均法,下一年 1 月份洗衣机销售量预测:

$$Q_1 = \frac{x_{10} + x_{11} + x_{12}}{3} = \frac{64 + 45 + 42}{3} = 50 \text{(台)}$$

2 月份洗衣机销售量预测:

$$Q_2 = \frac{x_{11} + x_{12} + Q_1}{3} = \frac{45 + 42 + 50}{3} = 46 \text{(台)}$$

3 月份洗衣机销售量预测:

$$Q_3 = \frac{x_{12} + Q_1 + Q_2}{3} = \frac{42 + 50 + 46}{3} = 46 \text{(台)}$$

于是,下一年第一季度洗衣机销售量预测为

$$Q = Q_1 + Q_2 + Q_3 = 50 + 46 + 46 = 142 \text{(台)}$$

为了使预测更符合当前的发展趋势，可以采用加权移动平均法，即将不同时期的序列给予不同的权重。如对预测的前一期、前二期和前三期分别赋予3、2和1的权重，则

1月份洗衣机销售量预测：

$$Q_1 = \frac{x_{10} + 2x_{11} + 3x_{12}}{6} = \frac{64 + 2 \times 45 + 3 \times 42}{6} = 47（台）$$

2月份洗衣机销售量预测：

$$Q_2 = \frac{x_{11} + 2x_{12} + 3Q_1}{6} = \frac{45 + 2 \times 42 + 3 \times 47}{3} = 45（台）$$

3月份洗衣机销售量预测：

$$Q_3 = \frac{x_{12} + 2Q_1 + 3Q_2}{6} = \frac{42 + 2 \times 47 + 3 \times 45}{6} = 45（台）$$

于是，下一年第一季度洗衣机销售量预测为

$$Q = Q_1 + Q_2 + Q_3 = 47 + 45 + 45 = 137（台）$$

4. 指数平滑法

指数平滑法是生产预测中常用的一种方法，也用于中短期经济发展趋势预测。所有预测方法中，指数平滑是用得最多的一种。移动平均法不考虑较远期的数据，并在加权移动平均法中给予近期资料更大的权重；而指数平滑法则兼容了全期平均和移动平均所长，不舍弃过去的数据，但是仅给予逐渐减弱的影响程度，即随着数据的远离，赋予逐渐收敛为零的权数。也就是说，指数平滑法是在移动平均法基础上发展起来的一种时间序列分析预测法，它是通过计算指数平滑值，配合一定的时间序列预测模型对现象的未来进行预测。其原理是任一期的指数平滑值都是本期实际观察值与前一期指数平滑值的加权平均。

（1）指数平滑法公式。

根据平滑次数的不同，指数平滑有一次指数平滑、二次指数平滑、三次指数平滑和高次指数平滑。

指数平滑法是一种加权移动平均法，选取递减指数数列作为各时期的权重进行加权移动平均计算。对时间序列 $x_1, x_2, x_3, \cdots, x_t$，一次指数平滑公式：

$$F_t = \alpha x_t + (1-\alpha) F_{t-1}$$

其中：α 是平滑系数，$0 < \alpha < 1$；x_t 是历史数据序列 x 在第 t 期的实际值（观测值）；F_t 和 F_{t-1} 是第 t 时的平滑值（或 $t+1$ 期预测值）和 $t-1$ 时的平滑值（t 期预测值），它以本期指数平滑值作为下期的预测值。

在时间数列无明显的趋势变化，市场观测呈水平波动，无明显上升或下降趋势的情况下，可用一次指数平滑预测。它以本期指数平滑值作为下期的预测值，预测模型为

$$x'_{t+1} = F_t$$

（2）指数平滑法的程序。

① 输入历史统计序列。

② 选择平滑模型：

$$x'_{t+1} = F_t = \alpha x_t + (1-\alpha)F_{t-1}$$

③ 选择平滑系数 α。

指数平滑法的计算中，关键是 α 的取值大小，但 α 的取值又容易受主观影响，因此合理确定 α 的取值方法十分重要。一般来说，如果数据波动较大，α 值应取大一些，可以增加近期数据对预测结果的影响；如果数据波动平稳，则 α 值应取小一些。

平滑系数 α 的选择通常按下列情况进行：

观测值呈较稳定的水平发展，α 值取 0.1～0.3；

观测值波动较大时，α 值取 0.3～0.5；

观测值波动很大时，α 值取 0.5～0.8。

④ 确定初始值 F_0。

实践中，一般采用的处理方法是：

时间序列期数在 20 个以上时，$F_0 = x_1$，即用第一期的观测值代替；

时间序列期数在 20 个以下时，可取前 3～5 个观测值的平均值代替。

$$F_0 = \frac{x_1 + x_2 + x_3}{3} \quad \text{或} \quad F_0 = \frac{x_1 + x_2 + x_3 + x_4 + x_5}{5}$$

⑤ 计算。依次迭代计算，直到得出预测期数据。

⑥ 预测结果分析。

⑦ 预测结果。

指数平滑法工作流程如图 2.3 所示。

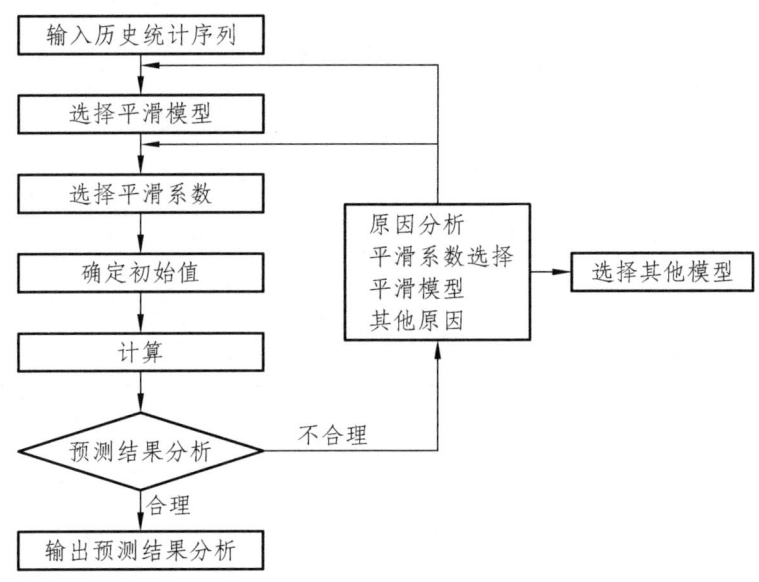

图 2.3　指数平滑法工作流程图

【例 2.6】 1～12 月某地区煤炭消费量见表 2.8，请用一次指数平滑法预测明年 1 月份的煤炭需求量（α 取 0.3）。

表 2.8　某地区煤炭消费表

月份	t	月消费量 x_t（万吨）	月份	t	月消费量 x_t（万吨）
1	1	31.67	7	7	37.07
2	2	33.99	8	8	39.05
3	3	39.71	9	9	40.59
4	4	39.71	10	10	41.95
5	5	40.29	11	11	44.03
6	6	40.47	12	12	50.31

【解】

首先，计算初始平滑值 F_0。

$$F_0 = \frac{x_1 + x_2 + x_3}{3} = (31.67 + 33.99 + 39.71)/3 = 35.12（万吨）$$

按照指数平滑公式，得出

$$F_1 = \alpha x_1 + (1-\alpha)F_0 = 0.3 \times 31.67 + (1 - 0.3) \times 35.12 = 34.09（万吨）$$
$$F_2 = \alpha x_2 + (1-\alpha)F_1 = 0.3 \times 33.99 + (1 - 0.3) \times 34.09 = 34.06（万吨）$$
$$F_3 = \alpha x_3 + (1-\alpha)F_2 = 0.3 \times 39.71 + (1 - 0.3) \times 34.06 = 35.75（万吨）$$
……
$$F_{12} = 43.92（万吨）$$

于是，明年 1 月份煤炭需求量 $x'_{t+1} = x'_{13} = F_{12} = 43.92$ 万吨，见表 2.9。

表 2.9　指数平滑表

月份	时序 t	月消费量 x_t（万吨）	一次指数平滑值 F_t（万吨）	预测值（万吨）
	0		35.12	
1	1	31.67	34.09	35.12
2	2	33.99	34.06	34.09
3	3	39.71	35.75	34.06
4	4	39.71	36.94	35.75
5	5	40.29	37.94	36.94
6	6	40.47	38.70	37.94
7	7	37.07	38.21	38.70
8	8	39.05	38.46	38.21
9	9	40.59	39.10	38.46
10	10	41.95	39.95	39.10
11	11	44.03	41.18	39.95
12	12	50.31	43.92	41.18
明年 1 月份	13			43.92

本章小结

本章主要探讨建设项目的必要性评估。本章重点对建设项目产品的市场需求分析与动态预测的方法和技术进行了介绍,具有知识性和实用性,是对建设项目市场分析问题所用定性和定量方法的综合阐述。

课后习题

一、简答题

1. 市场预测的内容与方法有哪些?
2. 建设项目必要性评估的定量方法与技术有哪些?
3. 什么是建设项目必要性评估的回归预测法?
4. 什么是建设项目必要性评估的移动平均法?
5. 分析一个拟建项目是否具有建设的必要性,主要考察哪些方面?

二、选择题

1. 采用一元线性回归分析预测消费量,通常应取(   )结果。

   A. 相关系数检验　　　　　　B. 方差分析

   C. 区间预测　　　　　　　　D. 点预测

2. 下列关于市场预测弹性系数法的说法,正确的是(   )。

   A. 用弹性分析法处理经济问题计算方便,但应用不够灵活和广泛

   B. 弹性是一个相对量,用以衡量某一变量的改变所引起的另一变量的相对变化

   C. 一般来说,两个变量越不相关,相应的弹性值就越大

   D. 用历史数据测算出的弹性系数预测未来,可以得到比较精细和准确的结果

   E. 弹性分析只能考虑两个变量之间的关系,具有一定的局部性和片面性

3. 采用简单移动平均法进行市场预测,应注意合理选择用于计算移动平均值的历史数据数目 n。下列关于 n 的表述,正确的是(   )。

   A. 预测目标的趋势不断变化时,n 值应取大一点

   B. 具有阶跃型特点的数据,n 值应取小一点

   C. n 值越小,预测值的修匀程度越大

   D. n 值越大,表明近期观测值作用越大

第 3 章　项目建设条件评估

本章要点

项目建设条件评估，主要是审查、分析和评价拟建项目是否具备建设施工条件，即对项目实施的可能性进行分析评价。项目选址是关系到工业布局、投资地区分配等具有全局性、长远性的重要问题，应在国家经济布局和区域发展计划的范围内选择项目的建厂位置。因此，本章要求学生掌握建设项目建设条件评估的基本原则和方法。

3.1　建设规模评估概述

3.1.1　建设规模概述

建设规模也称生产规模，是指项目设定的正常生产营运年份可能达到的生产能力或者使用效益，一般是指项目的生产规模，更具体地说是指项目的设计生产量。

建设规模是在产品方案的基础上，结合生产工艺技术、原材料和能源供应，协作配套和项目投融资条件，以及规模经济等研究而确定的。

3.1.2　项目生产规模的几种基本类型

在项目评估中，按照经济效益的高低，通常可以把项目生产规模分为以下四种类型：

1. 亏损规模

亏损规模，即销售收入小于总成本费用的规模，也即项目处于亏损状态下的规模。它有两种情况：一种是规模过小，达不到起始规模，形成一个亏损区间，例如处于试生产时期不宜于批量生产，销路尚未打开，造成成本过高、无利可图的情况；另一种是规模过大，超过了终止规模点，形成一个亏损区间。

2. 起始规模（或最小经济规模）

起始规模，即项目盈亏平衡时的临界规模，也即销售收入等于总成本费用的保本最小规模。

3. 合理经济规模（或适宜经济规模）

合理经济规模是项目投入产出处于较优状态，资源和资金可以得到充分利用，销售收入大于总成本费用，并保证一定盈利水平的生产规模；也即项目按预期投资收益率水平获取预期投资收益时的规模。

4. 最佳经济规模

最佳经济规模即能够产生最高经济效益的生产规模，也即项目获取最佳经济效益时的规模。

最佳经济规模是指有一流的技术装备，但没有市场、资源和资金等条件制约的情况下，能取得最佳经济效益的规模。

最佳经济规模是最理想的规模，因此拟建项目的生产规模最好能达到这个水平。受许多因素的限制，这种规模一般很难达到；而亏损规模和起始规模（或最小经济规模）都不能选择。在合理确定建设项目经济规模的同时，也需注意，规模扩大所产生的效益不是无限的，它受到技术进步、管理水平、项目经济技术环境等多种因素的制约。超过一定限度，规模效益将不再出现，甚至出现单位成本递增和收益递减的现象。在一般情况下，合理经济规模是应当优先考虑的，是投资建设项目必须追求的规模。

3.1.3 建设规模研究应考虑的影响因素和内容

（1）合理经济规模。

通常的衡量指标：单位产品投资、单位产品成本、劳动生产率、单位投资的利润等。

选取：国家和行业制定了某些重要产品的经济规模标准，应予遵循。同时，应根据技术装备水平和市场需求的变化，参考世界发达国家公认的经济规模，来确定拟建项目的建设规模。

（2）市场需求。

市场需求从产出方向上规定了项目拟建规模。因此，应根据市场调查和预测结论，考虑拟建项目的建设规模（表 3.1）。

表 3.1 市场情况下建设规模的选择

市场情况	建设规模
产品的市场需求变化快、品种规格多	中、小规模战略
产品适应性强、市场需求量大、品种规格变化较小	大、中规模战略
同时应重视关联产品或副产品的受制约因素对建设规模的影响	

（3）资源供应及其他外部建设条件。
（4）生产技术和设备的先进性及其来源。
（5）资金的可供应量。

必须结合资金的可获得性，量力而行考虑建设规模。

（6）环境容量。

建设项目生产期间排出的污染物不仅要达标排放，而且排出污染物的总量要在环境保护行政主管部门给出的总量控制范围内。因此，建设规模的确定既要考虑当地环境的承受能力，还要考虑企业污染物总量控制的可能性。

（7）社会因素和政策法规。
（8）行业因素。
（9）改扩建与技术改造项目。

3.1.4　建设规模的合理性分析

（1）符合产业政策和行业特点。
（2）收益的合理性。
建设规模的变动会引起收益的变动。适当的建设规模可取得费用的节约，提供竞争力，获得相应的经济效益。项目规模的经济性问题是建设方案总体研究时需要考虑的重要问题。
（3）资源利用的合理性。
主要应考虑资源利用的可靠性、有效性和经济性。坚持技术可行、经济合理和有利于节约资源、保护环境的要求。
（4）外部条件的适应性与匹配性。
（5）对于技术改造项目，其建设规模的确定要与现有装置有效地结合和匹配。

3.2　项目生产规模的确定方法 —— 盈亏平衡分析法

盈亏平衡分析法是对产品生产经营情况进行经济分析的一种方法。盈亏平衡分析法又称保本点分析法或量本利分析法，是根据产品的业务量（产量或销量）、成本、利润之间的相互制约关系的综合分析，来预测利润、控制成本、判断经营状况的一种数学分析方法。

项目盈亏平衡点（BEP）的表达形式有多种。可以用绝对值表示，如以实物产销量、单位产品售价、单位产品的可变成本、年固定总成本以及年销售收入等表示的盈亏平衡点；也可以用相对值表示，如以生产能力利用率表示的盈亏平衡点。其中，以产销量和生产能力利用率表示的盈亏平衡点应用最为广泛。

3.2.1　线性盈亏平衡分析

线性盈亏平衡分析是指在项目投产后正常年份的产量、成本和利润三者之间成线性的函数关系。

3.2.2　非线性盈亏平衡分析

在实际生产中，若生产总成本或销售收入与产品产量之间的关系是非线性关系，则盈亏平衡点和最佳生产规模可按以下步骤具体计算：

1. 确定总成本函数和收入总公式

假定非线性收入函数、成本函数均可以用一元二次函数表示如下：

总成本：$\quad C = a_1 + a_2 Q + a_3 Q^2$

总收入：$\quad S = b_1 Q + b_2 Q^2$

式中　Q——产量；

a_1, a_2, a_3, b_1, b_2——技术经济参数，须通过调查研究加以确定。

2. 确定总效益函数（R）

$$R = S - C$$
$$= (b_2 - a_3)Q^2 + (b_1 - a_2)Q - a_1$$

3. 计算起始规模和最大规模

令 $R = 0$，即

$$(b_2 - a_3)Q^2 + (b_1 - a_2)Q - a_1 = 0$$

解方程得

$$Q_{\min} = \frac{(b_1 - a_2) - \sqrt{(b_1 - a_2)^2 + 4a_1(b_2 - a_3)}}{2(a_3 - b_2)}$$

$$Q_{\max} = \frac{(b_1 - a_2) + \sqrt{(b_1 - a_2)^2 + 4a_1(b_2 - a_3)}}{2(a_3 - b_2)}$$

可以知道：$Q_{\min}$ 相当于起始规模点，$Q_{\max}$ 相当于最大规模点。生产规模只有在起始规模和最大规模之间，企业才会盈利；小于 $Q_{\min}$ 点或大于 $Q_{\max}$ 点，企业均会产生亏损。因此解得两个盈亏平衡点 $Q_{\min}$ 和 $Q_{\max}$。

4. 计算最佳规模

对总效益函数方程两端求一阶导数，有

$$\frac{dR}{dQ} = 2(b_2 - a_3)Q + (b_1 - a_2)$$

令

$$2(b_2 - a_3)Q + (b_1 - a_2) = 0$$

解得极值点，用 Q_c 表示为

$$Q_c = \frac{b_1 - a_2}{2(a_3 - b_2)}$$

Q_c 就是最佳经济规模点，当生产规模接近或位于此点时，企业取得最大经济效益。

当生产量达到一定数量时，企业开始盈利，而低于此数就开始亏损，这一点称为最小企业盈亏点 Q_1；而生产量提高到一定程度，超过某一数量时又要开始亏损，则这一点称为在现行条件下的最大产量盈亏点 Q_2。企业产品的产量规模在 Q_1 和 Q_2 之间，就可得到盈利，故区间 (Q_1, Q_2) 就是生产的经济规模区；Q_c 点为最优生产规模点，在这一点，相对的生产成本最低，收入最多，利润最高。由图 3.1 可知，在最大利润点左侧，利润率是上升的；在最大利润点右侧，利润率是下降的。

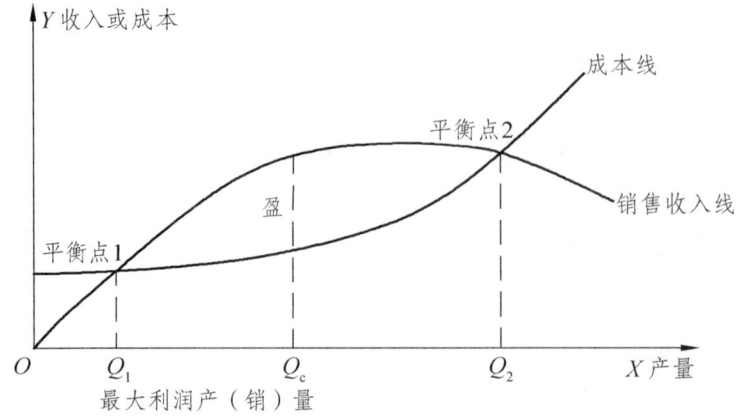

图 3.1 非线性盈亏平衡分析

由于客观条件所限，很难找到这个最佳点，只能在（Q_c 点）附近选择一个相对经济合理的生产规模区域区间。这个合理经济规模区间的选定，也要取决于实际条件并综合考虑各种相关因素。

3.3 项目物料供应分析

3.3.1 自然资源条件供应分析

（1）资源能否落实。
（2）资源种类、性质是否确定。
（3）所需资源供应的数量、质量、服务年限、开采方式和供应方式、成本高低、运输难易。
（4）项目减少能源消耗的能力。

3.3.2 原材料、燃料和动力条件评价

1. 原材料条件供应分析

（1）原材料的品种、质量、性能分析。
根据产品方案和工艺技术方案，要研究确定所需原材料的品种、质量、性能（含物理性能和化学成分）。
（2）原材料需求量。
依据项目产品方案，以及建设规模和物料消耗定额来计算年消耗量。
依据生产周期、生产批量、采购运输条件等计算出各种物料的经常储备量、保险储备量、季节储备量和物料总储备量，作为生产物流方案（含运输、仓库等）研究的依据。
总之，选择适合项目要求、来源稳定可靠、价格经济合理的原材料作为项目的主要投入

物，保证项目生产的连续性和稳定性。

（3）原材料供应必须进行多种方案比较。

外购原料的项目应对原料供应和价格进行预测，分析稳定性和可靠性等情况。

内供原材料的项目，应计算说明有关生产单位之间的物料平衡。

矿产开采项目和以矿产资源为原料的项目，须经国土资源部评审备案。

（4）对稀缺原料，分析其来源的风险和安全性。

（5）涉及原料进口的项目。

2. 燃料供应分析

（1）确定燃料类别和质量指标，计算所需燃料数量。

（2）研究燃料来源、价格、运输条件，进行方案比选。对于大宗燃料，需要与拟选供应商、运输公司签订供应意向书和承运意向书。

（3）研究所选辅助材料和燃料被替代的可能性与经济性。

3. 原材料和燃料供应方案的比选

主要比较：

（1）采购的可靠性、稳定性、安全性。

（2）价格（含运输费）的经济性及可能的风险。

（3）经过比选，提出推荐方案。

3.4 建设项目建厂地区及厂址分析

新建项目在已进行建设规模、生产工艺及其投入物料等基本研究之后，就应为项目选择合适的建厂地区和场（厂）址。

重大项目应当从比较广泛的范围内选择几个建厂地区，并在一个地区内详细调研几个可供选择的场（厂）址，进行综合比选。

初步可行性研究（或项目建议书）阶段，应组织多专业联合工作组，对多场（厂）址进行调研和分析，形成专题报告，提出场（厂）址的预选意见。

可行性研究阶段，应对各项建设条件逐一落实，深化选址的技术经济分析，并提出场（厂）址推荐意见。

3.4.1 项目选址应考虑的因素

1. 自然因素

自然因素包括地理位置、自然条件、自然资源等。

2. 经济技术因素

经济技术因素包括拟选地的经济实力、协作条件、基础设施、技术水平、市场潜力、人口素质与数量等。

3. 运输和地理位置因素

运费是生产成本的重要部分。选址要在原料、燃料、产品销售地的关系中综合研究，寻求最小运费点。地理位置因素是指建设项目拟选地点与资源产地、经济发达地区、水陆交通干线及港口、大中城市、消费市场等的空间关系。

此外，社会、政治因素和管理机构素质也是应考虑的因素。

3.4.2　项目选址的原则和要求

1. 项目选址的基本原则

（1）符合国家、地区和城乡规划的要求。
（2）满足项目对原材料、能源、水和人力的供应、生产工艺和营销的要求。
（3）节约和效益的原则，尽力做到降低建设投资、节省运费、减少成本、提高利润。
（4）安全的原则，防洪、防震、防地质灾害、防战争危害。
（5）实事求是的原则，对多个场（厂）址调查研究，进行科学分析和比选。
（6）节约项目用地，尽量不占或少占农田。
（7）注意环境保护，以人为本，减少对生态和环境的影响。
（8）减少拆迁移民。

2. 禁止工业项目建设的地区

（1）基本烈度高于 9 度的地震区。
（2）国家规定的风景区、自然保护区、古迹保护区。
（3）饮用水源的卫生防护带内。
（4）有开采价值的矿床内。
（5）地质危害地段。
（6）不能确保的水库、废料堆的下方。
（7）军事、通信的影响范围内。
（8）传染病地区。

3. 项目选址的基本要求

上述基本原则，可以分解为以下具体要求：
（1）区域位置。
（2）场（厂）址面积。
（3）地形和地貌。
（4）交通运输。
（5）原材料供应。
（6）给水排水。
（7）动力供应。
（8）工程地质与水文地质。
（9）气象。
（10）协作条件。

（11）环境影响。
（12）人力资源。
（13）施工条件。
（14）场地价格。

3.5 项目场（厂）址的比选

1. 工程技术条件

按要求将比选的内容列表，填入各方案的条件或数据。工程条件的主要内容有：占用土地的种类及面积、地形地貌气候条件、地质条件、地震条件、征地拆迁移民安置条件、社会依托条件、环境条件、交通运输条件、施工条件等。

2. 投资费用

主要有土地购置费、场地平整费、基础工程费、厂外运输投资、厂外公用工程投资、防洪工程投资、环境保护投资以及施工临时设施费用等。

3. 运营费用

主要包括原材料和燃料的运输费、产品运输费、动力费、排污费和其他运营费用。

4. 选址中的几项专题比选工作

根据项目特点，在项目选址中可能需要对以下方面进行专题研究比选，主要有：
（1）运输费用比选。
主要比较投入物和产品运输条件，以选择运输距离短、运输费用小的方案。
对于海运，需要了解港口设施的详细资料，包括水深、起重能力、停靠港船只的吨位、仓库设施、保管费用、运输条件、安全等。
公路运输时，除运费外，还应说明公路等级、道路及桥梁的宽度、通过能力、可能移交给项目的养路责任等，还应考虑现有公路的承受能力与阻塞可能性，是否需要扩建或新建道路。
对铁路运输，应考核铁路的运输能力、装卸设施、仓库及储存设施、可能发生的季节性阻塞等。
对水运，应考虑河流及运河的宽度、深度、可使用船舶的装载能力及其他有关问题。各场址的现有设施都可能存在制约因素，应考虑到新建铁路、港口、公路的投资问题，这种费用可能使该场址变得不合算。
对各种情况，都应估算费用，然后汇总比较。
（2）投入物方案比选。
（3）靠近原料产地还是靠近市场的比选。该项比选与上述两项比选有相辅相成的关系。
（4）供水和排污处理方案比选。
（5）动力方案比选。
（6）人力资源条件比选。
（7）土地使用条件和费用的比较。

3.6 建设厂址选择的主要技术和方法

建设项目厂址选择的经济分析方法主要有追加投资回收期法、最小运输费用法(重心法)、方案综合评分法和追加投资回收期法(差额投资回收期)。

1. 追加投资回收期法

追加投资回收期又称差额投资回收期，是指用投资大的方案所节约的年经营成本来偿还其多花的追加投资所需要的年限。使用条件：如果两个方案的建设投资和经营费用不一致，当方案间的投资额相差较大时，用追加投资回收期法来做选择。

设两个对比方案的投资分别为 K_1 与 K_2，年经营成本为 C_1 与 C_2，年净收益相同，并设 $K_1 \leq K_2$，$C_1 \geq C_2$。在不考虑资金时间价值的条件下，则静态差额投资回收期(ΔT)计算式为

$$\Delta T = \frac{K_2 - K_1}{C_1 - C_2}$$

若两方案的年净收益不同，年产量为 Q_1 与 Q_2，则需要转化为单位产量参数后再求算。静态差额投资回收期（ΔT）计算式为

$$\Delta T = \left(\frac{K_2}{Q_2} - \frac{K_1}{Q_1} \right) \div \left(\frac{C_1}{Q_1} - \frac{C_2}{Q_2} \right)$$

这个公式的实质是用节约的经营费用补偿多花费的投资费用，即计算增加的投资要用多少年才能通过经营费用的节约收回来。

追加投资回收期法的判别准则：

计算出追加投资回收期后，应与行业的标准投资回收期 T_b 相比，如果小于标准投资回收期，说明增加投资的方案可取，否则不可取。如果备选方案超过两个，且均符合应用追加投资回收期法的条件，就需要对两个方案进行筛选比较。

运用追加投资回收期对多方案进行评价时，可采用环比法求解：

当 $\Delta T \leq T_b$ 时，则投资大、成本低方案的追加投资回收时间较短，投资大的方案较优；

当 $\Delta T > T_b$ 时，则投资大、成本低方案的追加投资回收时间较长，投资小的方案较优。

【例 3.1】 一工厂拟建一机械加工车间，有两个方案可供选择，甲方案采用中等水平工艺设备，投资 2 400 万元，年生产成本为 1 400 万元；乙方案采用自动线，投资 3 900 万元，年生产成本为 900 万元。该部门的基准追加投资回收期 T_b 为 5 年，应采用哪种方案较为合理？

【解】 根据公式

$$\Delta T = \frac{K_2 - K_1}{C_1 - C_2} < T_b = 5 \text{（年）}$$

根据判别准则，所以应采用乙方案。

【例 3.2】 某方案有 3 个可行方案选择，其投资额与年经营成本如下：第一方案，K_1 = 100 万元，C_1 = 120 万元；第二方案，K_2 = 110 万元，C_2 = 115 万元；第三方案，K_3 = 140 万元，C_3 = 105 万元。设基准投资回收期 T_b = 5 年，试选择最优方案。

【解】 第二方案与第一方案相比较：

$$\Delta T_{2-1} = \frac{K_2 - K_1}{C_1 - C_2} = \frac{110 - 100}{120 - 115} = 2 \text{（年）} < T_b = 5 \text{（年）}$$

所以投资较大的第二方案优于第一方案，第一方案淘汰。

第三方案和第二方案相比较：

$$\Delta T_{3-2} = \frac{K_3 - K_2}{C_2 - C_3} = \frac{140 - 110}{115 - 105} = 3 \text{（年）} < T_b = 5 \text{（年）}$$

可见，投资大的第三方案比第二方案优越，故选择第三方案为最优方案。

2．最小运费法（重心法）

如果建设项目投产后所需多种原材料须由各地供应，产品也将销售到多个不同地区的许多用户，运输费用将成为厂址选择中一个很重要的因素，因此可利用求重心的原理来寻找运输距离最短、运费最小的厂址方案，从而选择厂址位置。

假设条件：

（1）运输费只与配送中心和客户的直线距离有关，不考虑城市交通状况。

（2）不考虑配送中心所处地理位置的地产价格。

拟建配送中心坐标为 $p_0(x_0, y_0)$，其配送客户的坐标为 $p_i(x_i, y_i)$，其中，$i = 1, 2, 3, \cdots, n$；a_i 为配送中心到客户 i 的运费率；w_i 为配送中心到客户 i 的运输量。则 $p_0(x_0, y_0)$ 的坐标分别为

$$x_0 = \frac{\sum_{i=1}^{n}(a_i w_i x_i)}{\sum_{i=1}^{n}(a_i w_i)}$$

$$y_0 = \frac{\sum_{i=1}^{n}(a_i w_i y_i)}{\sum_{i=1}^{n}(a_i w_i)}$$

【例 3.3】 某公司拟在某城市建设一座化工厂，该厂每年要从 P、Q、R、S 四个原料供应地运来不同原料。已知各地距城市中心的距离和年运量如表 3.2 所列，假定各种材料运输费率相同，试用重心法确定该厂的合理位置。

表 3.2 厂址坐标及年运输量表

供应地	P	Q	R	S
供应地坐标	（50，60）	（60，70）	（19，25）	（59，45）
年运输量（t）	2 200	1 900	1 700	900

【解】

$$x_0 = \frac{50 \times 2\,200 + 60 \times 1\,900 + 19 \times 1\,700 + 59 \times 900}{2\,200 + 1\,900 + 1\,700 + 900} = 46.2 \text{（km）}$$

$$y_0 = \frac{60 \times 2\,200 + 70 \times 1\,900 + 25 \times 1\,700 + 45 \times 900}{2\,200 + 1\,900 + 1\,700 + 900} = 51.9 \text{（km）}$$

重心法将纵向和横向的距离视为互相独立的量，与实际不相符，求出的解比较粗糙，它的实际意义在于能为选址人员提供一定的参考。因此，重心法的应用有一定的局限性。

3.7 总图运输

总图运输方案研究的是依据确定的项目建设规模，结合场地、物流、环境、安全、美学等条件和要求对工程总体空间和设施进行合理布置。项目性质不同，总图运输方案考虑的侧重点也不同。

3.7.1 总体布置与厂区总平面布置

1. 厂区总体布置的要求

（1）满足生产工艺过程的要求。
（2）满足厂内外运输的要求。
（3）适应自然条件（气象、地形、水文、地质等）和城市规划的要求。
（4）符合防火、安全、环境保护和卫生规划的要求。

2. 厂区总平面布置的要求

厂区总平面布置在总体布置的基础上，进行合理布置。
（1）满足生产工艺流程和物料流向要求。
（2）合理地划分生产功能分区。
（3）生产装置布置充分利用风向，考虑工程地质及水文地质的影响。
（4）结合场地地形、地质、地貌等条件，因地制宜并尽可能做到紧凑布置，最大限度地节约用地，做到近期相对集中，远期预留合理。
（5）总平面布置要与厂外铁路接轨站、码头的位置相适应。
（6）合理确定厂区通道宽度。
（7）对有洁净要求的生产装置和辅助设施的布置要考虑风向的影响，合理布置建筑朝向。
（8）改扩建项目应符合新老产品流程的要求。

充分利用现有的空地、建构筑物、仓储运输设施，调整理顺现有总图布置使之符合新老产品流程要求。

3.7.2 竖向布置

主要是确定建设场地上的高程（标高）关系，合理组织场地排水。
竖向布置的要求：
（1）竖向布置应与总体布置和总平面布置相协调，充分利用和合理改造厂区自然地形。

（2）满足生产工艺、场内外运输装卸、管道敷设对坡向、坡度、高程的要求。
（3）充分利用地形，选择相适应的竖向布置形式。
（4）保证场地排水通畅，不受潮水、内涝、洪水的威胁。

【例 3.4】 投资项目总图运输方案设计中竖向布置的具体工作包括（　　）。

A. 确定厂区绿化方案　　　　　　B. 确定厂区运输方案
C. 确定建筑物的标高　　　　　　D. 确定场地功能区划
E. 确定场地排水方式

【答案】C E

3.7.3　运输

企业物流系统由原料供应物流、生产物流和销售物流组成。运输是物流活动的核心。可行性研究阶段要确定原料供应物流和销售物流的运输方案（即厂外运输方案），确定生产物流的运输方案（即厂内运输方案）。

1. 厂外运输方案

对大宗货物的铁路、水路运输，要分析铁路、航道的运输能力，并附承运部门同意运输的"承运意见函"。

经济技术比较选择的比较因素一般包括：运输距离、包装方式、线路能力、运费、运输工具来源、运力、运输可靠程度、安全程度、承运公司资质等。

2. 厂内运输方案（表3.3）

表 3.3　厂内运输方案

运输方式	适用范围
标准轨距铁路运输	主要用于原材料和成品大批量运输的企业，只有当年运输量达到一定规模或有特殊要求时，车间之间采用铁路运输才比较合理
水上运输	一般只适用于厂外运输，用于靠近港口的大型企业的原材料运进和成品的运出
无轨运输	是广泛采用的运输方式，具有方便灵活的特点；种类较多，一般的厂内外运输都以汽车运输为主
电瓶车和内燃搬运车、叉车	最适宜短运距的厂内运输
带式输送机	适用于经常的、大量的松散物料运输

3.7.4　厂区道路

1. 道路布置的要求

（1）满足生产、运输和消防的要求，合理分散人流和物流。
（2）与厂外道路衔接顺畅。
（3）与厂区的总平面布置、竖向布置、铁路、管线、绿化等布置相协调。
（4）尽量与主要建筑物平行布置。一般采用正交和环形式布置，对于运输量少的地区或边缘地带可采用尽头式道路。当采用尽头式布置时，应在道路尽头处设置回车场。

（5）综合考虑确定道路等级及其主要技术指标。

（6）当人流集中，采用混合交通会影响行人安全时，应设置人行道。

2. 总图技术经济指标

厂区总平面布置的技术经济指标应执行国土资源部关于《工业项目建设用地控制指标(试行)》（国土资发〔2004〕232号）的规定。该技术经济指标，是土地预审报告中的主要内容。

（1）投资强度。

投资强度是指项目用地范围内单位面积固定资产的投资额，即

$$投资强度 = 项目固定资产总投资 \div 项目总用地面积$$

其中，项目固定资产总投资包括厂房、设备和地价款、相关税费，按万元计；项目总用地面积按公顷（万 m^2）计。

【例3.5】 某建设项目总占地面积10公顷，土地征用费600万元，建筑工程费3 000万元，安装工程费1 500万元，如欲使投资强度达到1 930万元/公顷，则设备购置费应达到(　　)万元。

A. 14 200　　B. 14 800　　C. 15 700　　D. 17 200

【答案】 A

【解析】 投资强度 = 项目固定资产总投资÷项目总用地面积，固定资产总投资 = 工程费用 + 固定资产其他费用 + 预备费 + 建设期利息，根据题意，计入固定资产的土地征用费、建筑工程费、安装工程费和设备购置费，因此，1 930 = (设备购置费 + 3 000 + 1 500 + 600)÷10，可以解得设备购置费 = 14 200万元。

【例3.6】 某项目设备购置费为15 000万元，建筑工程费3 450万元，安装工程费1350万元，工程建设其他费用3 800万元（其中2 600万元构成固定资产），预备费共计2 240万元，建设期利息3 600万元，流动资金5 700万元，项目总用地面积6万 m^2，则项目的投资强度为(　　)元/m^2。

A. 2 045.0　　B. 6 676.0　　C. 4 392.0　　D. 4 706.7

【答案】 D

【解析】 投资强度 = 项目固定资产总投资÷项目总用地面积
　　　　　　 = (15 000 + 3 450 + 1 350 + 2 600 + 2 240 + 3 600)/6
　　　　　　 = 4 706.7（元/m^2）

（2）建筑系数及场地利用系数。

① 建筑系数。

$$建筑系数 = (建筑物占地面积 + 构筑物占地面积 + 堆场用地面积) \div 项目总用地面积 \times 100\%$$

【例3.7】 某投资项目建设投资估算为2亿元，总用地面积5公顷，项目建(构)筑物占地20 000 m^3，其中消防水池占地3 333 m^3，则建筑系数为(　　)。

A. 6.6%　　B. 33.3%　　C. 40.0%　　D. 46.7%

【答案】C

【解析】 建筑系数=（建筑物占地面积+构筑物占地面积+堆场用地面积）/项目总用地面积×100%=（20 000/5 000 000）×100%=40%。

【例3.8】 某项目厂区占地26 000 m²，厂区内构筑物占地800 m²，露天堆场占地1 500 m²，道路及广场占地5 200 m²，若要求建筑系数达到35%，则建筑物占地面积应达到（　　）m²。

　　A. 8 300　　B. 7 600　　C. 6 800　　D. 4 980

【答案】C

【解析】 建筑系数=（建筑物占地面积+构筑物占地面积+堆场用地面积）÷项目总用地面积×100%

（建筑物占地面积+构筑物占地面积+堆场用地面积）÷项目总用地面积×100%≥35%

（建筑物占地面积+800+1 500）÷26 000×100%≥35%

建筑物占地面积≥6 800 m²

② 场地利用系数。

$$场地利用系数 = 建筑系数 + [（道路、广场及人行道占地面积 + 铁路占地面积 + 管线及管廊占地面积）÷ 项目总用地面积] \times 100\%$$

建筑系数和场地利用系数是衡量项目总平面布置水平的重要指标。就一般工业项目而言，其建筑系数应不低于30%。

③ 容积率。

容积率是指项目用地范围内总建筑面积与项目总用地面积的比值。

$$容积率 = 总建筑面积 ÷ 总用地面积$$

当建筑物层高超过8 m，在计算容积率时，该层建筑面积加倍计算。

④ 行政办公及生活服务设施用地所占比重。

$$行政办公及生活服务设施用地所占比重 = 行政办公生活服务设施占用土地面积 ÷ 项目总用地面积 \times 100\%$$

工业项目所需行政办公及生活服务设施用地面积不得超过工业项目总用地面积的7%。

【例3.9】 某投资项目建设投资2亿元，总用地面积5公顷，其中行政办公、生活服务设施用地面积3 000 m³，占比是（　　）。

　　A. 0.17%　　B. 6.00%　　C. 17.00%　　D. 60.00%

【答案】 B

【解析】 1公顷=1万m²，行政办公及生活服务设施用地所占比重=行政办公、生活服务设施占用土地面积÷项目总用地面积×100%=0.3÷5×100%=6%。

本章小结

本章主要分析了建设项目生产建设条件评估的基本原则、基本理论以及方法与技术，是建设项目建设条件、生产运行条件评估的综合分析与阐述。对于建设项目建设条件评估的介绍又着重于建设项目的"定点"和"选址"问题，还介绍了几种主要的定点、选址的评估方法与技术。

课后习题

1. 应根据项目产品方案提出的各种产品的品种、规格，以及（　　）来分析计算各种物料的消耗定额。

    A．产品方案和建设规模方案
    B．产品方案和物料消耗定额
    C．建设规模和工艺技术方案
    D．建设规模和物料消耗定额

2. 下列关于确定投资项目建设规模所涉及因素和内容的表述中，正确的有（　　）。

    A．当产品市场需求量大时，应采用中、小规模
    B．根据资金的可供应量，量力而行
    C．尽可能使项目达到或接近合理经济规模
    D．水利水电项目应研究资源可采储量和赋存条件
    E．改扩建项目应研究利用现有场地和公用工程的可能性

3. 下列哪项不是项目选址的基本要求？（　　）

    A．区域位置　　　B．人力资源
    C．施工条件　　　D．资金的可供应量

4. 下列选项中不属于对厂区总平面布置要求的是（　　）。

    A．做到物料流程顺畅、短捷、连续、贯通
    B．要与厂外铁路接轨站、码头的位置相适应
    C．进行合理的生产功能分区
    D．保证场地排水通畅，不受潮水、内涝、洪水的威胁

5. 决策分析与评价阶段的厂区道路方案设计的深度要满足（　　）的要求。

    A．工艺技术方案设计　　　B．土石方量计算
    C．投资估算　　　　　　　D．总平面布置
    E．绿化布置

6. 某项目厂区占地面积为 60 000 m^2，其中建筑物占地面积 12 000 m^2、构筑物占地面积 3 600 m^2、道路和广场占地面积 22 800 m^2，露天堆场占地面积 3 600 m^2，绿化面积 18 000 m^2。经计算，该项目的建筑系数为（　　）。

    A．20%　　B．26%　　C．32%　　D．70%

7. 某项目厂区占地面积 80 000 m^2，其中，建（构）筑物占地面积 20 500 m^2，露天堆场占地面积 3 500 m^2，道路及广场占地面积 25 000 m^2，绿化面积 3 000 m^2，地上地下工程管线占地面积 5 000 m^2，建筑物散水占地面积 360 m^2。该项目没有专用铁路。经计算，该项目的场地利用系数为（　　）。

    A．62%　　B．63%　　C．68%　　D．99%

8. 某项目厂区占地面积 21 000 m^2，厂区内露天堆场占地 1 000 m^2，若要求建筑系数在

30%以上，则建（构）筑物占地面积至少（　　　）m²。

　　A．4 300　　B．5 300　　C．6 300　　D．7 300

9．某项目厂区占地 26 000 m²，厂区内构筑物占地 800 m²，露天堆场占地 1 500 m²，道路及广场占地 5 200 m²，若要求建筑系数达到 35%，则建筑物占地面积应达到（　　　）m²。

　　A．8 300　　B．7 600　　C．6 800　　D．4 980

10．某项目厂区占地 48 000 m²，建（构）筑物占地 12 000 m²，露天堆场占地 2 400 m²，道路及广场占地 16 000 m²，绿化面积 2 000 m²，地上地下工程管线占地 3 000 m²，总建筑面积 57 600 m²，固定资产总投资 11 040 万元，行政办公、生活服务设施占地 2 400 m³，则该项目的投资强度为（　　　）。

　　A．2 920.63　　B．1 916.67　　C．2 300　　D．9 200

11．某项目厂区占地 48 000 m²，建（构）筑物占地 12 000 m²，露天堆场占地 2 400 m²，道路及广场占地 16 000 m³，绿化面积 5 000 m²，地上地下工程管线占地 3 000 m³，总建筑面积 57 600 m²，固定资产总投资 11 040 万元，行政办公、生活服务设施占地 2 400 m²，则该项目行政办公及生活服务设施用地所占比重为（　　　）。

　　A．3.92%　　B．4.17%　　C．5%　　D．5.24%

第4章 建设项目环境影响评估

本章要点
(1) 掌握建设项目环境影响评估的概念及要求。
(2) 掌握建设项目环境影响评估的主要内容。
(3) 了解建设项目环境影响评估的工作程序。
(4) 掌握建设项目环境影响的经济损益分析。

4.1 建设项目环境影响评估的含义和要求

4.1.1 建设项目环境影响评估的概念

环境影响评价（Environmental Impact Assessment，EIA）的概念有两种定义。

定义1：环境影响评价是指人类的生产或生活行为可能对环境造成的影响。它是在环境质量现状监测和调查的基础上，运用模式计算、类比分析等技术手段进行分析、预测和评估，提出预防和减缓不良环境影响措施的技术方法。

定义2（法律定义）：环境影响评价是指对规划和建设项目实施后可能造成的环境影响进行分析、预测和评估，提出预防或者减轻不良环境影响的对策和措施，进行跟踪监测的方法与制度。

定义2由《中华人民共和国环境影响评价法》给出，该法明确环境影响评价的适用范围是规划和建设项目。

4.1.2 环境影响评价的意义和要求

1. 环境影响评价的意义

(1) 从国家的技术政策方面对建设项目提出了新的要求和限制，以减少重复建设，杜绝新污染的产生，贯彻"预防为主"的环境保护政策。

(2) 对可以开发的项目可能带来的环境问题提出了超前预防对策和措施，强化了建设项目的环境管理。

(3) 促进了国家科学技术、监测技术、预测技术的发展。

(4) 为开展区域政策环境影响评价、实施环境与发展综合决策创造了条件。

2. 环境影响评价的要求

1）项目环境影响评价层次的要求

（1）污染物达标排放，须符合产业政策、清洁生产和总量控制要求。

（2）应符合环境保护准入标准，实现由末端治理向污染预防和生产全过程控制转变。

2）区域环境影响评价层次的要求

（1）合理确定经济发展规模、产业发展方向和生产力布局，实行污染物排放总量控制制度，做到增产不增污。

（2）通过资源综合利用实现废物资源化和再生资源回收利用，促进发展方式的转变和实现循环经济。

3）规划环境影响评价层次的要求

（1）规划目标和环境保护目标结合，把发展循环经济作为重要指导原则，其核心是最有效地利用资源，提高经济增长质量，保护和改善环境。

（2）对环境有重大影响的宏观战略决策，通过开展战略环评试点，从全局和预防性角度推荐可持续发展。

4.1.3 环境影响评价的发展历程

1. 环境影响评价的发展历程

（1）1969年，美国国会通过了《国家环境政策法》，成为世界上第一个把环境影响评价用法律固定下来并建立环境影响评价制度的国家。

（2）1970年，世界银行设立环境与健康事务办公室，对其每一个投资项目的环境影响做出审查和评价。

（3）1974年，联合国环境规划署与加拿大联合召开了第一次环境影响评价会议。

（4）1979年，我国颁布的《中华人民共和国环境保护法（试行）》首次确定了环境影响评价的法律地位，建立了环境影响评价制度。

（5）1992年，联合国环境与发展大会在里约热内卢召开，会议通过的《里约环境与发展宣言》和《21世纪议程》中都写入了有关环境影响评价的内容。

2. 我国环境影响评价制度的发展

我国环境影响评价制度的发展经历了4个阶段。

第一阶段：引入确立。

第二阶段：规范建设。

第三阶段：强化完善。

第四阶段：提高拓展。

1979年，《中华人民共和国环境保护法（试行）》正式建立了环境影响评价制度。1981年，《基本建设项目环境保护管理办法》明确把环境影响评价制度纳入基本项目审批程序。1986年，《建设项目环境保护管理办法》对环境影响评价的范围、内容、程序、审批权限、执行主体的权利义务和保障措施等作了全面规定。1986年，《建设项目环境影响评价证书管理办法（试行）》对评价单位提出了资质要求。1998年，国务院颁布了《建设项目环境保护管理条例》，作为建设项目环境管理的第一个行政法规，对环境影响评价作了全面、详细、明确的规定。1999年，《建设项目环境影响评价资格证书管理办法》对评价单位的资质进行了规定。2002年，我国颁布了《中华人民共和国环境影响评价法》，从建设项目环境影响评价扩展到规划环境影响评价。2004年，人事部、原国家环境保护总局在全国环境影响评价系统建立了环境影响评价工程师职业资格制度。

4.1.4 环境影响评价的管理

1. 管理机构

环境影响评价管理机构是国家环境保护部环境影响评价管理司。此外，各省、市环保局相应设置了环境影响评价管理处，按分级管理办法的规定权限履行环境影响评价管理职责。

国家环境保护部环境影响评价管理司职责：

（1）拟定和组织实施环境管理政策、法规和规章。

（2）承担重大经济和技术政策、发展规划和重大经济开发计划环境影响评价工作。

（3）拟定环境影响评价分类管理名录。

（4）负责审定重大开发建设活动环境影响报告书。

2. 制度体系

环境影响评价制度是我国的一项基本环境保护法律制度，是源头控制环境污染和生态破坏的法律手段。

（1）环境保护立法的依据和指导原则：《中华人民共和国宪法》中对环境保护的规定。

（2）环境保护相关法律：

① 《中华人民共和国环境保护法》是我国的环境保护综合法，依法确立和规范了我国的环境影响评价制度；

② 各项污染防治和生态保护环境保护单行法、自然资源保护法和其他相关法律也有环境影响评价的相应规定。

③ 《中华人民共和国环境影响评价法》（2003年），用法律把环境影响评价从项目环境影响评价拓展到规划环境影响评价，标志着我国的环境影响评价制度发展到一个新阶段。

（3）行政法规：《建设项目环境保护管理条例》（1998年国务院颁布）是指导建设项目环境影响评价极为重要和可操作性强的行政法规。

（4）部门行政规章和地方行政法规。

3. 资质管理

环境影响评价是从评价机构及评价人员两方面来实施资质管理的，即：环境影响评价机构的资质管理和环境影响评价工程师职业资格制度。

1）环境影响评价机构的资质管理

评价机构资质：分为甲、乙两个等级。

（1）甲级资质评价机构，可承担各级环保主管部门审批的建设项目的环境影响报告书和环境影响报告表的编制工作。

（2）乙级资质评价机构，可承担省级以下环保主管部门审批的建设项目环境影响报告书和环境影响报告表的编制工作。

2）环境影响评价工程师职业资格制度

制度建立：

2004年建立环境影响评价工程师职业资格制度；2005年7月1日开始实施环境影响评价工程师职业资格登记制度。

具体要求：

（1）环境影响评价工程师必须受聘登记于一个有环境影响评价资质的单位，并以该单位的名义接受委托业务。

（2）环境影响评价工程师职业资格按设定的类别进行登记，每名环境影响评价工程师申请登记的类别不得超过两个。

（3）环境影响评价工程师对其主持完成的环境影响评价相关工作技术文件承担相应责任。

环境影响评价工程师可主持的工作为：

① 环境影响评价；

② 环境影响后评价；

③ 环境影响技术评估；

④ 环境保护验收。

4.1.5 环境影响评价依据的环境法律法规体系和技术导则

1. 环境保护法律法规体系

我国目前建立了由6个层次组成的完整的环境保护法律法规体系，具体如表4.1所示。

2. 环境影响评价技术导则

环境影响评价技术导则在环境保护法律法规体系中，属于环境标准中的行业标准。

环境影响评价技术导则一般可分为：

① 各环境要素的环境影响评价导则；

② 各专项或专题的环境影响评价导则；

③ 规划和建设项目的环境影响评价导则等。

表4.1 环境保护法律法规体系

层次	分类	具体法规文件		备注
1. 法律	宪法	《中华人民共和国宪法》（2004年修正）		环境保护立法的依据和指导原则
	环境保护综合法	《中华人民共和国环境保护法》（1989年）		在环境法律法规体系中，占有核心和最高地位
	环境保护单行法	污染防治法	水污染防治法、大气污染防治法、固体废物污染防治法、环境噪声污染防治法、放射性污染防治法等	以宪法和环境保护综合法为依据，是二者的具体化，是进行环境管理、处理环境纠纷的直接依据

续表4.1

层次	分类	具体法规文件		备 注
1. 法律	环境保护单行法	生态保护法	水土保持法、野生动物保护法、防沙治沙法等	以宪法和环境保护综合法为依据，是二者的具体化，是进行环境管理、处理环境纠纷的直接依据
		海洋环境保护法		
		环境影响评价法		
	环境保护相关法	《农业法》、《森林法》、《草原法》、《渔业法》、《矿产资源法》、《水法》、《土地管理法》、《节约能源法》、《防洪法》、《城市规划法》、《电力法》、《可再生能源法》、《清洁生产促进法》等		指的是一些自然资源保护和其他与环境保护关系密切的法律
2. 行政法规	依法律授权制定的实施细则或条例	《水污染防治法实施细则》、《大气污染防治法实施细则》、《噪声污染防治条例》、《森林法实施条例》等		由国务院制定并公布或经国务院批准有关主管部门发布的环境保护规范性文件
	针对某领域制定的条例、规定和办法	《建设项目环境保护管理条例》、《排污费征收使用管理条例》、《矿产资源开采登记管理办法》、《报废汽车回收管理办法》等		
3. 政府部门规章		《环境保护行政处罚办法》、《环境标准管理办法》、《报告环境污染与破坏事故的暂行办法》、《产业结构调整指导目录》、《清洁生产审核暂行办法》、《公用建筑节能管理规定》、《外商投资产业指导目录》等		国务院环境保护行政主管部门单独发布或与国务院有关部门联合发布的环境保护规范性文件，以及国务院各部门依法制定的环境保护规范性文件。以环境保护法律和行政法规为依据制定，或针对某些尚未有相应法律和行政法规调整的领域作出相应规定
4. 地方性法规和地方政府规章		《北京市防治大气污染管理暂行办法》、《太湖水源保护条例》、《湖北省环境保护条例》、《贵阳市建设循环经济生态城市条例》、《太原市清洁生产条例》等		是根据本地实际情况和特定环境问题制定的，并在本地区实施，有较强的可操作性
5. 环境标准	国家环境保护标准	国家环境质量标准、国家污染物排放标准（或控制标准）、国家环境监测方法标准；国家环境标准样品标准、国家环境基础标准；国家环境保护行业标准		是环境保护法律法规体系的一个组成部分，是环境执法和环境管理工作的技术依据
	地方环境保护标准	地方环境质量标准、地方污染物排放标准		
6. 环境保护国际公约		《联合国气候变化框架公约》及其《京都议定书》、《关于消耗臭氧层物质的蒙特利尔议定书》、《关于在国际贸易中对某些危险化学品和农药采用事先知情同意程序的鹿特丹公约》、《关于持久性有机污染物的斯德哥尔摩公约》、《生物多样性公约》、《生物多样性公约〈卡塔赫纳生物安全议定书〉》、《联合国防治荒漠化公约》等		缔结或参加的国际条约，较国内环境法有优先的权利。目前我国已签订、参加60多个与环境资源保护有关的国际条约，除宣布予以保留的条款外，它们都构成中国环境法体系的一个组成部分。我国先后与美、日、朝、加、俄等42个国家签署双边环境保护合作协议或谅解备忘录，与11个国家签署核安全合作双边协定或谅解备忘录

4.1.6　建设项目环境影响评估要求

建设项目环境影响评估的主要目标是事先发现由环境影响引发的潜在问题，确保在项目规划和设计的初期对这些问题进行全面准确的预测，并将结果提供给与建议开发项目有关的部门，从而有助于项目决策者和设计者根据环境影响评估结论进行科学决策，避免开发过程中环境负效应的影响。

环境影响评估实施的目的包括以下几方面的内容：
（1）识别项目实施后将引发的环境变化。
（2）预测变化将达到何种程度。
（3）评价这些变化的重要性。
（4）制订所需要采取的减缓措施。
（5）与有关部门和决策者进行充分的信息交流。

4.2　建设项目环境影响评估的内容

4.2.1　建设项目环境影响评估的工作程序

环境影响评价工作程序分为以下 3 个阶段。

1. 准备阶段

准备阶段的主要工作包括以下几部分内容：
（1）研究有关文件（包括国家和地方的法律法规、发展规划及相关标准、建设项目依据、可行性研究资料及其他有关技术资料）。
（2）进行初步的工程分析，明确项目建设的工程组成，根据工艺流程确定排污环节和主要污染物，同时进行建设项目影响区域的环境现状调查。
（3）识别建设项目的环境影响因素，筛选主要的环境影响因子，明确评价重点。
（4）确定各单项环境影响评价的范围和评价工作等级，编制评价大纲或工作方案。
第二阶段为正式工作阶段，主要工作内容有以下几方面：
（1）做进一步的工程分析，进行充分的环境现状调查、监测，并开展环境质量现状评价。
（2）根据污染源和环境现状资料进行建设项目的环境影响预测，评价建设项目的环境影响，并开展公众意见调查。
（3）提出减少环境污染和生态影响的环境管理措施与工程措施。

2. 报告书编制阶段

报告书编制阶段的主要工作为汇总、分析第二阶段工作所得到的各种资料、数据，从环保角度确定项目的可行性，给出评价结论和提出进一步的减缓环境影响的建议，最终完成环境影响报告书（表）的编制。

3. 运行效果的检测、检验和评估阶段

运行效果检测、检验和评估阶段的主要工作是伴随着项目的建设、投产和运行，开展项目环境影响结果的检测和检验，对运行效果进行评估，并开展项目环境影响的后评价工作。环境影响评价的时间与组织见表 4.2。

表 4.2 环境影响评价工作的时间与组织

评价步骤	评价时间	评价组织
1. 初步研究	在可行性研究期间	项目管理和环境研究小组
2. 影响识别（确定范围）	在可行性研究和初步设计之间	环境研究小组
3. 基础研究	在初步设计期间	环境和工程研究小组
4. 影响评价	在初步设计和最终设计之间	环境研究小组和技术专家
5. 环境对策措施	在初步设计和最终设计之间	环境研究小组协同工程研究小组
6. 方案比较	在最终设计之前	环境研究小组
7. 报告编写	在最终设计之前	环境研究小组
8. 决策	在最终设计之前	环境研究部门
9. 追踪调查	在运行开始后	项目生产运行和管理部门

4.2.2 建设项目环境影响评价的分级评价

1. 划分环境影响评价等级

不同的环境影响评价工作等级，要求的环境影响评价深度不同。

一级评价：要对单项环境要素的环境影响进行全面、细致和深入的评价，对该环境要素的现状调查、影响预测、评价影响和提出的改善措施，一般都要求比较全面和深入，并应当采用定量化的计算来描述完成。一般情况下，建设项目的环境影响评价包括一个以上的单项影响评价，每个单项影响评价的工作等级不一定相同。

二级评价：要对单项环境要素的重点环境影响进行详细、深入的评价，一般要采用定量化的计算和定性的描述来完成。

三级评价：对单项环境要素的环境影响进行一般评价，可通过定性的描述来完成。

2. 划分环境影响评价工作等级的依据

划分环境影响评价工作等级的依据主要有以下几方面的内容：

（1）建设项目的工程特点。包括工程性质、工程规模、能源、水及其他资源的使用量及类型、污染物排放特点（包括污染物种类、性质、排放量、排放方式、排放去向、排放浓度）等。

（2）建设项目所在地区的环境特征。包括自然环境条件和特点、环境敏感程度、环境质量现状、生态系统功能与特点、自然资源及社会经济环境状况等，以及建设项目实施后可能引起现有环境特征发生的变化。

（3）国家或地方政府所颁布的有关法律法规（包括环境质量标准和污染物排放标准等）。

4.2.3 建设项目环境影响评估的主要内容

建设项目环境影响报告书应根据环境和工程的特点及评价工作等级，选择下列全部或部分内容进行编制。

1. 总则

总则的主要内容包括以下几方面。

（1）结合评价项目的特点阐述编制环境影响报告书的目的。

（2）编制依据。

编制依据包括以下几方面：

① 项目建议书。

② 评价大纲及其审查意见。

③ 评价委托书（合同）或任务书。

④ 建设项目可行性研究报告等。

（3）采用标准。包括国家标准、地方标准或拟参照的国外有关标准（参照的国外标准应按国家环境保护局规定的程序报有关部门批准）。

（4）控制污染与保护环境的目标。

2. 建设项目概况

建设项目概况包含以下几部分内容。

（1）建设项目的名称、地点及建设性质。

（2）建设规模（扩建项目应说明原有规模）、占地面积及厂区平面布置（应附平面图）。

（3）土地利用情况和发展规划。

（4）产品方案和主要工艺方法。

（5）职工人数和生活区布局。

3. 工程分析

报告书应对建设项目的下列情况进行说明，并作出分析。

（1）主要原料、燃料及其来源和储运方式，物料平衡、水的用量与平衡及水的回用情况。

（2）工艺过程（附工艺流程图）。

（3）废水、废气、废渣、放射性废物等的种类、排放量和排放方式，以及其中所含污染物的种类、性质、排放浓度、产生的噪声、振动的特性、数值等。

（4）废弃物的回收利用、综合利用和处理、处置方案。

（5）交通运输情况及场地的开发利用情况。

4. 建设项目周围地区的环境现状

建设项目周围地区的环境状况包括以下几部分内容。

（1）地理位置（应附平面图）。

（2）地质、地形、地貌和土壤情况，河流、湖泊（水库）、海湾的水文情况，气候与气象情况。

（3）大气、地面水、地下水和土壤的环境质量状况。

（4）矿藏、森林、草原、水产和野生动物、野生植物、农作物等情况。

（5）自然保护区、风景游览区、名胜古迹、温泉、疗养区以及重要的政治文化设施情况。

（6）社会经济情况，包括现有工矿企业和生活居住区的分布情况、人口密度、农业概况、土地利用情况、交通运输情况及其他社会经济活动情况。

(7)人群健康状况和地方病情况。
(8)其他环境污染、环境破坏的现状资料。

5. 环境影响预测

环境影响预测包括以下几部分内容：
(1)预测环境影响的时段。
(2)预测范围。
(3)预测内容及预测方法。
(4)预测结果及其分析和说明。

6. 建设项目的环境影响

建设项目的环境影响包括以下几部分内容：
(1)建设项目环境影响的特征。
(2)建设项目环境影响的范围、程度和性质。
(3)进行多个厂址的优选时，应综合评价每个厂址的环境影响并进行比较和分析。

此外，建设项目环境影响评估的内容还包括：环境保护措施的评价及技术经济论证，提出各项措施的投资估算（列表）；环境影响经济损益分析；环境监测制度及环境管理、环境规划的建议；环境影响评价结论。

4.3 建设项目环境影响的经济损益分析

4.3.1 建设项目环境影响评价经济损益分析概述

1. 环境影响经济损益分析的概念

建设项目环境影响的经济损益分析也称环境影响的经济评价，即估算某一项目、规划所引起的环境影响的经济价值，并将环境影响的价值纳入项目的经济分析（费用效益分析）中去，以判断这些环境影响对该项目效益的可行性会产生多大的影响。对负面的环境影响，估算出的是环境成本；对正面的环境影响，估算出的是环境效益。建设项目环境影响经济损益分析包括建设项目环境影响经济评价和环保措施的经济损益评价两部分。后者即是环境保护措施的经济论证，是要估算环境保护措施的投资费用、运行费用、取得的效益，用于多种环境保护措施的比较，以选择费用比较低的环境保护措施。环境保护措施的经济论证不能代替建设项目环境影响的经济损益分析。

2. 环境价值

(1)环境价值的概念。

环境的总价值：包括环境的使用价值和非使用价值。

环境的使用价值：环境被生产者或消费者使用时所表现出的价值。

环境的非使用价值：人们虽然不使用某一环境物品，但该环境物品仍具有的价值。

（2）环境价值的分类（图 4.1）。

图 4.1　环境总价值分类图

（3）环境价值的度量。环境价值的量度一般有 3 个：最大支付意愿、消费者剩余意愿和最低补偿意愿。

其中，价值的恰当量度是最大支付意愿。当消费环境服务或环境物品没有市场价格时，其价值等于人们享受这些环境服务时所获得的消费者剩余。有些环境价值评估技术，就是通过测量这一消费者剩余来评估环境价值的。此外，环境价值也可根据人们对某种特定的环境退化而表示的最低补偿意愿来度量。

关注一个等式：价值 = 支付意愿 = 价格 × 消费量 + 消费者剩余。

有些情况下，市场价格可近似地衡量物品的价值，但不能准确度量一个物品的价值。

4.3.2　环境保护措施及其技术、经济论证

1. 环境保护措施经济损益评价的概念

环保措施经济损益评价，即环境保护措施的经济论证，它通过估算环境保护措施的投资费用、运行费用、取得的效益，用于多种环境保护措施的比较，以选择费用比较低的环境保护措施。

2. 环境保护措施及其技术、经济论证的内容

（1）环保措施技术经济可行性论证。

主要从两方面来掌握：

① 依据技术先进、可靠、可达和经济合理原则，结合建设项目产生的污染物特点，充分调查同类企业现有环保处理方案的技术经济运行指标，对可研阶段提出的环境保护措施进行多方案比选，推荐最佳方案。

② 若所提措施不能满足环保要求，应提出切实可行的改进完善建议，包括替代方案。

（2）污染处理工艺达标，满足排放可靠性要求。

（3）环保投资估算。

（4）依托设施的可行性分析。

这里的依托设施体现在两方面：一个是改扩建项目对原有设施的依托，另外一个是对公用环保设施的依托。

4.3.3 环境影响经济损益分析

1. 环境影响经济损益分析的概念

环境影响经济损益分析是在费用-效益分析方法中体现出环境影响作用的，即先把环境受到的损害货币化后计入费用（外部费用），把得到的环境效果货币化后计入效益（外部效益），然后再进行费用效益分析。

2. 环境影响经济损益分析的步骤

环境影响经济损益分析一般是按以下 4 个步骤来进行的：
（1）筛选环境影响。
（2）量化环境影响。
（3）评估环境影响的货币化价值（环境成本或环境效益）。
（4）将货币化的环境影响纳入项目的经济分析。

在筛选环境影响的过程中，一般将环境影响分为下列 3 类：
① 被剔除、不再做任何评价分析的影响：主要指的是内部的、小的以及能被控制的影响。
② 需要做定性说明的影响：指的是那些大的但可能很不确定的影响。
③ 需要并且能够量化和货币化的影响。

4.3.4 环境经济评价方法

环境价值评估方法的分类如图 4.2 所示。

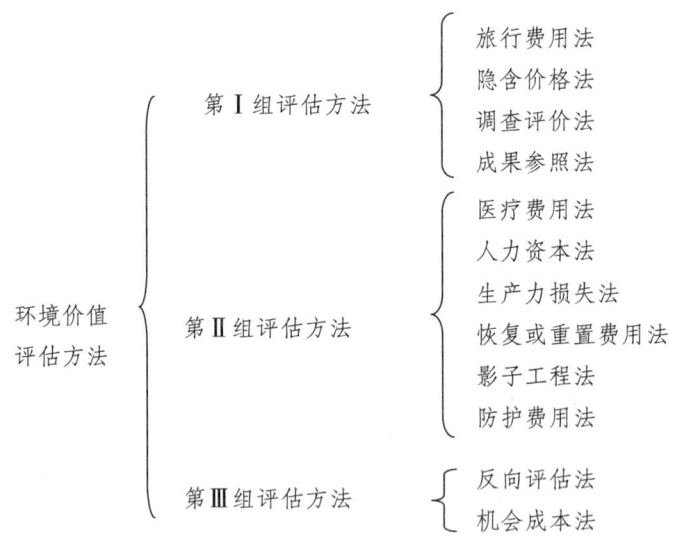

图 4.2 环境价值评估方法

1. 第 I 组评估方法

（1）旅行费用法。一般用来评估产外游憩地的环境价值。其基本思想是：消费者为了获得娱乐享受或消费环境商品所付出的代价为旅行费用。旅行费用越高，来该地游玩的人越少，旅行费用越低,来该地游玩的人越多,所以旅行费用成了旅游地环境服务价格的替代物。据此,可以求出人们在消费该旅游地环境服务时获得的消费者剩余。旅游地门票为零时,该消费者剩余的就是这一景观的游憩价值。

(2)隐含价格法。可用于评估大气质量改善的环境价值,也可用于评估大气污染、水污染、环境舒适性和生态系统环境服务功能等的环境价值。其基本思想是:以上环境因素会影响房地产的价格。市场中形成的房地产价格,包含了人们对其环境因素的评估。由于房地产价格受周围环境因素影响的同时,还受自身建筑特点(如面积、朝向、建成时间)及所在区域特点(如离商店的远近、当地学校质量、交通状况、犯罪率)等的影响。通过回归分析,可以从房地产价格中分离出环境因素引起的那部分房地产价格变化,从而确定人们对环境因素的估价。隐含价格法对环境质量的估价一般需要建立隐含价格方程和建立环境质量需求方程后求解。隐含价格法应用条件如下:

① 房地产价格在市场中自由形成;
② 可获得完整的、大量的市场交易记录以及长期的环境质量记录。

(3)调查评价法。可用于评估几乎所有的环境对象,如大气污染的环境损害、户外景观的游憩价值、环境污染的健康损害、人的生命价值、特有环境的非使用价值,其中环境的非使用价值只能使用调查评价法来评估。调查评价法通过构建模拟市场来揭示人们对某种环境物品的支付意愿,从而评价环境价值。它通过人们在模拟市场中的行为,而不是在现实市场中的行为来进行价值评估,通常不发生实际的货币支付。调查评价法应用的关键在于受到严格检验的实施步骤。从市场设计、问题提出、市场操作、抽样,一直到结果分析,每一步都需要精心设计。成功的设计要依靠实验经济学、认知心理学、行为科学以及调查研究技术的指导。

2. 第Ⅱ组评估方法

(1)医疗费用法。用于评估环境污染引起的健康影响(疾病)的经济价值。如果环境污染引起某种疾病(发病率)的增加,治疗该疾病的费用可以作为人们为避免该环境影响所具有的支付意愿的底限值,例如,大气中的污染会使哮喘发病率增加。医疗费用法估价健康影响的缺陷是:它无视疾病给人们带来的痛苦,没有捕捉到健康影响这一方面。

(2)人力资本法。用于评估环境污染对健康的影响(收入损失、死亡)。环境污染引起收入能力降低、某种疾病死亡率的增加,由此引起的收入减少可以作为人们为避免该环境影响所具有的支付意愿的底限值。人力资本法把人作为生产财富的资本,用一个人生产财富的多少来定义这个人的价值。由于劳动力的边际产量等于工资,所以用工资表示一个人的边际价值,用一个人工资的总和(经贴现)表示这个人的总价值。例如,儿童铅中毒可降低智商,减少预期收入,所减少的预期收入可作为这一环境污染造成健康危害的损害价值。

(3)生产力损失法。用于评估环境污染和生态破坏造成的工农业等生产力的损失。该方法用环境破坏造成的产量损失,乘以该产品的市场价格,来表示该环境破坏的损失价值。

这种方法也称市场价值法。例如,两场酸雨使玉米减产10%~15%,减产量乘以当年玉米价格可作为酸雨的农业危害损失。应用生产力损失法需要依据受控实验或野外调查后进行生物统计分析,来确定污染和损失的剂量-反应关系。

(4)恢复或重置费用法。用于评估水土流失、重金属污染、土地退化等环境破坏造成的损失，是用恢复被破坏的环境（或重置相似环境）的费用来表示该环境的价值。如果这种恢复或重置行为确会发生，则该费用一定小于该环境影响的价值，该费用只能作为环境影响的最低估计值；如果这种恢复或重置行为可能不会发生，则该费用可能大于或小于环境影响价值。

（5）影子工程法。用于评估水污染造成的损失、森林生态功能价值等。用复制具有相似环境功能的工程的费用来表示该环境的价值，是重置费用法的特征。例如，森林具有涵养水源的生态功能，假如一片森林涵养水源量是 100 万 t，在当地建造一个 1 万 t 库容的水库的费用是 150 万元，则可以用这 150 万元的建库费用来表示这片森林涵养水源生态功能的价值。如果这种复制行为确会发生，则该费用一定小于该生态环境的价值，只能作为该价值的最低估计值；如果这种行为可能不会发生，则该费用可能大于或小于环境价值。

（6）防护费用法。用于评估噪声、危险品和其他污染造成的损失。用避免某种污染的费用来表示该环境污染造成损失的价值。例如，用购买桶装净化水作为对水污染的防护措施，由此引起的额外费用可视为水污染的损害价值。同样，购买空气净化器以防大气污染，安装隔音设施以防噪声，都可用相应的防护费用来表示环境影响的损害价值。如果这种防护行为确会发生，则该费用一定小于该损失的价值，只能作为该损失的最低估计值；如果这种行为可能不会发生，则该费用可能大于或小于损失价值。

【案例】 国家环境保护部审批环境影响评价的建设项目目录。

农林水利：国际河流和跨省（区、市）河流上的水库项目；需中央政府协调的国际河流、涉及跨省（区、市）水资源配置调整的项目；跨流域调水工程；库容 1 000 万 m^3 及以上水库项目；总投资 10 亿元及以上的其他水利工程；在山区、丘陵区、风沙区实施的总投资 5 亿元及以上的林业综合开发项目。

煤炭：国家规划矿区内的煤炭开发项目，年产 50 万 t 及以上的煤炭液化项目。

电力：在主要河流上建设的和总装机容量在 25 万 kW 及以上的水电站项目；抽水蓄能电站、火电站、燃煤热电站、核电站、330 kV 及以上电压等级的电网工程。

石油天然气：年产 100 万 t 及以上的新油田开发项目；年产 20 亿 m^3 及以上的新气田开发项目；跨省（区、市）干线输油管网项目；跨省（区、市）或年输气能力在 5 亿 m^3 及以上的输气管网项目；进口液化天然气接收、储运设施；国家原油存储设施。

铁路：跨省（区、市）或 100 km 及以上的新建（含增建）项目。

公路：国道主干线、西部开发公路干线、国家高速公路网、跨省（区、市）的公路项目；跨境、跨海湾、跨大江大河（通航段）的独立公路桥梁、隧道项目。

水运：新建港区和年吞吐能力在 200 万 t 及以上的煤炭、矿石、油气专用泊位项目；集装箱专用码头；千吨级以上的通航建筑物内河航运项目。

民航：新建机场；总投资在 10 亿元及以上的扩建机场项目；扩建军民合用机场项目。

钢铁：已探明工业储量在 5 000 万 t 及以上规模的铁矿开发项目和新增生产能力的炼铁、炼钢、轧钢项目。

焦化：新建及新增年生产能力在 100 万 t 及以上的焦炭生产项目；总投资在 5 亿元及以上的煤焦油综合加工项目。

有色：新增生产能力的电解铝项目、新建氧化铝项目；总投资在 5 亿元及以上的矿山开发项目和其他有色金属冶炼项目。

建材：日产 5 000 t 及以上的水泥熟料生产项目。

稀土：矿山开发、冶炼分离和总投资在 1 亿元及以上的深加工项目。

黄金：日采选矿石 500 t 及以上的项目。

石化：新建炼油及扩建一次炼油项目；新建乙烯及改扩建新增能力超过年产 20 万 t 的乙烯项目。

化工：新建 PTA、PX、MDI、TDI 项目，以及 PTA、PX 改造能力超过年产 10 万 t 的项目；铬盐、氰化物生产项目；新建农药项目；总投资在 10 亿元及以上的氯乙烯、聚氯乙烯、纯碱、甲醇、二甲醚项目。

化肥：年产 50 万 t 及以上的钾矿肥项目；总投资在 10 亿元及以上的合成氨、尿素、磷肥生产项目。

医药：总投资在 5 亿元及以上的化学制药项目。

轻工纺织化纤：年产在 10 万 t 及以上的纸浆项目；变性燃料乙醇；总投资在 5 亿元及以上的粮食和农副产品发酵项目；日产 300 t 及以上的聚酯项目；总投资在 5 亿元及以上的合成纤维和黏胶纤维生产项目。

烟草：烟用二醋酸纤维素及丝束项目。

机械：新建汽车整车项目；新建 10 万 t 及以上的造船设施（船台、船坞）项目。

电子：总投资在 10 亿元及以上的液晶显示器、芯片、彩色显像管、玻璃壳制造项目。

城建：城市快速轨道交通；跨省（区、市）日调水在 50 万 t 及以上的城市供水项目；跨越大江大河（通航段）、重要海湾的城市桥梁、隧道项目。

社会事业：国家重点风景名胜区、国家自然保护区、国家重点文物保护单位区域内总投资在 5 000 万元及以上的旅游开发项目和资源保护设施；世界自然、文化遗产保护区内总投资在 3 000 万元及以上的项目；大型主题公园。

其他：核设施、绝密工程等特殊性质的项目；放射性废物库建设项目；列入《全国危险废物和医疗废物处置设施建设规划》的危险废物处置设施建设项目；涉及三级、四级生物安全实验室建设的项目；新物种引进、推广和转基因产品生产项目；按国家有关规定需由国家环境保护总局审批的其他建设项目。

本章小结

建设项目环境影响评价的目的是实施可持续发展战略，预防因建设项目实施后对环境造成不良影响，促进经济、社会和环境的协调发展。环境影响评价是强化环境管理的有效手段，对确定积极发展方向和保护环境等一系列重大决策都有重要作用。

建设项目环境影响评价已成为我国最为行之有效的环境保护制度之一。对于预防或者减轻不良环境影响，促进经济、社会和环境的协调发展，都有极其重要的作用。

课后习题

一、名词解释

环境影响评估　　环境污染的费用-效益原则　　调查评价法　　旅行费用法　　市场价值法

医疗费用法　防护费用法　环境影响报告书　环境影响报告表

二、简答题

1. 建设项目环境影响评价的分类管理原则是什么？
2. 应当编制环境影响报告书的项目情况有哪些？
3. 环境价值评估方法有哪些？
4. 环境影响评价经济损益分析的主要内容是什么？
5. 环境保护措施有哪些？

三、选择题

1. 建设项目的环境影响评价应提出环境保护措施，并对其进行技术经济论证，论证的内容包括（　　）。

　　A．对可能造成的环境影响分析预测
　　B．环境价值评估方法的可靠性分析
　　C．污染处理工艺达标排放的可靠性分析
　　D．通过多方案比选推荐最佳方案
　　E．依托公用环保设施的可行性分析

2. 环境影响的经济损益分析应评估环境影响的货币化价值，并将其纳入投资项目的（　　）之中。

　　A．经济费用效益分析
　　B．财务盈利能力分析
　　C．战略目标量化分析
　　D．清洁生产分析

3. 环境价值评估有多种方法，其中可用于评估几乎所有环境对象的方法是（　　）。

　　A．隐含价格法
　　B．影子工程法
　　C．防护费用法
　　D．调查评价法

第 5 章 建设项目工艺技术方案评估

本章要点
（1）掌握建设项目工艺技术方案评估的概念。
（2）掌握工艺技术评估分析的评估方法流程及实际应用。
（3）了解工艺技术方案评估的思路、措施和意义。

工艺技术评估是建设项目评估的重点和基本内容之一，是从工艺技术上对项目的可行性所作的分析。工艺技术是否可行是项目存在的前提，工艺技术上的成功与否决定了一个项目的成败。也就是说，一个项目是否可行，首先要看其工艺技术上是否可行，如果在工艺技术上不安全、不可靠，项目就缺少存在的基础和前提。同时，项目的工艺技术方案又决定项目的经济效益。因此，在建设项目评估中，应正确处理好工艺技术评估与经济效益评估和项目的必要性评估之间的关系。

工艺技术评估的内容通常包括：
① 从技术发展的角度论证项目建设的必要性；
② 确定产品技术方案；
③ 工艺技术方案的选择与评估；
④ 设备方案的选择与评估；
⑤ 工程设计方案的分析评估；
⑥ 生态环境分析。

5.1 建设项目技术方案评估

5.1.1 建设项目技术方案评估的概念

技术是指人们在实践活动过程中体现出来的经验、知识以及操作技巧的科学总结。
"根据生产实践经验和自然科学原理而发展成的各种工艺操作方法和技能"叫作技术，包括：
为完成某种实用目的的科学知识技能；
为实现一定目标所选择的工艺；
为落实工艺而采用的物质手段（如设备、工器具等）。
广义的技术既包括以生产工具为主体的劳动手段（即生产资料）、劳动对象（如自然资源和原材料）等有形的物化技术，还包括具有一定科学技术专门知识、生产经验和劳动技能的无形的活技术。项目技术方案评估的对象主要是物化技术，就是对项目的生产工艺技术方案、设备选型方案、工程设计方案、投资计划与项目实施进度等方案进行分析评估工作。对于引进技术项目，还应对引进技术资料进行分析评估。

硬技术：机器、设备、基础设施等生产条件和工作条件的物质技术。

软技术：工艺、方法、程序、信息、经验、技巧和管理等的非物质技术。

技术项目评估的结果对后续项目的影响异常深远，项目的技术方案一旦确定后，将直接决定项目的产品方案、生产规模和生产效率，对产品的数量、质量、生产成本和经济效益都会产生重要的影响。

项目的技术评估就是针对项目的技术条件是否合理和是否满足一定的标准而进行的综合分析评价。技术评估的重点，是投资项目拟采用的工艺技术及其设备选型。

5.1.2　技术类型的划分

1. 按技术占用某方面资源、信息量的多少划分

具体分为以下类型：

（1）资金密集型技术。即资金占用与消耗较多的技术。

特点：

① 资金占用多、周转较慢、资金回收期较长。

② 容纳劳动力较少。具有劳动生产率高、消耗低、成本低、竞争能力强等优点。劳动力不足、资源缺乏的经济发达国家把其作为一项重要政策。

例如：冶金、石油、化工、机械制造等重工业部门。

（2）劳动密集型技术。即劳动消耗与占用较多的技术，单位劳动占用的资金较少、技术装备程度也较低的技术。

特点：

① 容纳和占用劳动力较多。

② 资金占用较少。

典型的如纺织业、食品加工业、服务业和农业中的各产业。

（3）技术密集型技术。即机械化、自动化程度较高的技术。

特点：

① 对技术熟练程度和科学技术知识要求较高，可以完成常规技术、传统技术无法完成的生产技术活动，取得比常规技术、传统技术更多产品和成果。

② 可以为国民经济各部门提供新技术、新材料、新能源、新工艺、新设备，并把劳动生产率提高到一个崭新的水平。资金比较充裕、人工成本比较高的经济发达国家，把它作为一项重要技术政策和措施。

例如：电子计算机、飞机、航天工业、网络信息、数控机床、精密机床等。

（4）知识密集型技术。即高度凝结先进现代化技术成果的技术。

特点：

① 从事这种技术的人员都需要较高的科学技术知识和管理知识。

② 具有技术装备复杂、投资费用高、占用劳动力少、消耗材料少、环境污染少等特点。

有不断发展的趋势，附加价值高。

例如：原子能工业、海洋开发、提供信息服务。

2. 按技术选择的角度来进行分类

具体分为以下类型：

（1）资金节约型技术。

（2）劳动占用密集型技术。

（3）设备节能型技术。

（4）物质消耗节约型技术。

（5）"三废"自我处理型技术。应尽量选用少"三废"或无"三废"型、少污染型技术，这样即使出现"三废"也能自我处理。

（6）生产安全型技术。技术无论其先进程度如何，首要的条件是生产必须安全，离开了这一条就失去了选择的真正意义。

5.1.3 技术方案评估的原则

1. 技术的先进性

先进性是指项目采用的技术应是先进技术，这种技术对当代生产发展起主要作用，并在技术领域中居领先地位。项目技术的先进性是通过各种技术经济指标来体现的。不同行业具有不同特点，应结合行业特点选用相应的技术指标作为衡量先进性的标准，如高炉炼铁选用高炉利用系数，石油化工厂选用原油综合利用率，火电厂选用煤耗指标等。

先进性原则不仅要求项目设计方案、生产工艺和设备选型是先进的，而且要求技术基础参数先进；不仅要求主机先进，而且要求与其配套的辅机及备品备件也应是先进的；项目所采用的工艺技术和设备，既能在各行业的技术领域中占据领先地位，又能适应生产要素的现有条件，符合我国的国情、国力和国家技术发展政策等。

2. 技术的适用性

适用性是指项目所采用的技术必须适应其使用的特定自然条件、技术条件、经济条件和社会条件，并通过引进、消化、吸收、国产化逐步改进提高，并能取得良好的经济效益和社会效果。不同技术其效果是不同的；即使是同一种技术，在不同使用条件下其效果也是不一样的。因此，采用某种技术，不仅要在技术上先进，而且还应能适合使用它的环境条件，否则就不能充分发挥它的效益和作用。因此，不仅要使先进技术适应我国国情，而且还应提高我国的技术应用和适用水平。总之，讲求适用性就是要因地制宜，因工程制宜，量力而行，注重实效。对于某个产品来说，适用性的标志是质量稳、成本低、有竞争能力。

3. 技术的可靠性

可靠性要求项目所采用的工艺技术方案必须是成熟的和可靠的，并能在实践中发挥预期效益。一项先进技术必须在实践中经过多次试验证明是成熟的，技术是过关的，质量是可靠的，有详尽的技术分析数据，并经过有资格审查的权威机构的综合评价和鉴定，然后才能在工业生产中推广应用，否则会给将来的生产留下隐患，甚至造成巨大的损失和浪费。总之，项目采用的新技术、新工艺、新设备和新材料,必须通过严格的技术鉴定和中间试验,以证明它们的质量是可靠的、工艺是成熟过关的,并应从社会的角度分析技术方案对产业结构、资源消耗、自然环境、生态平衡和人类健康和安全的影响,以便预先防范和采取积极措施加以避免。

4. 技术的经济性

经济性就是从经济效果的角度来考察评估项目所选择的技术方案,要求合理地协调技术和经济、功能和成本之间的关系,使所采用的技术方案能以最小的投入消耗获得最大的产出效果。这就要求评估者根据具体项目情况,反复比较各种技术方案的经济效果,这种效果不仅体现在项目本身的技术投资少、见效快、效益高上,还体现在项目以外的各种社会效果上,如先进技术能推动部门、行业和地区的科学技术水平的提高与发展,产生节能效益等。因此,一项技术方案不仅要注意单项效益,还要注意综合经济效益;不仅要讲企业的微观效益,还要讲国民经济的宏观效益。要防止单纯追求技术上先进而忽视经济效益的倾向。

综上所述,技术的先进性是选择技术的前提,技术的适用性是采用技术的基础条件,技术的经济合理性是选择技术的目标和依据,技术的安全可靠性是采用技术的基本要求。这 4 条原则对于不同行业和不同性质的项目是各有侧重的,但是它们之间是相互联系和制约的有机整体,应体现和贯穿于技术方案的选择、分析和评估的全过程。对技术方案评估的总要求是:先进适用、经济合理、安全可靠、配套平衡和确保效益。

5.1.4 技术方案评估的内容及方法

1. 技术方案评估的主要内容

技术方案评估的主要内容是对生产工艺方案、设备选型方案和工程设计方案进行分析评价。在具体分析评价时,应侧重于以下四个方面:

(1)技术分析评价。
(2)经济分析评价。
(3)环境分析评价。
(4)社会分析评价。

2. 技术方案评估的方法

技术方案的评估有如下几种方法:

(1)专家评分法。

① 加法评分法。

专家组各个评分专家给分的和即为评估的总分。

$$U_{加} = \sum_{j=1}^{n} U_j$$

在总分的基础上,除以参评专家的人数即能得到评估的平均分。

$$\bar{U}_{加} = \frac{1}{n}\sum_{j=1}^{n} U_j$$

② 连乘评分法。

$$U_{乘} = U_1 U_2 \cdots U_n$$

专家组各个评分专家给分的成绩即为评估的总分。

$$U_{乘} = \sqrt[n]{U_1 U_2 \cdots U_n}$$

在连乘总分的基础上按照专家的人数开 n 次方，即为连乘总分的平均分。

③ 加乘混合评分法。

$$U_{加乘} = U_{加} + U_{乘}$$

连加和连乘的总分之和即为加乘混合的总分。

④ 加权评分法。

$$A = \sum_{i=1}^{n} \lambda_i S_i$$

【例 5.1】 在项目技术评估过程中，专家组共有 7 名来自各个专业领域的专家成员，最终确定的他们在此次评估中的加权系数以及他们评估的分数如表 5.1 所示。请计算出这次评估的加权总分。

表 5.1

类目	专家1	专家2	专家3	专家4	专家5	专家6	专家7	加权总分
加权系数	1.5	1.4	1.4	1	0.6	0.6	0.5	
专家评分	76	75	80	65	70	75	78	

【答案】 总分为 522 分

计算加权总分的公式为 $A = \sum_{i=1}^{n} \lambda_i S_i$，最终得到的总分如表 5.2 所示。

表 5.2

类目	专家1	专家2	专家3	专家4	专家5	专家6	专家7	加权总分
加权后分数	114	105	112	65	42	45	39	522

其中，λ 为专家的加权系数。

（2）定性描述法。

定性描述法是一种典型的模糊评估方法，评估人利用过往的经验来对项目的技术方案进行评价，有主观估计法、模糊数学法以及蒙特卡罗法等。

（3）多级过滤法。

根据项目的具体要求，设定技术方案相关的多级过滤参数，符合要求的通过，最后就可以得到符合项目要求的最佳工艺技术方案。

（4）系统分析法。

系统分析是一种研究方略，它能在不确定的情况下，确定问题的本质和起因，明确咨询目标，找出各种可行方案，并通过一定标准对这些方案进行比较，帮助决策者在复杂的问题和环境中作出科学抉择。

5.2 建设项目生产工艺方案评估

生产技术方案是指产品生产所采用的工艺技术、生产方法、主要设备、测量自控装备等技术方案。生产工艺技术方案的分析评估就是对项目所采用的生产工艺技术的先进性、适用性和经济合理性进行综合论证分析和评估。生产工艺技术分析是投资项目技术可行性分析的核心，工艺技术设计标准的高低和好坏，不但直接决定产品质量和生产效率，影响到工程项目的建设投资和建设进度，而且还对产品市场、生产成本和经济效益有决定性影响。

工艺是指人们利用生产工具，对各种原材料、半成品进行加工或处理，最后使之成为产品的方法。

生产工艺是指产品所采用的工艺流程和制作方法。

工艺流程是指投入物经有序地生产加工，成为产出物的过程。

生产过程中的各种技术条件和数据，统称为技术参数。

生产工艺是根据工业生产的特点、生产性质和功能来确定的。不同的工业部门（如冶金、机器制造、化工、石油、电力、矿山、纺织、轻工和建材等）的生产工艺过程各不相同、各有特色，不同的工程设施，如铁路、道桥、涵洞、隧道、水坝和电信等建设也各有不同的工艺要求。因此，应结合产品质量、生产成本、各种消耗等要求，进行广泛的调查研究，在作多方案比较的基础上，选取最佳工艺流程和主要技术参数。对项目生产工艺方案进行分析评估的目的是要确定产品生产全过程技术方法的可行性，并通过不同工艺方案的比较，从中选择出各种综合效果最佳的生产工艺方案。

5.2.1 影响项目生产工艺方案的因素

1. 需求因素

在项目可行性研究中就是要明确产品方案和市场需求状况，确定拟建项目的主要产品与副产品所采用的质量标准（如国家一级或二级标准、行业标准、企业标准等）。选择产品的质量标准，应综合考虑市场需求、原料品种、工艺技术水平、经济效益等因素，并将选定的标准与国家标准、国际常用标准进行对比说明。

产品选择应以国家和人民的需要为前提，建立在市场调查和科学的需求预测基础上，使拟建项目选择的产品在投产后进入市场时能适销对路，保证企业获得预期的经济效益。由此可见，项目产品选择的好坏直接决定企业的生存与发展。

产品选择根据建设目标不同可分为：以提高经济效益为主的产品选择；以技术进步为主的产品选择；以降低成本为主的产品选择。这种微观技术选择，必须考虑到具体建设地区的客观条件（包括自然、经济、技术和社会条件等），还应符合我国不同时期确定的技术经济政策和国家产业政策的要求。

2. 资源制约

技术工艺方案的选择必须考虑主要资源因素。先进工艺往往由于对原材料要求过高、国内设备配不上套或技术不容易掌握等原因而不适合我国的实际需要。在一定情况下，原材料能决定可采取的技术工艺。如石灰石的性质决定水泥厂采用湿法或干法生产工艺，能否获得甘蔗渣是纸张生产使用的工艺类型的制约因素。在选择技术和技术工艺时，必须以国内原料和其他投入为基础。要能充分发挥我国的资源优势，节约稀缺资源，提高现有资源的合理配置和综合利用效益。技术的性质特点，必须与所用原料的性质、特点相吻合，要进行工艺与原材料的适应性分析。

3. 环境制约

（1）经济技术环境。

在选择技术方案时，应研究项目所需的资金密集和劳动力密集程度的对比。因为在生产技术的选择和生产操作各阶段的机械化自动化程度上，能反映出劳动和投资价格因素的相互关系及其具体变化。例如，在人力资源缺少和劳动力价格昂贵的地方，一般采用资金密集型的技术是适宜和经济的；而在劳动力充裕且价格低廉的地方，采用节省劳动力的技术是没有必要的，应选择劳动密集型的技术，这样有利于提供更多的就业机会，改善劳动条件和环境条件。因此，技术工艺的选择是指在技术经济分析论证的基础上加以判断。挑选最经济合理的工艺，要对各项工艺方案的劳动力需要量、能源消耗量和投资数量、产品质量和成本进行分析。

（2）社会文化环境。

采用的技术方案要适应拟建地区与行业的工业水平，在维修、操作和人员培训方面不发生较大障碍，并能使技术来源可靠、所需费用经济合理，还应考虑节约能源和减少"三废"污染。

（3）自然生态环境。

在采用和选择工艺技术方案时，必须考虑到对生态环境的影响，如使用有危险的工艺技术方案会对环境造成不良影响，必须制定某些特殊的措施。例如，为控制大气污染，须规定对向大气排放污染物质的限制；为控制水污染的发生，应确定排放物及加工废物的质量；还有对噪声和高频噪声的控制等。在涉及危险程序或有毒物质的项目中，需要在厂区和居住区之间建立隔离带和绿化带。上述措施均应列入工艺技术设计程序之中，应当竭尽全力，采用产生最少排放物的生产程序，并将对环境所造成的负担降到最低点。在项目建设的各个阶段采用不同的技术方案，如使用残留物较低的原料、规划密闭循环和回收利用系统及环境工程管道终端等，可以减少排放物。在生产过程的终端，还可采用环境保护工艺（如过滤系统、净化设备、排放物处理设备等）来避免对环境的有害影响。

总之，技术方案的选择要与本国的社会发展目标相符合。对于我国来说，采用适用的先进技术，不仅包括工业发展国家已经换代的和正在应用的技术，而且还应包括它们的新兴技术，使两者在不同部门和地区合理搭配，以保证在充分合理有效地利用现有资源的条件下，促进国民经济的较快发展和实现最佳经济效益。

5.2.2 项目生产工艺方案分析的内容及方法

1. 项目生产工艺方案分析的内容

（1）工艺方案市场需求的适应性分析。
（2）工艺方案成本的经济性分析。
（3）工艺方案原材料的适应性分析。
（4）工艺流程的均衡协调分析。
（5）工艺过程的连续性分析。
（6）工艺方案的成熟性分析。
（7）工艺技术方案满足产品质量要求的分析。
（8）工艺技术方案的环境保护分析。

2. 项目生产工艺方案分析的方法

（1）规模经济法。

$$C = V + \frac{C_f}{Q}$$

式中　C——单位产品工艺成本；
　　　V——单位产品变动成本；
　　　C_f——生产该产品的年固定成本；
　　　Q——该产品的年产量。

$$C_m = VQ + C_f$$

式中　C_m——该产品的年工艺成本；

$$C_{m1} = V_1 Q_1 + C_{f1}$$
$$C_{m2} = V_2 Q_2 + C_{f2}$$

（2）技术经济价值——S图法。
① 技术评价值的计算。

$$X = \frac{\sum_{i=1}^{n} p_i}{n p_{max}} = \frac{p}{p_{max}}$$

式中　X——预选方案的技术评价值，理想技术评价值为 1；
　　　P——第 i 个技术性能指标（项目）的评分值；
　　　P_{max}——评价技术性能指标，理想分值为 4 分；
　　　n——评价技术性能指标项目的个数；
　　　p——预选方案各个项目评分的算术平均值。

$$X = \frac{\sum_{i=1}^{n} p_i \lambda_i}{p_{max}}$$

式中 λ_i ——第 i 个技术性能指标项目的加权系数，$\sum_{i=1}^{n}\lambda_i = 1$。

② 经济评价值的计算。

$$Y = \frac{H_i}{H} = \frac{0.7H_{允许}}{H}$$

式中 Y ——预选方案的经济评价值；
H_i ——预选方案的理想成本；
H ——预选方案的实际成本；
$H_{允许}$ ——预选方案的允许成本。

③ 综合评价。

$$S = \sqrt{XY}$$

（3）费用效益分析法。
（4）差额投资收益率法。

$$R_a = \frac{C_1 - C_2}{I_2 - I_1} \times 100\% = \frac{\Delta C}{\Delta I} \times 100\% > i_c(i_s)$$

式中 C_1、C_2 ——两个比较方案的成本；
ΔC ——两个比较方案的成本差额；
I_1、I_2 ——两个比较方案的投资额；
ΔI ——两个比较方案的投资差额；
$i_c(i_s)$ ——行业基准收益率（或社会折现率）。

5.2.3 工艺技术方案费用的估计及内容

1. 费用估计

确定了既先进适用又经济合理的生产工艺技术方案后，还须对技术的费用做出估计。可根据获得技术的不同形式和供求双方所签订合同的规定，确定技术费用的估计内容和方法。大致有以下两种情况：

（1）整笔支付费用的估计。对于一次总付的专利权、专有技术和特许商标权等的费用，列入已注册的固定资产中。

（2）按销售额提取的技术使用费的估计。对按年销售额的一定百分比提取技术使用费的费用估计。

2. 生产工艺方案的研究内容

（1）最优工艺技术方案的选定及其理由。
（2）生产过程的工艺流程。
（3）主要工艺技术参数。

5.3 建设项目工艺设备评估

设备选择时，必须与工艺技术的选择联系起来考虑，并遵循工艺技术对设备和机械的要求，应在工厂的生产能力和选定的生产工艺技术的基础上加以验证。设备选择的重点是所选定的生产工艺技术和达到既定的生产能力所需要的、最佳的和高效能的设备和机械类型。

在可行性研究和项目评估中主要是对工艺设备（包括专用设备和通用设备）进行分析评估，因为主要设备的选型具体体现了生产的技术水平，必须进行多方案比选后，才可确定主要设备的规格型号与来源。

对主要设备选型方案应作日常运行费用、投资、各种消耗、产出物质量、价格、占地面积等主要条件的技术经济分析比较。对于引进设备，更须作全面调查分析，详细说明和论证引进的必要性、价格、引进来源、设备引进的经过和型号选择的理由，以及国内外分交方案的选择。

建设项目工艺设备分为：生产工艺设备、辅助生产设备、科学研究设备、管理设备和公用设备。

5.3.1 项目设备方案选择时的原则

设备的选择，必须根据生产能力和所选的生产工艺技术来确定，即根据生产规模和工艺过程的要求进行确定。所选设备必须是通过所选定的生产技术能达到最佳生产能力的机械组合。

采用高效率的先进设备，要本着技术先进、安全可靠、经济合理的原则。先进设备必须经过试验验证，在产品定型或有工厂的技术鉴定后，证明是正确可靠、切实可行时，才能采用。

选择设备时，要结合企业建设地点的实际情况和动力、运输、资源等具体条件进行考虑。如一座大型电炉设备的建设，要考虑到电力供应和远距离运输重型设备的可能性和费用的合理问题；同时要求在整个生产线上各个工段的设备能力彼此间应衔接、配合和相互联系。

设备的选择必须立足于国内，但也不排除引进国外先进设备和机械。从原则上讲，凡国内能制造的或引进一些技术资料就能自行仿制的设备，就不必向国外引进；或者只引进关键设备就能由国内配套使用的，就不必向国外引进成套设备。今后应考虑多引进技术，少引进设备，以利于节约外汇投资，提高经济效益。

必须从国外引进设备时，应注意引进设备之间的相互协作配套问题。如果引进一条生产线的设备是从国外几个制造厂购买的，可采用总承包方式解决各厂之间的协作配套问题，以保证全套设备的正常运行和产品质量。如果有的项目采取部分设备从国外引进，而部分设备只引进技术，由国内制造的办法，也应注意相互间的协作配合。对于技术改造项目，除要保留一部分原有国产设备外，还将利用原有厂房安装新引进的设备，必须注意原有设备的质量性能是否能与比较先进的引进设备配上套，以免由于国内外设备不平衡而影响正常生产。

引进的先进设备必须同国内的配套设备、设备维修能力和水平相适应。应尽量避免引进需使用进口原料的设备，如果必须从国外引进时，应安排国内有关厂家尽快研制这种原料。

对引进的设备，还必须懂得如何操作和维修，否则不能发挥设备的先进性。在外商派人调试安装时，可培训国内技术人员及时学会操作，必要时也可派人出国培训。

采用国内设备或引进国外设备都要求在技术上先进、安全、可靠的前提下，尽量使设备费用控制在最低的限度。这有利于降低项目投资总额。

设备选型应注意标准化、通用化和系列化，以便于维修和更新替换，尽量少选取非标准化的设备。

5.3.2 项目设备方案分析的内容

主要工艺设备的选型分析包括以下几方面的内容：

1. 设备配套情况分析

设备配套情况分析包括设备数量配套分析和设备质量配套分析。

选择设备必须与生产工艺和生产能力相适应。工艺选择决定设备的选择，设备的数量和性能必须满足工艺方案的要求，这是选择设备的最基本条件。项目设计生产能力一般是以主导或主要设备的额定生产能力为标准确定的，其他工序的设备则是按设计生产能力的要求配置的。评估设备的配置是否与生产能力相适应，就要审核各工序确定的设备（台）套数是否合理，比例是否得当。

2. 设备的可靠性分析

设备的可靠性分析包括设备的稳定性分析、设备的耐用性分析和设备的安全性分析。

设备必须具有较高的可靠性。可靠性是指设备在规定时间内和规定条件下，完成规定功能的能力，一般可用可靠度衡量。选择有较高可靠度的设备，可以满足生产工艺要求，连续不断生产出高质量的产品，避免设备故障可能带来的重大经济损失和人身事故。

选择设备要考虑使用寿命和维修性。考察设备的使用寿命应结合项目所在行业的技术发展趋势和技术更新周期，尽量选择经济寿命长的设备。对设备的维修性评估主要分析设备维修的难易性，应选择具有易接近性、易检查性、易装拆性、零部件标准化和互换性好的维修性能较强的设备，这样可保证设备正常运行。

3. 设备的先进性分析

设备的先进性分析包括设备的功效性分析、设备的节能性分析和设备的环保性分析。

选择的设备要有较高的经济性。就是说在选择的设备能满足生产工艺对设备功能要求的前提下，使设备所需的活劳动和物化劳动的消耗最少，这时设备的经济性越高。

4. 设备的成套性分析

设备的成套性分析包括单机配套分析、生产线配套分析和项目配套分析。

对引进国外设备的评估，应着重注意引进设备的必要性及其配套和平衡两方面的问题。

5. 设备的灵活性分析

设备的灵活性分析包括多规格生产分析、多加工性能分析和多品种生产分析。

5.3.3 项目设备采购方案分析

1. 考察联系

对于必须采用国外新工艺、新设备，又要大量采购设备的大中型项目，在项目建议书批准后进行可行性研究之前，及时派人出国考察，并根据项目初步确定的生产工艺方案，选择适合项目采购的国家和厂家。

2. 招标、比价

对于较大宗的设备采购，可采取"国际竞争性招标"的办法，以利用投标者的相互竞争选购物美价廉的设备，达到节约投资的目的。比价是向外国厂商（最少三家）进行"询价"，要求供货人提出拟采购设备的性能和价格，从中选出理想的一家与之成交。

在招标和比价过程中，购货者要详细考核和比较主要设备的性能和价格，包括对设备"寿命期费用"的考核，衡量设备是否具有最佳性能价格比，以便从中选择最理想的设备。

3. 谈判签约

就是与中标的厂商或比价中选定的厂商进行正式商务谈判，签订采购合同，这要在项目正式批准后进行。

4. 发货付款

在按采购合同支付一定数额的定金后，供货商根据合同规定的时间一次或分期发货，并按规定的结算方式付款。

对国外设备的采购应了解是否按规定程序及时进行，并应加快采购工作速度，节约采购费用。

分析的内容应该主要集中在：
（1）分析设备取得的渠道。
（2）设备价格分析。
（3）设备付款方式分析。
（4）售后服务与零部件配套情况分析。

5.3.4 项目设备方案分析的方法

1. 投资回收期法

$$设备投资回收期 = \frac{设备投资费用}{年利润或年成本节约额 + 折旧费}$$

2. 费用换算法

（1）年费用法。

$$设备的年总费用 = 初始投资费用 \times 资本回收系数 + 年运营费用$$

$$资金回收系数 = (A/P, I, n) = \frac{i(1+i)^n}{(1+i)^n - 1}$$

式中 i ——利息率或收益率；

n ——使用寿命期。

（2）现值法。

$$设备使用寿命期总费用 = 最初投资 + 年经营费用 \times 年净现值系数$$

$$年净现值系数 = (P/A, I, n) = \frac{(1+i)^n - 1}{i(1+i)^n}$$

【例 5.2】 某投资建设项目需要采购一台精密机床，现有德国、日本两国制造商提供的机床可供选择，其效率相差无几，但使用年限和成本不同，具体数据如表 5.3 所列，试对这两种设备进行选择。

表 5.3 两种混凝土搅拌车的基本数据表

可供选择的车型	使用年限	售价（万美元）	年利率（%）	年平均费用（万美元）
德国制造	15	12	10	0.6
日本制造	8	5	10	0.9

其中：（A/P，10，15）= 0.131 474，（A/P，10，8）= 0.187 44

$$德国年总费用 = 12 \times (A/P，10，15) + 0.6$$
$$= 12 \times 0.131\ 474 + 0.6 = 2.177\ 7（万美元）$$
$$日本年总费用 = 5 \times (A/P，10，8) + 0.9$$
$$= 5 \times 0.187\ 44 + 0.9 = 1.837\ 2（万美元）$$

设备年总费用最低者为最佳设备方案。因此，应选择日本机床为好。

3. 费用效率分析法

$$设备费用效率 = \frac{系统效率}{寿命周期总费用}$$

费用效率就是每一单位费用消耗所获得的设备效益。确定系统效率一般可运用下面两种方法：

（1）以一个综合要素（如设备产品产量）作为系统效率。

【例 5.3】 某项目有三种能达到同一目标的设备，这些设备的系统效率可用生产效率日产量表示，各类设备的寿命期费用和日产量如表 5.4 所列，试对这三种设备进行选择。

表 5.4 三种设备的基本数据表

设备类型	日产量（t/日）	寿命周期总费用（万元）
A	582	487
B	548	523
C	576	492

注：计算结果四舍五入保留三位小数。

设备费用效率 = 系统效率/寿命周期总费用

A 设备的费用效率 = 582/487 = 1.195

B 设备的费用效率 = 548/523 = 1.047

C 设备的费用效率 = 576/492 = 1.171

计算结果表明，A 设备的费用效率最高，因为该设备在同样功能条件下，单位费用支出所能获得的效率最好。因此，应选择 A 设备最为经济合理。

【例 5.4】 某大型混凝土搅拌设备，公司共投资本息合计 200 万元购置该设备，在该设备的租赁使用中，每年能获得扣除折旧费用后利润 25 万元，其中设备每年折旧费 25 万元，请问该设备的投资回收期为多少年？

【答案】 4 年

【解析】 根据公式

$$设备投资回收期 = \frac{设备投资费用}{年利润或年成本节约额+折旧费}$$

即可算得。

（2）以单项要素作为系统效率。

在对设备和技术进行识别与比较后，就须对建设项目所需的各种设备和技术方案做出选择，应编制出"设备技术成本明细表"（即列出"设备技术清单"），详细说明所造设备和技术的类型、来源、规格、性能和数量，并提出推荐的技术和设备选择方案及推荐理由，据此作为采购设备技术和估算投资成本的依据。在此基础上，对项目的设备投资费用做出估计。

5.4 建设项目工程设计方案分析

根据企业的生产性质、规模和生产工艺等要求，设置一定数量的车间、辅助生产设施和生活用房等，结合建厂地区的自然、气候、地形、水文、地质，以及厂内外运输、公用设施和厂际协作等具体条件，按照原料进厂到成品出厂的整个生产工艺过程，经济合理地布置厂区内的建筑物和构筑物，搞好平面和竖向关系，组织好厂区内外交通、运输等总平面布置的设计工作。工业企业的总平面设计主要包括全厂分区布置和厂内外运输两大方面的设计。总平面设计方案关系到整个建设场地的土地使用、建筑物的位置和工程管网的长度。正确合理的总平面设计方案，能做到工艺流程合理、总体布局紧凑，可以大大减少建筑工程量，节约用地，节省建设投资，加快建设进度；可以为工业企业创造良好的生产组织、经营条件和生产环境，创造完美的建筑艺术整体；还能使项目建成后较快地投入正常生产，发挥良好的投资效果，节省经营管理费用。

工程设计方案的分析评估，必须贯彻"坚固适用、技术先进、经济合理"的原则。项目建设安装的工程设计主要包括总平面设计、空间平面设计和结构方案设计三方面。

5.4.1 总图布置方案分析

1. 总平面设计的原则

（1）必须满足生产工艺过程的要求。这是总平面设计中最根本的依据，要求总平面设计能保证生产过程的连续性，主要生产作业线无交叉、无逆流现象，使生产线最短、最直接，各建筑物之间布置紧凑。正确地布置全厂分区设计方案是总平面规划的基础。因此，要在做好多方案比较的基础上，推荐一个经济、实用、人流货流畅通的厂区布置方案。

（2）必须适应厂内外运输的要求。根据工厂的投入物、产出物与废弃物的总量，按其不同种类、不同运输方式与运输工具等的要求，合理组织厂内外运输，并从运量、运距、运输成本、运输负荷变化及投资与经营费等方面，对不同的运输方案进行多方案比较分析，从中选择方便、经济的运输设施与合理的运输路线。

（3）要适应厂区的气候、地形、工程水文地质等自然条件和城市规划的要求，以求技术上合理、工程上经济。结合建设场地的地形、主导风向、地耐力与地下水位等自然条件，选择合理的总平面布置形式，使厂房和构筑物布置与自然条件相适应，为生产、运输和生活创造有利条件和良好环境。厂房的外形、层数、朝向和道路等厂区总平面布置的空间处理，应符合城市规划要求，与周围建筑群体和地形配合、统一协调。

（4）必须满足卫生、防火和安全防护要求，并符合卫生、防火、防震、防噪声等方面治理措施的规定，如采用无害工艺、设置防护间隔距离、搞绿化布置等。

（5）注意节约用地的要求。采取车间合并、合理留用土地、分期征用等措施。如在原厂区内新建车间和附属工程，应注意新建筑物与原有建筑物之间的总平面布置的协调性。

2. 管线布置方案

（1）管线布置原则。

（2）管线的种类。

（3）管线的敷设方式。

3. 交通运输布置

（1）运输总量的估算。

（2）运输方式和运输工具的确定。

（3）仓储设施的设计。

4. 总平面设计的技术经济分析与评估指标

在可行性研究阶段，对总平面设计方案提供几项主要技术经济分析指标，以表明厂区的基本布局、厂外设施规模和位置，据此评估总平面设计的技术经济合理性，并为土地管理部门提供决策用的数据。一般应采用全厂土地利用系数、生产区场地利用系数、生产区建筑系数、生活区建筑系数、全厂绿化系数、占地面积分析，以及工程量和经营费用等技术经济指标。

工业厂房空间平面设计方案的选择主要包括：正确选择厂房的层数和层高；正确设计厂房建筑（车间）的平面布置形式，合理确定工业厂房的柱网；正确确定厂房的体积和面积；空间平面设计应在符合生产要求的原则下力求节约。

建筑结构形式的选择应根据适用、经济、美观的原则，以及生产工艺的需求、厂房的大小和建设场地的具体条件合理选用。一般有砖混结构、钢筋混凝土结构、预应力钢筋混凝土结构、钢结构等形式。目前，工业厂房建筑结构形式以向"轻质、大跨、空间、薄壁"的方向发展，并以薄壳结构、悬索结构、折板结构等装配式结构以及现浇混凝土筒体结构，逐渐替代以往广泛采用的梁板结构。结构的造型必须因地制宜、因工程制宜地选用，就地取材，充分利用当地建材资源，降低运增费用，切实做到技术先进、经济合理、安全适用、施工方便。在满足生产使用要求的前提下，广泛采用新结构、新构件、新材料，充分利用地方材料和工业废料，节省"三材"，促进工程设计的标准化、构件预制工厂化、施工机械化，逐步提高建筑工业化水平；对于某些有特殊要求（如恒温防震等）的厂房，应根据具体情况作特殊考虑。

评价工业厂房建筑结构体系方案的技术经济指标有：建设工期、劳动消耗、材料消耗、混凝土折算厚度、建筑物自重及建筑造价等。评价工业厂房结构构件方案的经济指标有：结构构件的造价、制造构件所需的劳动消耗、主要建材消耗、装配程度、装配式构件的统一化程度、取暖费和燃料消耗、使用期限和结构构件的重量等。

投资项目的组成应包括拟建项目投资范围内的厂内外所有单项工程、配套工程，包括生产设施、辅助生产服务设施、生活福利设施等。对于能自成体系而且单独编制可行性研究报告的配套工程，如自备热电站、水厂、铁路专用线等，也应列出工程的名称、单项可行性研究报告的名称和编号，并将单项工程的投资列入项目的总投资内，并编制"项目组成表"。

在完成上述工程设计方案的分析评价后，在厂区内按生产流程顺次列出主要建筑物和构筑物的名称，编制"单项工程明细表"，列出工程量、建设造价、建筑面积和体积，作为估算项目投资的基础依据。

5.4.2 项目实施进度计划分析

1. 项目实施计划进度表的主要内容

（1）项目实施管理。在建设项目投资决策确定后，即需建立项目实施管理组织（如筹建小组），负责项目勘测、设计、施工的委托，参加厂址选择，提供设计基础资料，签订各项合同和协议，以及完成有关的各项施工准备和生产准备工作。可实行招投标制和多种承包经营责任制等形式，分别签订总包和分包经济合同。

（2）技术选择，落实技术来源。进行技术方案分析时，应按项目各组成部分的最佳结合来选择最适宜的技术。当需要引进新技术设备、要求技术许可方投资时，需要一定的谈判时间，它涉及法律、经济和财务等各方面。技术来源的落实是实施时期的关键要素。

（3）设计和设备订货。设计一般包括初步设计和施工图设计。安排大型建设项目的设计进度时，要考虑设备询价和预订货的时间，分批提出设备订货清单和非标准设备制造图纸，以及取得设备资料的时间。订购设备还要考虑设备订货顺序和安排时间。

（4）资金筹集规划。项目筹集资金应考虑卖方（或买方）信贷。根据国内外财政与银行贷款、股票、证券和自有资金等多种资金来源和融资方式，确定一个适宜的资金筹集规划方案。

（5）施工阶段。这一阶段包括购买土地和拆迁安排、"三通一平"、开工准备工作；监督、协调、接收设备和土建施工；建立管理机构和招聘、培训职工；生产物资供应；生产前推销计划（在投产前制定具体营销计划）与生产前准备工作；需要政府批准的事项，办理批准的手续时间等；试车投产。

项目实施的各项工作和作业活动所需时间可以分别确定,但是对于项目的整个实施计划进度安排则须进行统一计划、综合平衡和协调配合,防止发生相互脱节、延误工期或停工待料等现象。

2. 计划进度表的编制方法

计划进度表的编制方法主要有线条图和网络图两类。

(1)线条图。作为一种传统的管理方法,亦称横道图:① 它是把项目实施计划分为若干分项(作业活动或工作单元);② 用横坐标表示"时间",纵坐标表示各项作业活动,每项工作用"—"线条表示;③ 线条两端表示该项作业活动的起止时间;④ 其长度即为完成该项作业活动所需时间,如图5.1所示。

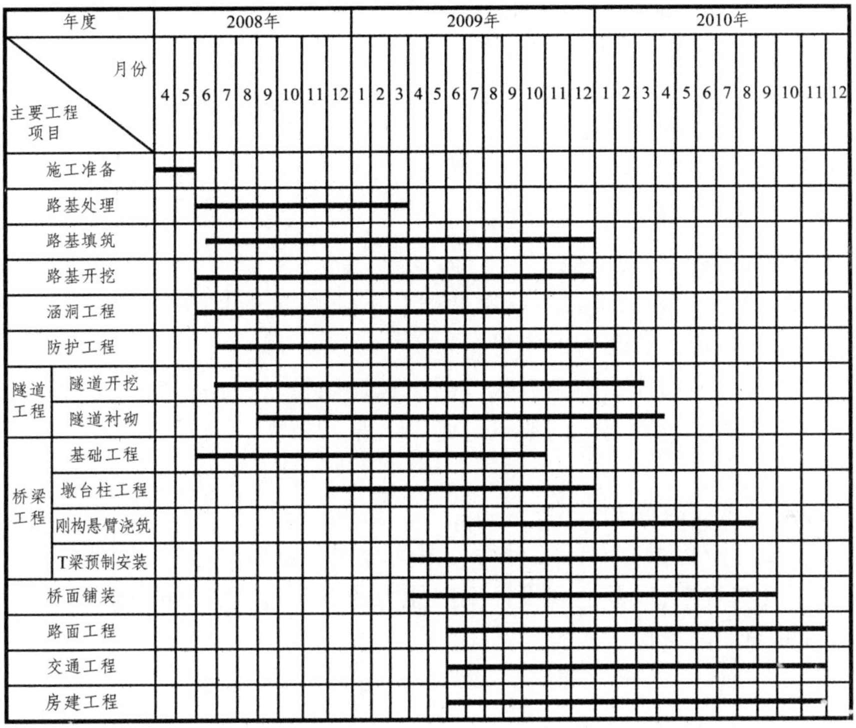

图 5.1 横道图

这种管理图的优点是:编制方法简便、通用、直观。一般工程都使用这种编制方法。缺点是:图中看不出各项作业活动之间的相互联系及对应的前后环节,不能适应大型复杂项目实行现代化管理的需要。

(2)网络图。对于大型复杂的综合建设项目(如联合企业、项目综合体),其施工作业活动具有许多相互联系并连续活动的特点,就需要编制网络图。

网络图是使用统筹方法安排生产建设工作时采用的一种图,亦称流线图。具体编制方法有关键线路法(CPM)和计划评审技术法(PERT)两种。其工作步骤是:

① 确定计划或工作完成的任务或目标;

② 把一项工程分解为若干个分项(作业活动或工作单元),按其先后与平行关系绘制成网络图;

③ 估计每一作业活动或工作单元的工作时间;

④ 根据各项作业活动的开始和完成时间找出关键路线,即在许多路线当中选出时间最长的一条;

⑤ 经过人力物力资源的适当调整,缩短工期,综合平衡,选定网络图。网络图的缺点是编制方法复杂、费时间,不易普及运用。

3. 计划进度表的编制注意事项

(1) 注意项目各阶段工作在时间上的衔接和交叉。

① 出国技术考察一般应在可行性研究前进行,在项目评估前结束;

② 国外设备的投标、比价工作一般应在项目批准以后开始,初步设计前后结束;

③ 国内外设备的交货时间应与施工进度衔接;

④ 施工图设计可以与建筑安装工程交叉进行;

⑤ 人工培训应在施工阶段同时进行等。

(2) 要具体安排各年度内各项工作的衔接。

这些工作包括:

① 各项设备到货与设备安装的衔接;

② 建筑工程与安装工程的衔接;

③ 主体工程与配套工程的衔接等,以便据此正确测算分年支付的投资贷款。

(3) 要做好施工材料和劳动力的安排。

要了解企业对项目采用什么施工方式,是出包还是自营:出包施工是否已做好招标的准备,并拟定招标的范围;自营施工的要搞清施工力量和技术水平是否适应,施工所需的主要建筑材料来源是否落实。

(4) 要合理安排试车时间和试生产期限。

① 引进设备要注意将试车时间安排得与采购合同所定质量考核期一致。

② 明确竣工投产日期,以及达到设计生产能力的分年进度,以便测算分项目实施费用(系指列入投资项目的投产前费用)。

5.4.3 土建工程方案分析

1. 土建工程方案设计原则

(1) 符合城市发展规划的要求。

(2) 满足项目对建筑功能的要求。

(3) 选择合适的建筑结构。

(4) 造价要经济。

(5) 建筑形象要美观。

2. 土建工程方案分析内容

(1) 土建工程基本情况概述。

拟建工程项目的自然条件、项目所在地区建筑状况、施工条件分析。

（2）建筑结构形式的选择。

提出建议、阐明结构形式及其建筑材料的选择、推荐的土建工程方案及其论证。

3. 土建工程费用的估算

一般是根据初步设计概预算的编制办法，先将一项建设工程逐步分解为建设项目、单项工程、分部工程和分项工程等几种工程；然后根据设计图纸，分别算出各项工程的工程量，并利用各种定额、概算指标、收费标准、材料预算价格、工资标准、施工机械台班使用费和设备预算价格等基础资料，分别计算出上述各种工程所需的投资费用。计算的步骤和程序是先小后大、由简到繁、逐步进行，即先计算分项工程所需的投资费用；然后在分项工程投资的基础上，依次计算分部工程、单位工程和单项工程的投资；最后再计算出建设项目以至整个建设工程（可能包含很多个建设项目）所需的投资费用。

4. 项目固定资产投资成本的估算

在项目方案基本确定，并完成了生产工艺技术和设备选型及工程设计等方案的分析评估后，编制出"设备技术成本明细表""建筑安装工程成本明细表"和"其他投资费用明细表"，估算出各项技术设备的价格、各项建筑安装工程的成本投资以及各项其他费用，就可在此基础上汇总编制出"固定资产投资成本估算表"。

本章小结

通过本章的学习，应该掌握建筑项目工艺技术评估的基本概念和原则、常规流程和基本的工作方法，能够理解项目工艺技术和设备选择评估的内容，熟悉项目工程设计方案评估，并通过案例能够获得理论经验，指导今后的实际工作。

课后习题

一、案例分析

要获得同样数量的钢产量，是采用平炉炼钢好，还是采用转炉炼钢好？这主要取决于对费用和效益的分析。当然，这里也有技术掌握的问题。

如从每炉钢的冶炼时间来看，转炉工艺有很大的优越性，见表5.5。

表 5.5 转炉和平炉炼钢对比

年份	平炉	转炉
1998	7 小时 25 分	34 分
1999	7 小时 15 分	34 分
2000	7 小时	34 分

正因为转炉炼钢效率高，因此国外目前应用转炉工艺较为普遍。如日本年产的1亿吨钢中，90%以上是转炉炼出来的。但是，在我国，平炉炼钢仍占主导地位。如果从费用和效益来分析，转炉工艺还有比平炉工艺节省投资的优点。以我国1998年的水平为例，平炉车间每

吨炼钢能力投资为 70 元左右，再加上废钢处理、石灰焙烧等辅助设施，每吨炼钢能力的投资约为 100 元。转炉车间每吨炼钢能力投资约为 50 元，比平炉炼钢节约一半（表 5.6、表 5.7）。

表 5.6　平炉炼钢车间的投资

厂名	公称能力	年产量（万吨）	车间投资（万元）	单位投资（元/吨）
厂一	370 吨×3 500 吨×2	120	8 800	74
厂二	500 吨×6	220	15 068	70

表 5.7　转炉炼钢车间的投资

类目	厂一 30 吨×3	厂二 50 吨×3	厂三 120 吨×3	厂四 120 吨×3
设计产量（万吨）	80~90	150	260~280	260~280
总投资（万吨）	3 911	7 276	13 119	13 245
每吨钢投资（元/吨）	43~49	52~56	47~51	49~51

两种工艺在成本上的差异如表 5.8 所示。

表 5.8　平炉和转炉炼钢的成本指标

类目	平均钢成本指数	转炉钢成本指数	两种钢工艺成本指数差异	钢铁料消耗费用差额（%）	冶炼费用差额（%）
厂一	100	102.5	2.5	4.5	-1.9
厂二	100	104.5	4.5	14.1	-4.4
厂三	100	102.8	2.8	9.1	-2.9
厂四	100	103.3	3.3	9.2	-2.8

再考虑两种工艺所用废钢比例：平炉 30%，转炉 15%。由此可见，转炉炼钢成本平均比平炉炼钢成本高 2%~5%，平炉因废钢多，自然成本低些，但是从钢的质量和从钢铁企业总的经济效益来看，转炉工艺要优越得多。因此，对两种炼钢工艺的选择必须做全面的分析。利用有关经济评价指标仔细分析投资和成本之后，即可得出哪一种工艺费用最低。

二、简答题

1. 什么是建设项目的工艺技术评估？它的主要内容有哪些？
2. 项目技术方案评估的方法有哪几种？
3. 简单描述一下影响建设项目生产工艺方案的因素和几种常见的评估分析方法。
4. 建设项目设备方案分析的内容有哪些？
5. 简述建设项目工程设计方案的分析评估原则是什么？包括哪几方面的内容？

第6章 建设项目投资估算

本章要点
（1）了解投资估算的内涵。
（2）掌握投资估算的组成内容。
（3）掌握投资估算的编制方法及适用范围。
（4）了解投资估算的审核。

6.1 建设项目投资估算概述

6.1.1 投资估算的概念

投资估算是指在项目投资决策过程中，依据现有资料和特定方法，对建设项目的投资数额进行的估计。它是项目建设前期编制项目建议书和可行性研究报告的重要组成部分，是项目决策的重要依据之一。投资估算的准确与否不仅影响到可行性研究工作的质量和经济评价结果，而且也直接关系到下一阶段设计概算和施工图预算的编制，对建设资金筹措方案也有直接的影响。因此，全面准确地估算建设项目的工程造价，是可行性研究乃至整个决策阶段造价管理的重要任务。

6.1.2 投资估算的作用

投资估算的作用主要体现在以下几个方面：
（1）项目建议书阶段的投资估算，是主管部门审批项目建议书的依据之一，并对项目的规划及规模控制起到参考作用。
（2）项目可行性研究阶段的投资估算，是项目投资决策的重要依据之一，也是研究、分析、计算项目投资经济效果的重要条件。当可行性研究报告被批准之后，其投资估算额就作为设计任务书的投资限额，即建设项目投资的最高限额，不得随意突破。
（3）项目投资估算对工程设计概算起控制作用，设计概算不得突破批准的投资估算额，应控制在投资估算额以内。
（4）项目投资估算可作为项目资金筹措及制订建设贷款计划的依据，建设单位可根据批准的项目投资估算额，进行资金筹措和向银行申请贷款。
（5）项目投资估算是核算建设项目固定资产投资需要额和编制固定资产投资计划的重要依据。

6.1.3 投资估算的阶段划分和内容

1. 投资估算阶段的划分

在我国，项目投资估算是指在做初步设计之前各工作阶段中的一项工作。在做工程初步设计之前，根据需要可邀请设计单位参加项目规划和项目建议书的编制，并可委托设计单位承担项目的预可行性研究、可行性研究及设计任务书的编制工作，同时应根据项目已确定的技术条件，编制和估算出精确度不同的投资估算额。我国建设项目投资估算分为以下几个阶段：

（1）项目规划阶段的投资估算。

建设项目规划阶段是指有关部门根据国民经济发展规划、地区发展规划和行业发展规划的要求，编制一个建设项目建设规划的过程。此阶段是按项目规划的要求和内容，粗略地估算建设项目所需要的投资额。其对估算精度的要求为允许误差大于±30%。

（2）项目建议书阶段的投资估算。

项目建议书阶段的投资估算，是按项目建议书中的产品方案、项目建设规模、产品主要生产工艺、企业车间组成、初选建厂地点等，估算项目所需要投资额的过程。其对投资估算精确度的要求为误差控制在±30%以内。此阶段项目投资估算的意义是可据此判断一个项目是否需要进行下一阶段的工作。

（3）预可行性研究阶段的投资估算。

预可行性研究阶段，是在掌握了更详细、更深入资料的条件下，估算建设项目所需的投资额。其对投资估算精度的要求为误差控制在±20%以内。此阶段项目投资估算的意义是据以确定是否进行详细可行性研究。

（4）可行性研究阶段的投资估算。

可行性研究阶段的投资估算至关重要，因为这个阶段的投资估算经审查批准之后，便是工程设计任务书中规定的项目投资额，并可据此列入项目年度基本建设计划，其对投资估算的精确度要求为误差控制在±10%以内。

投资估算精度要求如表6.1所示。

表6.1 建设项目决策分析与评价的不同阶段对投资估算准确程度的要求

项目决策分析与评价的阶段	投资估算的允许误差率
投资机会研究阶段	±30%以内
初步可行性研究（项目建议书）阶段	±20%以内
可行性研究阶段	±10%以内
项目前评估阶段	±10%以内

2. 投资估算的内容

根据国家规定，从满足建设项目投资设计和投资规模的角度，建设项目投资的估算包括建设投资、建设期利息和流动资金估算。它包含了工程项目从筹建期间开始到项目全部建成投产为止所发生的全部投资费用。新建项目的总投资由建设期和筹建期投入的建设投资、建设投产后所需的流动资金两大部分组成。一般情况下，项目的资金来源包括外部借款，按照我国现行的资金管理体制和项目概预算编制方法，应将建设期贷款利息计入总投资中。

建设项目经济评价中应按有关规定将建设投资中的各分项分别形成固定资产原值、无形资产原值和其他资产原值，形成固定资产原值可用于计算折旧费，形成无形资产原值和其他资产原值可用于计算摊销费，建设期利息应计入固定资产原值。

投资估算的原则和程序如下：

（1）分别估算各单项工程所需的建筑工程费、设备及工器具购置费、安装工程费。

（2）汇总各单项工程费用，估算工程建设其他费用和基本预备费。

（3）估算涨价预备费和建设期利息。

（4）估算流动资金。

建设投资是指建设单位在项目建设期与筹建期间所花费的全部费用，建设投资的构成可按概算法分类或按形成资产法分类。按概算法分类，建设投资由建筑工程费、设备及工器具购置费、安装工程费、工程建设其他费用、基本预备费、涨价预备费构成。按形成资产法分类，建设投资由形成固定资产的费用、形成无形资产的费用、形成其他资产的费用和预备费4部分组成。

项目总投资按要素构成法与形成资产法分类的关系如图6.1所示。

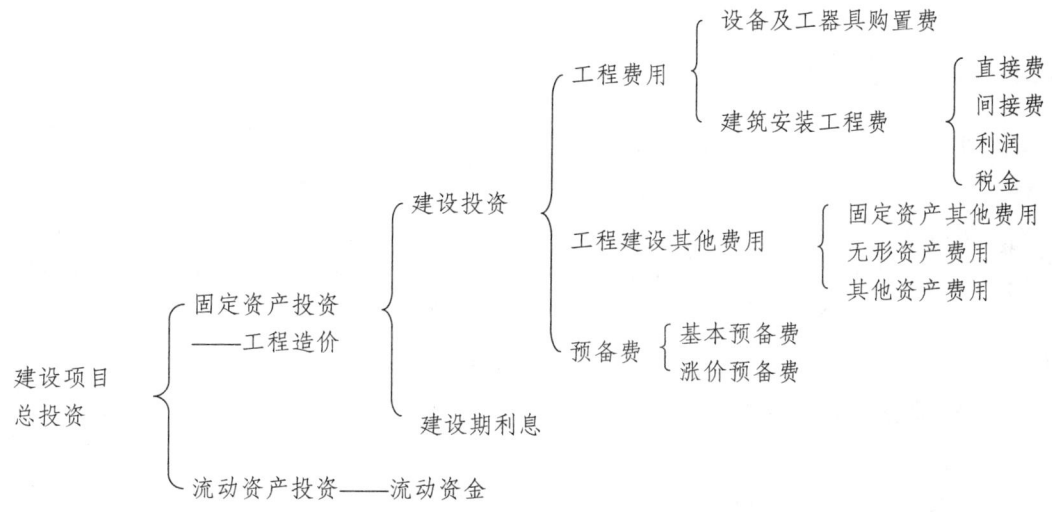

图 6.1　项目总投资按要素构成法与形成资产法分类的关系图

流动资金是指生产经营性项目投产后，用于购买原材料、燃料、支付工资及其他经营费用等所需的周转资金。它是伴随着固定资产投资而发生的长期占用流动资产投资，流动资金=流动资产−流动负债，其中，流动资产主要考虑现金、应收账款和存货；流动负债主要考虑应付账款。因此，实际上流动资金就是财务中的营运资金。

按照费用归集形式，建设投资可按概算法或形成资产法分类。根据项目前期研究各阶段对投资估算精度的要求、行业特点和相关规定，可以选用相应的投资估算方法，投资估算的内容和深度应满足项目前期研究各个阶段的要求，并为融资决策提供依据。

建设投资可以分为静态投资部分和动态投资部分。静态投资部分由建筑安装工程费、设备及工器具购置费、工程建设其他费用和基本预备费构成。动态投资部分是指在建设期内，因建设期利息和国家新批准的税费、汇率、利率变动以及建设期价格变动引起的建设投资的增加额，包括涨价预备费和建设期利息等。

3. 投资估算的要求

（1）估算范围应与项目建设方案所涉及的范围、所确定的各项工程内容相一致。

（2）工程内容和费用构成齐全、计算合理，不重复计算或者漏项少算，不提高或者降低估算标准。

（3）应做到方法科学、基础资料完整、依据充分。

（4）当具体工程指标与所选指标存在标准或者条件差异时，应进行必要的换算或者调整。

（5）估算的准确度应能满足建设项目决策分析与评价不同阶段的要求。

6.2　固定资产投资估算

固定资产投资包括建设投资、固定资产投资方向调节税和建设期贷款利息。目前，固定资产投资方向调节税已暂停征收，本教材中主要介绍建设投资和建设期贷款利息。

6.2.1　建设投资估算

建设投资由工程费用（建筑工程费、设备购置费、安装工程费）、工程建设其他费和预备费组成，其估算方法包括简单估算法、投资分类估算法、形成资产法等几种方法。

建设项目建设投资估算的方法可以采用简单估算法，主要包括单位生产能力估算法、生产能力指数法、比例估算法、系数估算法、指标估算法。但这几种方法精确度相对不高，主要适用于初步可行性研究阶段和投资机会研究阶段；在项目可行性研究阶段要采用投资分类估算法和投资估算指标法。

1. 建设投资简单估算法

（1）单位生产能力估算法。

该方法根据已建成的、性质类似的建设项目的单位生产能力投资乘以拟建项目的生产能力，来估算拟建项目的投资额。

$$C_2 = \left(\frac{C_1}{Q_1}\right) Q_2 f \tag{6.1}$$

式中　C_1——已建类似项目的投资额；

C_2——拟建类似项目的投资额；

Q_1——已建类似项目的生产能力；

Q_2——拟建类似项目的生产能力；

f——不同时期、不同地点的定额、单价、费用变更等综合调整系数。

这种方法把项目的建设投资与其生产能力的关系视为简单的线性关系，估算结果精确度较差。使用这种方法要求拟建项目与所选取的已建项目相类似，仅存在规模大小和时间上的差异。这种方法主要适用于新建项目或装置的估算，估算简便迅速，但要求估算人员掌握足够的、典型的历史数据，而且这些数据均应与单位生产能力的造价有关，同时新建装置与所选取装置的历史资料相类似，仅存在规模大小和时间上的差异。

【例 6.1】 已知 2001 年建设污水处理能力 10 万立方米/日的污水处理厂的建设投资为 16 000 万元，2008 年拟建污水处理能力 16 万立方米/日的污水处理厂一座，工程条件与 2001 年已建项目类似，调整系数为 1.25，试估算该项目的建设投资。

根据公式（6.1），该项目的建设投资为

$$C_2 = \left(\frac{C_1}{Q_1}\right) Q_2 f = \left(\frac{16\,000}{10}\right) \times 16 \times 1.25 = 32\,000\ (万元)$$

（2）生产能力指数法。

生产能力指数法又称指数估算法，是根据已建成的、性质类似的建设项目的生产能力和投资额与拟建项目的生产能力，来粗略估算拟建项目投资额的方法，是对单位生产能力估算法的改进。其计算公式为

$$C_2 = C_1 \left(\frac{Q_2}{Q_1}\right)^n f \tag{6.2}$$

式中　n——生产能力指数；

其他符号含义同前。

上式表明，造价与规模（或容量）成非线性关系，且单位造价随工程规模的增大而减小。正常情况下，$0 \leq n \leq 1$。不同生产率水平的国家和不同性质的项目中，n 的取值是不相同的，比如化工项目美国取 $n = 0.6$，英国 $n = 0.66$，日本取 $n = 0.7$。

若已建类似项目的生产规模与拟建项目相差不大，Q_2 与 Q_1 的比值在 0.5～2，则指数 n 的取值近似为 1。

若已建类似项目的生产规模与拟建项目相差不大于 50 倍，且拟建项目生产规模的扩大仅靠增大设备规模来达到时，n 的取值在 0.6～0.7；若是靠增加相同规格设备的数量达到时，n 取值在 0.8～0.9。

生产能力指数法主要应用于拟建装置或项目与用来参考的已知装置或项目的规模不同的场合。生产能力指数法与单位生产能力估算法相比精确度高，其误差可控制在 ±20% 以内。尽管误差仍然较大，但它仍具有独到的好处，即这种估算方法不需要详细的工程设计资料，只知道工艺流程及规模就可以，在总承包工程报价时，承包商大都采用这种方法估价。其计算简单、速度快，但要求类似项目的资料可靠、条件基本相同，否则误差就会增大。

【例 6.2】 已知建设年产 15 万吨聚酯项目的装置投资为 20 000 万元，现拟建年产 60 万吨的聚酯项目，工程条件与上述项目类似，生产能力指数 n 为 0.8，调整系数 f 为 1.1，试估算该项目的装置投资。

根据公式（6.2），该项目的建设投资为

$$C_2 = C_1 \left(\frac{Q_2}{Q_1}\right)^n f = 20\,000 \left(\frac{60}{15}\right)^{0.8} \times 1.1$$

根据统计资料，先求出已有同类企业主要设备投资占全厂建设投资的比例，然后再估算出拟建项目的主要设备投资，即可按比例求出拟建项目的建设投资。

（3）比例估算法。

$$I = \frac{1}{K} \sum_{i=1}^{n} Q_i P_i \tag{6.3}$$

式中　I——拟建项目的建设投资；
　　　K——已建项目主要设备投资占拟建项目投资的比例；
　　　n——设备各类数；
　　　Q_i——第 i 种设备的数量；
　　　P_i——第 i 种设备的单价（到厂价格）。

（4）系数估算法。

系数估算法也称为因子估算法，是以拟建项目的主体工程费或主要设备费为基数，以其他项目费与主体工程费的百分比为系数估算项目总投资的方法。这种方法简单易行，但是精度较低，一般用于项目建议书阶段。系数估算法的种类很多，在我国常用的方法有设备系数法和主体专业系数法，朗格系数法是世行项目投资估算常用的方法。

① 设备系数法：以拟建项目的设备购置费为基数，根据已建成的同类项目的建筑安装费和其他工程费等与设备价值的百分比，求出拟建项目的建筑安装工程费和其他工程费，进而求出建设项目总投资。其计算公式为

$$C = E(1 + f_1 P_1 + f_2 P_2 + f_3 P_3 + \cdots) + I \tag{6.4}$$

式中　C——拟建项目的建设投资；
　　　E——拟建项目根据当时当地价格计算的设备购置费；
　　　P_1, P_2, P_3——已建项目中建筑工程费和安装工程费占设备购置费的百分比；
　　　f_1, f_2, f_3——由于时间因素引起的定额、价格、费用标准等综合调整系数；
　　　I——拟建项目的其他费用。

【例6.3】某拟建项目设备购置费为 15 000 万元，根据已建同类项目统计资料，建筑工程费占设备购置费的 23%，安装工程费占设备购置费的 9%，该拟建项目的其他有关费用估计为 2 600 万元，调整系数 f_1、f_2 均为 1.1，试估算该项目的建设投资。

【解】根据式（6.4），该项目的建设投资为

$$\begin{aligned} C &= E(1 + f_1 P_1 + f_2 P_2 + f_3 P_3 + \cdots) + I \\ &= 15\,000 \times [1 + (1 + 23\% + 9\%) \times 1.1] + 2\,600 = 22\,880 \text{（万元）} \end{aligned}$$

② 主体专业系数法：以拟建项目中投资比重较大并与生产能力直接相关的工艺设备投资为基数，根据已建同类项目的有关统计资料，计算出拟建项目各专业工程（总图、土建、采暖、给排水、管道、电气、自控等）与工艺设备投资的百分比，据此求出拟建项目各专业投资，然后加总即为项目总投资。其计算公式为

$$C = E(1 + f_1 P'_1 + f_2 P'_2 + f_3 P'_3 + \cdots) + I \tag{6.5}$$

式中 P'_1, P'_2, P'_3 ——已建项目中各专业工程费用与设备投资的比重；

其他符号含义同前。

【例 6.4】 某新建项目设备投资为 10 000 万元，根据已建同类项目统计数据情况，一般建筑工程占设备投资的 28.5%，安装工程占设备投资的 9.5%，其他工程费用占设备投资的 7.8%，该项目其他费用估计为 800 万元，试估算该项目的投资额。（调整系数 $f = 1$）

【解】 根据式（6.5），该项目的建设投资为

$$\begin{aligned} C &= E(1 + f_1 P'_1 + f_2 P'_2 + f_3 P'_3 + \cdots) + I \\ &= 10\,000 \times [1 + 28.5\% + 9.5\% + 7.8\%] + 800 = 15\,380 \text{（万元）} \end{aligned}$$

③ 朗格系数法：以设备购置费为基础，乘以适当的系数来推算项目的建设投资。该方法在国内不常见，是世行项目投资估算常采用的方法。该方法的基本原理就是将总成本费用中的直接成本和间接成本分别计算，再合为项目建设的总成本费用。其计算公式为

$$C = E(1 + \sum K_i) K_c \tag{6.6}$$

式中 C——总建设费用；

E——主要设备费；

K_i——管线、仪表、建筑物等项费用的估算系数；

K_c——管理费、合同费、应急费等项费用的估算系数。

建设投资与设备购置费之比为朗格系数，其公式表示如下：

$$K_L = (1 + \sum K_i) K_c \tag{6.7}$$

朗格系数包含的内容见表 6.2。

表 6.2 朗格系数包含的内容

项 目		固体流程	固流流程	流体流程
朗格系数 K_L		3.1	3.63	4.74
内容	（a）包括基础、设备、绝热、油漆及设备安装费	$E \times 1.43$		
	（b）包括上述在内和配管工程费	（a）×1.1	（a）×1.25	（a）×1.6
	（c）装置直接费	（b）×1.5		
	（d）包括上述在内和间接费，总费用（C）	（c）×1.31	（c）×1.35	（c）×1.38

【例 6.5】 在北美某地建设一座年产 30 万套汽车轮胎的工厂，已知该工厂的设备到达工地的费用为 2 204 万美元，试估算该工程的投资。

【解】 轮胎工厂的生产流程基本上属于固体流程，因此在采用朗格系数法时，全部数据应采用固体流程的数据。现计算如下：

设备到达现场的费用为 2 204 万美元。根据表 6.1 计算费用（a）：

$$(a) = E \times 1.43 = 2\,204 \times 1.43 = 3\,151.72 \text{（万美元）}$$

则设备基础、绝热、刷油及安装费用为

$$3\,151.72 - 2\,204 = 947.72（万美元）$$

计算费用（b）：

$$（b）= E \times 1.43 \times 1.1 = 2\,204 \times 1.43 \times 1.1 \approx 3\,466.89（万美元）$$

则其中配管（管道工程）费用为

$$3\,466.89 - 3\,151.72 = 315.17（万美元）$$

计算费用（c），即装置直接费：

$$（c）= E \times 1.43 \times 1.1 \times 1.5 = 2\,204 \times 1.43 \times 1.1 \times 1.5 \approx 5\,200.34（万美元）$$

则电气、仪表、建筑等工程费用为

$$5\,200.34 - 3\,466.89 = 1\,733.45（万美元）$$

计算投资 C：

$$C = E \times 1.43 \times 1.1 \times 1.5 \times 1.31 = 2\,204 \times 1.43 \times 1.1 \times 1.5 \times 1.31 \approx 6\,812.45（万美元）$$

则间接费用为

$$6\,812.45 - 5\,200.34 = 1\,612.11（万美元）$$

由此估算出该工程的投资为 6 812.45 万美元，其中间接费用为 1 612.11 万美元。

应用朗格系数法进行工程项目或装置估价的精确度仍然不是很高，其原因如下：

装置规模大小发生变化的影响；

不同地区自然地理条件的影响；

不同地区经济地理条件的影响；

不同地区气候条件的影响；

主要设备材质发生变化时，设备费用变化较大而安装费变化不大所产生的影响。

尽管如此，由于朗格系数法以设备购置费为计算基础，而对于石油、石化、化工工程而言，设备费用在一项工程中所占的比重为 45%～55%，几乎占一半，同时一项工程中每台设备所含的管道、电气、自控仪表、绝热、油漆、建筑等，都有一定的规律，所以，只要对各种不同类型工程的朗格系数掌握准确，估算精度仍可较高。朗格系数法的估算误差在 10%～15%。

（5）指标估算法。

这种方法把建设项目以单项工程或单位工程，按建设内容纵向划分为各个主要生产设施、辅助及公用设备、行政及福利设施以及各项其他基本建设费用，按费用性质横向分为建筑工程、设备购置、安装工程等，根据各种具体的投资估算指标，进行各单位工程或单项工程投资的估算，在此基础上汇集编制成拟建项目的各个单项工程费用和拟建项目的工程费用投资估算。估算指标法由于综合项目建设中的各类成本和费用，具有较强的综合性和概括性。

指标估算法可以分为单项工程指标和单位工程指标两类，两种指标的估算要求如下：

① 单项工程指标一般以单项工程生产能力单位投资表示，如工业窑炉砌筑以元/立方米

表示；

② 单位工程指标：房屋区别不同结构形式，以元/平方米表示等。

在估算的过程中需要注意，使用估算指标时应根据不同地区、不同时期的实际情况进行适当调整，因为地区、时期不同，设备、材料及人工的价格均有差异。

2. 建设投资分类估算法

建设投资分类估算法是对构成建设投资的各类投资，即工程费用、工程建设其他费用和预备费分类进行估算的方法。该方法的估算步骤：

① 分别估算项目建设所需的建筑工程费、设备购置费和安装工程费。

② 汇总建筑工程费、设备购置费和安装工程费，得出分装置的工程费用，然后合计得出项目建设所需的工程费用。

③ 在工程费用的基础上估算工程建设其他费用。

④ 以工程费用和工程建设其他费用为基础估算基本预备费。

⑤ 在确定工程费用分年投资计划的基础上估算涨价预备费。

⑥ 总计求得建设投资。

分类估算法的具体步骤说明如下：

（1）建筑工程费估算。

建筑工程费是指为建造永久性建筑物和构筑物所需要的费用。建筑工程费包括的内容如下：

各类房屋建筑工程和列入房屋建筑工程预算的供水、供暖、卫生、通风、煤气等设备费用及其装饰、油饰工程的费用，列入建筑工程的各种管道、电力、电信和电缆导线敷设工程的费用；

设备基础、支柱、工作台、烟囱、水塔、水池、灰塔等建筑工程以及各种窑炉的砌筑工程和金属结构工程的费用；

建设场地的大型土石方工程、施工临时设施和完工后的场地清理、环境绿化的费用；

矿井开凿、井巷延伸、露天矿剥离、石油、天然气钻井，修建铁路、公路、桥梁、水库、堤坝、灌渠及防洪等工程的费用。

建筑工程费用估算一般采用建筑工程投资估算法、单位实物工程量投资估算法和概算指标投资估算法等进行估算。其中，单位建筑工程投资估算法和单位实物工程量投资估算法两种方法较为简单。

① 单位建筑工程投资估算法：以单位建筑工程量投资乘以建筑工程总量计算。一般工业与民用建筑以单位建筑面积（平方米）的投资，工业窑炉砌筑以单位容积（立方米）的投资，水库以水坝单位长度（米）的投资，铁路路基以单位长度（公里）的投资，矿上掘进以单位长度（米）的投资，乘以相应的建筑工程量计算建筑工程费。其计算公式为

$$单位建筑工程投资估算法 = 单位建筑工程量投资 \times 建筑工程总量 \quad (6.8)$$

这种方法可进一步分为单位功能价格法、单位面积价格法和单位容积价格法。

单位功能价格法：利用每功能单位的成本价格进行估算。估算时先选出所有此类项目中共用的单位，然后计算每个项目中该单位的数量，两者的乘积即为其建筑工程费用。例如：

可以用医院病床数为功能单位,将新建一所医院的成本细分为其所提供的病床数量。这种计算方法首先给出每张床的单价,然后乘以该医院所有病床的数量,从而确定该医院项目的金额。

单位面积价格法:首先要用已知的项目建筑工程费用除以该项目的房屋总面积,即为单位面积价格;然后将结果应用到未来的项目中,以估算拟建项目的建筑工程费。

在一些项目中,楼层高度是影响成本的重要因素。例如仓库、工业炉窑砌筑的高度根据需要会有很大的变化,显然这时不再适用单位面积价格,而单位容积价格则成为确定初步估算的好方法。将已完工程总的建筑工程费用除以建筑容积,即可得到单位容积价格。

② 单位实物工程量投资估算法:以单位实物工程量的投资乘以实物工程总量计算。土石方工程按立方米投资,矿井巷道衬砌按每延米投资,路面铺设工程按每平方米投资,乘以相应的实物工程总量计算建筑工程费。其计算公式为

$$单位实物工程量投资估算法 = 单位实物工程量投资 \times 实物工程量总量 \quad (6.9)$$

③ 概算指标投资估算法。对于没有上述估算指标且建筑工程费占总投资比例较大的项目,可以采用概算指标估算法。建筑工程概算指标通常是以整个建筑物为对象,以建筑面积、体积等为计量单位来确定劳动、材料和机械台班的消耗量标准和造价指标。

建筑工程概算指标分别有一般土建工程概算指标、给排水工程概算指标、采暖工程概算指标、通信工程概算指标、电气照明工程概算指标等。采用此种方法,应占有较为详细的工程资料、建筑材料价格和工程费用指标信息,投入的时间和工作量大。

(2) 设备购置费估算。

设备购置费是指为建设项目购置或自制的达到固定资产标准的各种国产或进口设备、工具、器具的购置费用。它由设备原价和设备运杂费构成,其计算公式为

$$设备购置费 = 设备原价 + 设备运杂费 \quad (6.10)$$

式中,设备原价是指国产设备或进口设备的原价;设备运杂费是指除设备原价之外的关于设备采购、运输、途中包装及仓库保管等方面支出费用的总和。

① 国产设备原价的构成及计算。

国产设备原价一般指的是设备制造厂的交货价或订货合同价。它一般根据生产厂或供应商的询价、报价、合同价确定,或采用一定的方法计算确定。国产设备原价分为国产标准设备原价和国产非标准设备原价。

Ⅰ. 国产标准设备原价。

国产标准设备是指按照主管部门颁布的标准图纸和技术要求,由我国设备生产厂批量生产的、符合国家质量检测标准的设备。国产标准设备原价有两种,即带有备件的原价和不带备件的原价。在计算时,一般采用带有备件的原价。国产标准设备一般有完善的设备交易市场,因此,可以通过查询相关交易市场价格或向设备生产厂家询价得到国产标准设备原价。

Ⅱ. 国产非标准设备原价。

国产非标准设备是指国家尚无定型标准,各设备生产厂不可能在工艺过程中采用批量生产,只能按订货要求并根据具体的设计图纸制造的设备。非标准设备由于单件生产、无定型标准,所以无法获得市场交易价格,只能按其成本构成或相关技术参数估算其价格。非标准

设备原价有多种不同计算的方法，如成本计算估价法、系列设备插入估价法、分部组合估价法、定额估价法等。但无论采用哪种方法，都应该使非标准设备计价接近实际出厂价，并且计算方法要简便。

成本计算估价法是一种比较常用的估算非标准设备原价的方法。按成本计算估价法，非标准设备的原价由以下各项组成：

i. 材料费。其计算公式如下：

$$材料费 = 材料净重 \times （1 + 加工损耗系数）\times 每吨材料综合价 \quad (6.11)$$

ii. 加工费。包括生产工人工资和工资附加费、燃料动力费、设备折旧费、车间经费等，其计算公式如下：

$$加工费 = 设备总重量（吨）\times 设备每吨加工费 \quad (6.12)$$

iii. 辅助材料费（简称辅材费）。包括焊条、焊丝、氧气、氩气、氮气、油漆、电石等费用，其计算公式如下：

$$辅助材料费 = 设备总重量 \times 辅助材料费指标 \quad (6.13)$$

iv. 专用工具费。按（i）~（iii）项之和乘以一定百分比计算。

v. 废品损失费。按（i）~（iv）项之和乘以一定百分比计算。

vi. 外购配套件费。按设备设计图纸所列的外购配套件的名称、型号、规格、数量、重量，根据相应的价格加运杂费计算。

vii. 包装费。按（i）~（vi）项之和乘以一定百分比计算。

viii. 包装费。按（i）~（v）项加第（vii）项之和乘以一定利润率计算。

ix. 税金。主要是指增值税，其计算公式为

$$增值税 = 当期销项税额 - 进项税额 \quad (6.14)$$
$$当期销项税额 = 销售额 \times 适用增值税率（\%）（销售额为 i \sim viii 项之和）\quad (6.15)$$

x. 非标准设备设计费。按国家规定的设计费收费标准计算。

综上所述，单台非标准设备原价可用下面的公式表达：

$$\begin{aligned}单台非标准设备原价 = \{&[（材料费 + 加工费 + 辅助材料费）\times（1 + 专用工具费率）\times \\ &（1 + 废品损失费率）+ 外购配套件费] \times（1 + 包装费率）- \\ &外购配套件费\} \times (1 + 利润率) + 税金 + 非标准设备设计费 + \\ &外购配套件费 \quad (6.16)\end{aligned}$$

【例 6.6】 某工厂采购一台国产非标准设备，制造厂生产该台设备所用材料费 20 万元，加工费 2 万元，辅助材料费 4 000 元，制造厂为制造该设备，在材料采购过程中发生增值进项税额 3.5 万元，专用工具费率 1.5%，废品损失费率 10%，外购配套件费 5 万元，包装费率 1%，利润率为 7%，增值税率为 17%，非标准设备设计费 2 万元，求该国产非标准设备的原价。

【解】 专用工具费 =（20 + 2 + 0.4）× 1.5% = 0.336（万元）
废品损失费 =（20 + 2 + 0.4 + 0.336）× 10% = 2.274（万元）
包装费 =（20 + 2 + 0.4 + 0.336 + 2.274）× 1% = 0.300（万元）

利润 =（20 + 2 + 0.4 + 0.336 + 2.274 + 0.300）×7% = 1.772（万元）
销项税额 =（20 + 2 + 0.4 + 0.336 + 2.274 + 0.300 + 1.772）×17% = 5.454（万元）
该国产非标准设备的原价 = 20 + 2 + 0.4 + 0.336 + 2.274 + 0.300 + 1.772 + 2 + 5
= 39.536（万元）

② 进口设备原价的构成及计算。

进口设备的原价是指进口设备的抵岸价，通常由进口设备到岸价（CIF）和进口从属费构成。进口设备的到岸价，即抵达买方边境港口或边境车站的价格。在国际贸易中，交易双方所使用的交货类别不同，则交易价格的构成内容也有所差异。进口从属费用包括银行财务费、外贸手续费、进口关税、消费税、进口环节增值税等，进口车辆的还需要缴纳车辆购置税。

Ⅰ. 进口设备的交易价格。

在国际贸易中，较为广泛使用的交易价格术语有 FOB、CFR 和 CIF。

i. FOB（free on board），意为装运港船上交货，亦称为离岸价格。FOB 术语是指当货物在指定的装运港越过船舷，卖方即完成交货义务。风险转移以在制定的装运港货物越过船舷为分界点。费用划分与风险转移的分界点一致。

在 FOB 交货方式下，卖方的基本义务有：办理出口清关手续，自负风险和费用，领取出口许可证及其他官方文件；在约定的日期或期限内，在合同规定的装运港，按港口惯常的方式，把货物装上买方指定的船只，并及时通知买方；承担货物在装运港越过船舷之前的一切费用和风险；向买方提供商业发票和证明货物已交至船上的装运单据或具有同等效力的电子单证。

买方的基本义务有：负责租船订舱，按时派船到合同约定的装运港接运货物，支付运费，并将船期、船名及装船地点及时通知卖方；负担货物在装运港越过船舷后的各种费用以及货物灭失或损坏的一切风险；负责获取进口许可证或其他官方文件，以及办理货物入境手续；受领卖方提供的各种单证，按合同规定支付货款。

ii. CFR（cost and freight），意为成本加运费，或称之为运费在内价。CFR 是指在装运港货物越过船舷卖方即完成交货，卖方必须支付将货物运至指定目的地港所需的运费和费用，但交货后货物灭失或损害的风险，以及由于各种事件造成的任何额外费用，却由卖方转移到买方。与 FOB 价价格相比，CFR 的费用划分与风险转移的分界点是不一致的。

在 FOR 交货方式下，卖方的基本义务有：提供合同规定的货物，负责订立运输合同并租船订舱，在合同规定的装运港和规定的期限内，将货物装上船并及时通知卖方，支付运至目的港的运费；负责办理出口清关手续，提供出口许可证或其他官方批准的文件；承担货物在装运港越过船舷之前的一切费用和风险；按合同规定提供正式有效的运输单据、发票或具有同等效力的电子单证。

买方的基本义务有：承担货物在装运港越过船舷以后的一切风险及运输途中因遭遇风险所引起的额外费用；在合同规定目的港受领货物，办理进口清关手续，交纳进口税；受领卖方提供的各种约定的单证，并按合同规定支付货款。

iii. CIF（cost insurance and freight），意为成本加保险费、运费，习惯称为到岸价格。在 CIF 交货模式中，卖方除负有与 CFR 相同的义务外，还应办理货物在运输途中最低险别的海运保险，并应支付保险费。如买方需要更高的保险险别，则需要与卖方明确达成协议，或者自行作出额外的保险安排。除保险这项义务之外,卖方的义务与 CFR 相同。

Ⅱ. 进口设备到岸价的构成及计算。

$$\text{进口设备到岸价} = \text{离岸价} + \text{国外运费} + \text{运输保险费}$$
$$= \text{运费在内价} + \text{运输保险费} \tag{6.17}$$

i. 货价。一般指装运港船上交货价(FOB)。设备货价分为原币货价和人民币货价,原币货价一律折算为美元表示,人民币货价按原币货价乘以外汇市场美元兑换人民币汇率中间价确定。进口设备货价按有关生产厂商询价、报价、订货合同价计算。

ii. 国际运费。即从装运港(站)到达我国目的港(站)所需的运费。我国进口设备大都采用海洋运输,小部分采用铁路运输,个别采用航空运输。进口设备国际运费计算公式为

$$\text{国外运费} = \text{进口设备离岸价} \times \text{国外运费费率}(\%) \tag{6.18}$$

或

$$\text{国外运费} = \text{单位运价} \times \text{运量} \tag{6.19}$$

其中,运费率或单位运价参照有关部门或进出口公司的规定执行。

iii. 运输保险费。对外贸易运输保险是由保险人(保险公司)与被保险人(出口人或进口人)订立保险契约,在被保险人交付议定的保险费后,保险人根据保险契约的规定对货物在运输过程中发生的承包责任范围内的损失给予经济上的补偿。这是一种财产保险,计算公式为

$$\text{国外运输保险费} = (\text{进口设备离岸价} + \text{国外运费}) \times \text{国外运输保险费费率} \tag{6.20}$$

或

$$\text{运输保险费} = \frac{\text{货价} + \text{国外运费}}{1 - \text{保险费率}(\%)} \times \text{保险费率} \tag{6.21}$$

Ⅲ. 进口从属费的构成及计算。

$$\text{进口从属费} = \text{银行财务费} + \text{外贸手续费} + \text{关税} + \text{消费税} +$$
$$\text{进口环节增值税} + \text{车辆购置税} \tag{6.22}$$

i. 银行财务费。一般是指在国际贸易结算中,中国的银行为进出口商提供金融结算服务所收取的费用。可按以下公式简化计算:

$$\text{银行财务费} = \text{离岸价} \times \text{人民币外汇汇率} \times \text{银行财务费费率} \tag{6.23}$$

ii. 外贸手续费。是指按对外经济贸易部规定的外贸手续费费率计取的费用,外贸手续费费率一般取 1.5%,计算公式为

$$\text{外贸手续费} = \text{到岸价} \times \text{人民币外汇汇率} \times \text{外贸手续费费率} \tag{6.24}$$

iii. 关税。由海关对进出口国境或关境的货物和物品征收的一种税,计算公式为

$$\text{关税} = \text{到岸价} \times \text{人民币外汇汇率} \times \text{进口关税税率} \tag{6.25}$$

到岸价作为关税的计征基数,通常又可称为关税完税价格。进口关税税率分为优惠和普通两种。优惠税率适用于与我国签订关税互惠条款贸易条约或协定的国家的进口设备;普通税率适用于与我国未签订关税互惠条款贸易条约或协定的国家的进口设备。进口关税税率按我国海关总署发布的进口关税税率计算。

iv. 消费税。仅对部分进口设备（如轿车、摩托车等）征收，一般计算公式为

$$应纳消费税 = \frac{到岸价 \times 人民币外汇汇率 + 关税}{1 - 消费税税率（\%）} \times 消费税税率 \quad (6.26)$$

其中，消费税税率根据规定的税率计算。

v. 进口环节增值税。是对从事进口贸易的单位和个人，在进口商品报关进口后征收的税种。我国增值税条例规定，进口应税产品均按组成计税价格和增值税税率直接计算应纳税额，即

$$进口环节增值税额 = 组成计税价格 \times 增值税税率（\%） \quad (6.27)$$
$$组成计税价格 = 关税完税价格 + 关税 + 消费税 \quad (6.28)$$

增值税税率根据规定的税率进行计算。

vi. 车辆购置税。进口车辆需缴纳进口车辆购置税，计算公式如下：

$$车辆购置税 = 组成计税价格 \times 车辆购置税率（\%） \quad (6.29)$$

【例 6.7】 某公司拟从国外进口一套机电设备，重量 1 500 吨，离岸价为 400 万美元。其他有关费用参数为：国外运费标准为 360 美元/吨；海上运输保险费费率为 0.266%；银行财务费费率为 0.5%；外贸手续费费率为 1.5%；关税税率为 22%；进口环节增值税税率为 17%；人民币外汇牌价为 1 美元 = 8.27 元人民币；设备的国内运杂费费率为 2.5%。试对该套设备购置费进行估算（保留两位小数）。

【解】 根据上述各项费用的计算公式，则有

进口设备离岸价 = 400×8.27 = 3 308（万元）
国外运费 = 360×8.27×1 500÷10 000 = 446.58（万元）
国外运输保险费 =（3 308 + 446.58）×0.266% = 9.99（万元）
进口关税 =（3 308 + 446.58 + 9.99）×22% = 828.21（万元）
进口环节增值税 =（3 308 + 446.58 + 9.99 + 828.21）×17% = 780.77（万元）
外贸手续费 =（3 308 + 446.58 + 9.99）×1.5% = 56.47（万元）
银行财务费 = 3 308×0.5% = 16.54（万元）
国内运杂费 = 3 308×2.5% = 82.7（万元）
设备购置费 = 3 308 + 446.58 + 9.99 + 828.21 + 780.77 + 56.47 + 16.54 + 82.7 = 5 529.26（万元）

③ 设备运杂费的构成及计算。

Ⅰ. 设备运杂费的构成。

设备运杂费是指除设备原价之外的关于设备采购、运输、途中包装及仓库保管等方面支出费用的总和。通常由下列各项构成：

i. 运费和装卸费。国产设备由设备制造厂交货地点起至工地仓库（或施工组织设计指定的需要安装设备的堆放地点）止所发生的运费和装卸费；进口设备则由我国到岸港口或边境车站起至工地仓库（或施工组织设计制定的需要安装设备的对方地点）止所发生的运费和装卸费。

ii. 包装费。在设备原价中没有包含的、为运输而进行的包装支出的各种费用。

iii. 设备及供销部门手续费。按有关部门规定的统一费率进行计算。

ⅳ. 采购及仓库保管费。是指采购、验收、保管和收发设备所发生的各种费用,包括设备采购人员、保管人员和管理人员的工资、工资附加费、办公费、差旅交通费,设备供应部门办公和仓库所占固定资产使用费、工具用具使用费、劳动保护费、检验试验费等。这些可按主管部门规定的采购及保管费费率计算。

Ⅱ. 设备运杂费的计算。

设备运杂费按设备原价乘以设备运杂费费率计算,其公式为

$$设备运杂费 = 设备原价 \times 设备运杂费费率(\%) \tag{6.30}$$

其中,设备运杂费费率按部门、行业或省、市的规定执行。

(3) 工器具及生产家具购置费估算。

工具、器具及生产家具购置费是指新建或扩建项目初步设备规定的,保证正常生产必须购置的没有达到固定资产标准的设备、仪器、工卡磨具、器具、生产家具和备品备件等的购置费用。一般以设备购置费为计算基数,按照部门或行业建设主管部门规定的工具、器具及生产家具购置费率计算。计算公式为

$$工具、器具及生产家具购置费 = 设备购置费 \times 定额费率(\%) \tag{6.31}$$

(4) 安装工程费估算。

安装工程费的估算内容包括:

① 生产、动力、起重、运输、传动和医疗、实验等各种需要安装机电设备、专用设备、仪器仪表等的安装费。

② 工艺、供热、供电、给排水、通风空调、净化及除尘、自控、电信等管道、管线、电缆等的材料费和安装费。

③ 设备和管道的保温、绝缘、防腐,设备内部填充物等的材料费和安装费。

安装工程费通常按行业或专门机构发布的安装工程定额、取费标准和指标估算投资。具体可按安装费率、每吨设备安装实物工程量的费用估算,计算公式为

$$安装工程费 = 设备原价 \times 安装费费率(\%) \tag{6.32}$$

或

$$安装工程费 = 设备吨位 \times 每吨设备安装费指标 \tag{6.33}$$

或

$$安装工程费 = 安装工程实物量 \times 每单位安装实物工程量费用指标 \tag{6.34}$$

在对安装工程费进行估算时,需注意附属管道量大的项目,应单独估算管道工程费用,有的还要单独列出主要材料费用。项目决策分析与评价阶段,根据投资估算的深度要求,安装费用也可以按单项工程分别估算。

(5) 工程建设其他费用估算。

工程建设其他费用,是指从工程筹建起到工程竣工验收交付使用止的整个建设期间,除建筑安装工程费用和设备及工、器具购置费用以外的,为保证工程建设顺利完成和交付使用后能够正常发挥效用而发生的各项费用。

一般较为常用的工程建设其他费用估算方法是利用工程建设其他费用按各项费用科目的费率或取费标准估算。工程建设其他费用按内容大体可分为三类:第一类是建设用地费用;第二类是与项目建设有关的费用;第三类是与项目运营有关的费用。

① 建设用地费。

任何一个建设项目都固定于一定的地点与地面相连接，必须占用一定的土地，当然要发生为获得建设用地而支付的费用，这就是土地使用费。它是指通过划拨方式取得土地使用权而支付的土地征用及迁移补偿费，或者通过出让方式取得土地使用权而支付的土地使用权出让金。包括：

Ⅰ. 征地补偿费。

土地征用及迁移补偿费，是指建设项目通过划拨方式取得无限期的土地使用权，按照《中华人民共和国土地管理法》等规定所支付的费用，总和不能够超过被征用土地年产值的 30 倍，土地年产值则按该地被征用前 3 年的平均产量和国家规定的价格计算。内容包括：

i. 土地补偿费。

按照政府规定，征用耕地（包括菜地）的补偿标准为该耕地被征用前 3 年平均年产值的 6～10 倍，具体由省、自治区、直辖市人民政府在此范围内制定；征用园地、鱼塘、藕塘、苇塘、宅基地、林地、牧场、草原等的补偿标准，由省、自治区、直辖市参照征用耕地的土地补偿费制定；征收无收益的土地，不予补偿。土地补偿费归农村集体经济组织所有。

ii. 安置补助费。

征用耕地、菜地的，其安置补助费按照需要安置的农村人口数计算，每一个需要安置的农业人口的安置补助费标准，为该耕地被征用前 3 年平均年产值的 4～6 倍。但是，每公顷被征用耕地的安置补助费，最高不得超过被征用前 3 年平均年产值的 15 倍。

iii. 地上附着物和青苗补偿费。

这些费用标准由省、自治区、直辖市人民政府制定。征用城市郊区的菜地时，还应按照有关规定向国家交纳新菜地开发建设基金。地上附着物和青苗补偿费归所有者所有。

iv. 征地动迁费。

包括征收土地上房屋及附属构筑物、城市公共设备等拆除、迁建补偿费、搬迁运输费，企业单位因搬迁造成的减产、停产损失补贴费等。

v. 其他税费。

包括征收耕地按规定一次性缴纳的耕地占用税，征收城市郊区菜地按规定缴纳的新菜地开发建设基金，以及土地复耕费等。县市土地管理机关从征地费中提取土地管理费的比例，按征地工作量大小，视不同情况，在 1%～4% 幅度内提取。

vi. 水利水电工程水库淹没处理补偿费。

包括农村移民安置迁建费，城市迁建补偿费，库区工矿企业、交通、电力、通信、广播、管网、水利等的恢复、迁建补偿费，库底清理费，防护工程费，环境影响补偿费用等。

Ⅱ. 土地使用权出让（转让）金。

土地使用权出让金是指建设项目通过土地使用权出让方式，取得有限期的土地使用权，依照《中华人民共和国城镇国有土地使用权出让和转让暂行条例》规定支付的土地使用权出让金。建设项目在建设期间按规定每年缴纳的城镇土地使用税也应列入建设用地费。

Ⅲ. 租用建设项目土地使用权在建设期支付的租地费用，以及建设期间临时用地补偿费。

② 与建设项目有关的费用。

Ⅰ. 建设管理费。

建设管理费是指建设单位从项目筹建开始直至项目竣工验收合格或交付使用为止发生的

项目建设管理费用。建设管理费包括建设单位管理费和工程监理费。

建设管理费以建设投资中的工程费用为基数乘以建设管理费费率计算，其计算公式为

$$建设管理费 = 工程费用 \times 建设单位管理费费率 \tag{6.35}$$

建设管理费费率按照建设项目的不同性质、不同规模确定，改扩建项目的建设管理费费率应适当低于新建项目，具体费率按照部门或行业的规定执行。此外，如采用监理，建设单位部分管理工作量转移至监理单位。监理费应根据委托的监理工作范围和监理深度在监理合同中商定或按当地或行业主管部门有关规定计算；如建设单位采用工程总承包方式，其总包管理费由建设单位与总包单位根据总包工作范围在合同中商定，从建设管理费中支出。

Ⅱ. 可行性研究费。

可行性研究费是指在建设项目前期工作中，编制和评估项目建议书（或初步可行性研究报告）、可行性研究报告所需的费用。此项费用应根据前期研究委托合同计算，或参照《国家计委关于印发〈建设项目前期工作咨询收费暂行规定〉的通知》计算。

Ⅲ. 研究试验费。

研究试验费是指为建设项目提供或验证设计数据、资料等进行必要的研究试验以及按照设计规定在建设过程中必须进行试验、验证所需的费用，包括自行或委托其他部门研究试验所需人工费、材料费、试验设备及仪器使用费等。这项费用按照设计单位根据本工程项目的需要提出的研究试验内容和要求计算。

Ⅳ. 勘察设计费。

勘察设计费是指委托勘察设计单位进行工程水文地质勘察、工程设计所发生的各项费用，包括工程勘察费、初步设计费（基础设计费）、施工图设计费（详细设计费）以及设计模型制作费。此项费用根据《关于发布<工程勘察设计收费管理规定>的通知》计算。

Ⅴ. 环境影响评价费。

环境影响评价费指为评价建设项目对环境可能产生的污染或造成的影响所需的费用，包括编制和评估环境影响报告书、环境影响报告表等所需的费用。此项费用根据《关于规范环境影响咨询收费有关问题的通知》计算。

Ⅵ. 职业安全卫生健康评价费：为预测和分析建设项目存在的职业危险、危害因素的种类和危险危害程度，并提出先进、科学、合理可行的职业安全卫生健康技术和管理对策所需的费用。

Ⅶ. 场地准备及临时设施费：建设场地准备费和建设单位临时设施费。

新建项目应根据实际工程量估算，或按工程费用的比例计算。改扩建项目一般只计拆除清理费。

$$场地准备及临时设施费 = 工程费用 \times 费率 + 拆除清理费 \tag{6.36}$$

Ⅷ. 引进技术和设备其他费用。

引进技术和设备其他费用包括：

i. 引进设备材料国内检验费。以进口设备材料离岸价为基数计算。

ii. 引进项目图纸资料翻译复制费、备品备件测绘费。根据具体情况计算或者按引进设备离岸价的比例估算。

ⅲ. 出国人员费用。包括买方人员出国设计联络、出国考察、联合设计、监造、培训等所发生的旅费和生活费等。根据合同或协议规定的出国人次、期限以及相应的费用标准计算。生活费按照财政部、外交部规定的现行标准计算，旅费按中国民航公布的票价计算。

ⅳ. 来华人员费用。包括卖方来华工程技术人员的现场办公费用、往返现场交通费用、接待费用等。依据引进合同或协议有关条款及来华技术人员派遣计划进行计算。

ⅴ. 银行担保及承诺费。指引进项目由国内外金融机构出面承担风险和责任担保所发生的费用，以及支付贷款机构的承诺费用，应按担保或承诺协议计取。

Ⅸ．工程保险费。

工程保险费是指建设项目在建设期间根据需要对建筑工程、安装工程、机械设备和人身安全进行投保而发生的保险费用，包括建筑安装工程一切险、引进设备财产保险和人身保险。其根据不同的工程类别，分别以其建筑、安装工程费乘以建筑、安装工程费费率计算。

Ⅹ．市政公用设施建设及绿化补偿费。

市政公用设施建设及绿化补偿费是指使用市政公用设施的建设项目，按照项目所在地省一级人民政府有关规定建设或缴纳的市政公用设施建设配套费用，以及绿化工程补偿费用。此项费用按工程所在地人民政府规定标准计列。

③ 与项目运营有关的费用。

与项目运营有关的费用包括：

Ⅰ．专利及专有技术使用费。包括：

ⅰ. 国外设计及技术资料费，引进有效专利、专有技术使用费和技术保密费。

ⅱ. 国内有效专利、专有技术使用费。

ⅲ. 商标权、商誉和特许经营权费等。

在建设投资中只估算需在建设期支付的专利及专有技术使用费。

Ⅱ．联合试运转费。

联合试运转费是指新建项目或新增加生产能力的工程，在交付生产前按照批准的设计文件所规定的工程质量标准和技术要求，进行整个生产线或装置的负荷联合试运转或局部联动试车所发生的费用净支出（是运转支出大于收入的差额部分费用）。试运转支出包括试运转所需原材料、燃料及动力消耗、低值易耗品、工具用具使用费、机械使用费、保险金、施工单位参加试运转人员工资，以及专家指导费等；试运转收入包括试运转期间的产品销售收入和其他收入。联合试运转费不包括应由设备安装工程费用开支的调试及试车费用，以及在试运转中暴露出来的因施工原因或设备缺陷等发生的处理费用。

Ⅲ．生产准备费。

生产准备费是指新建企业或新增生产能力的企业，为保证竣工交付使用进行必要的生产准备所发生的费用。生产准备费包括：

ⅰ. 生产人员培训费，包括自行培训、委托其他单位培训的人员的工资、工资性补贴、职工福利费、差旅交通费、学习资料费、学习费、劳动保护费等。

ⅱ. 生产单位提前进场参加施工、设备安装、调试等，以及熟悉工艺流程及设备性能等人员的工资、工资性补贴、职工福利费、差旅交通费、劳动保护费等。

Ⅳ．办公及生活家具购置费。

办公及生活家具购置费包括：

ⅰ. 为保证初期正常生产（或营业、使用）所必需的生产办公、生活家具用具购置费。

ⅱ. 为保证初期正常生产（或营业、使用）必需的第一套不够固定资产标准的生产工具、器具、用具购置费，不包括备品备件费。

【例 6.8】 某建设项目，需要征收耕地 100 亩，该耕地被征收前 3 年平均每亩年产值分别为 2 000 元、1 900 元和 1 800 元，土地补偿费标准为前 3 年平均年产值的 10 倍；被征收单位人均占有耕地 1 亩，每个需要安置的农业人口的安置补助费标准为该耕地被征用前 3 年平均年产值的 6 倍；地上附着物共有树木 3 000 棵，补偿标准为 40 元/棵，青苗补偿标准为 200 元/亩，试对未包括征地动迁费和其他税费在内的使用该土地的费用进行估算。

【解】

$$需要安置的农业人口数 = 100/1 = 100（人）$$
$$安置补助费 = 1.14 \times 100 = 114（万元）$$
$$地上附着物补偿费 = 3\,000 \times 40 \div 10\,000 = 12（万元）$$
$$青苗补偿费 = 200 \times 100 \div 10\,000 = 2（万元）$$
$$土地消费税 = \frac{2\,000 + 1\,900 + 1\,800}{3} \times 100 \times 10 \div 10\,000 = 190（万元）$$
$$使用该土地的费用 = 190 + 114 + 12 + 2 = 318（万元）$$
$$人均安置补助费 = \frac{2\,000 + 1\,900 + 1\,800}{3} \times 1 \times 6 \div 10\,000 = 1.14（万元）$$

（6）基本预备费。

基本预备费是指针对在项目实施过程中可能发生难以预料的支出，需要实现预留的费用，又称为工程建设不可预见费，主要估算内容有：

① 在批准的设计范围内，技术设计、施工图设计及施工过程中所增加的工程费用；经批准的设计变更、工程变更、材料代用、局部地基处理等增加的费用。

② 一般自然灾害造成的损失和预防自然灾害所采取的措施费用。

③ 竣工验收时为鉴定工程质量对隐蔽工程进行必要挖掘和修复的费用。

基本预备费是按照工程费用和工程建设其他费用二者之和为计取基础，乘以基本预备费率进行计算的，估算公式：

$$基本预备费 = (工程费用 + 工程建设其他费用) \times 基本预备费费率 \quad (6.37)$$

【例 6.9】 经估算，某项目建筑工程费为 300 万元，设备购置费为 2 000 万元，安装工程费为 700 万元，工程建设其他费用估计为工程费用的 10%。取基本预备费费率为 10%，则该项目投资估算中的基本预备费为多少万元？

【解】 基本预备费 =（建筑工程费 + 设备购置费 + 安装工程费 + 工程建设其他费用）× 基本预备费费率 =（300 + 2000 + 700）×（1 + 10%）× 10% = 330（万元）

（7）涨价预备费。

涨价预备费是对建设工期较长的项目，由于在建设期内可能发生材料、设备、人工等价格上涨引起投资增加而需要事先预留的费用，亦称价格变动不可预见费。涨价预备费的内容包括：人工、设备、材料、施工机械的价差费，建筑安装工程费及工程建设其他费用调整，利率、汇率调整等增加的费用。涨价预备费以分年的工程费用为计算基数，计算公式为

$$PF = \sum_{t=1}^{n} I_t \left[(1+f)^m (1+f)^{0.5} (1+f)^{t-1} - 1 \right] \quad (6.38)$$

式中　PF ——涨价预备费；

　　　n ——建设期年份数；

　　　I_t ——第 t 年的投资计划额；

　　　f ——年均投资价格上涨率；

　　　m ——建设前期年限。

【例 6.10】某建设项目建安工程费 50 万元，设备购置费 30 万元，工程建设其他费用 20 万元，基本预备费费率 5%，项目建设前期为 1 年，建设期 3 年，各年投资计划额为：第一年 20%，第二年 60%，第三年 20%。年均投资价格上涨率 6%，试求涨价预备费。

【解】
$$\text{基本预备费} = (50 + 30 + 20) \times 5\% = 5 \text{（万元）}$$
$$\text{投资计划额} = 50 + 30 + 20 + 5 = 105 \text{（万元）}$$
$$I_1 = 105 \times 20\% = 21 \text{（万元）}$$
$$PF_1 = I_1[(1+f)(1+f)^{0.5} - 1] = 1.918 \text{（万元）}$$
$$I_2 = 105 \times 60\% = 63 \text{（万元）}$$
$$PF_2 = I_2[(1+f)(1+f)^{0.5}(1+f) - 1] = 9.879 \text{（万元）}$$
$$I_3 = 105 \times 20\% = 21 \text{（万元）}$$
$$PF_3 = I_3[(1+f)(1+f)^{0.5}(1+f)^2 - 1] = 4.751 \text{（万元）}$$
$$\text{涨价预备费} = 1.918 + 9.879 + 4.751 = 16.548 \text{（万元）}$$

3. 计算建设投资

建设投资即为上述各项费用之和，将其汇总编制建设投资估算表，并对建设投资的合理性进行分析。

（1）建设投资的合理性分析。

① 单位投资的产出水平。

② 单位产出水平需要投资。

（2）建设投资构成的合理性分析。

① 各类工程费用构成的合理性分析。

② 分年投资计划的合理性分析。

建设投资估算表如表 6.3 所示。

表 6.3　建设投资估算表

序号	工程费用名称	系数	建安工程费	设备购置费	工程建设其他费	合计
1	工程费					
1.1	主厂房					
1.2	动力系统					
1.3	行政、生活福利设施……					
2	工程建设其他费					

续表 6.3

序号	工程费用名称	系数	建安工程费	设备购置费	工程建设其他费	合计
	1 + 2					
3	预备费					
3.1	基本预备费					
3.2	涨价与备份					
项目建设投资合计 = 1 + 2 + 3						

6.2.2 建设期利息估算

建设期利息是债务资金在建设期内发生并应计入固定资产原值的利息，包括银行借款和其他债务资金的利息以及其他融资费用。其他融资费用是指某些债务融资中发生的手续费、承诺费、管理费、信贷保险费等融资费用，一般情况下应将其单独计算并计入建设期利息。在项目前期研究的初级阶段，也可作粗略估算并计入建设投资，对于不涉及国外贷款的项目，在可行性研究阶段，也可粗略估算并计入建设投资。

项目评价中对借款额在建设期各年年内按月、按季均衡发生的项目，为了简化计算，通常假设借款发生当年、均在年中使用，按半年计息，其后年份按全年计息。而对借款额在建设期各年年初发生的项目，则应按全年计息。

估算建设期利息，应根据不同情况选择名义利率和有效利率；分期建成投产的项目，应按各期投产时间分别停止借款费用的资本化，此后发生的借款利息应计入总成本费用。有关建设期利息计算公式如下：

（1）采用自由资金付息时，按单利计算的公式为

各年应计利息 =（年初借款本金累计 + 本年借款额/2）×年名义利率

（2）采用复利方式计息时，公式为

各年应计利息 =（年初借款本金累计 + 本年借款额/2）×年有效利率

【例 6.11】 某新建项目，建设期为 4 年，第 1 年借款 200 万元，第 2 年借款 300 万元，第 3 年借款 300 万元，第 4 年借款 200 万元，各年借款均在年内均衡发生，借款年利率为 6%，每年计息 1 次，建设期内按期支付利息。试计算该项目的建设期利息。

【解】 第一年借款利息：

$$Q_1 = \left(P_{1\text{-}1} + \frac{A_1}{2}\right) \times i = \frac{200}{2} \times 6\% = 6 \text{（万元）}$$

第二年借款利息：

$$Q_2 = \left(P_{2\text{-}1} + \frac{A_2}{2}\right) \times i = \left(200 + \frac{300}{2}\right) \times 6\% = 21 \text{（万元）}$$

第三年借款利息：

$$Q_3 = \left(P_{3\text{-}1} + \frac{A_3}{2}\right) \times i = \left(200 + 300 + \frac{300}{2}\right) \times 6\% = 39 \text{（万元）}$$

第四年借款利息：

$$Q_4 = \left(P_{4\text{-}1} + \frac{A_4}{2}\right) \times i = \left(200 + 300 + 300 + \frac{200}{2}\right) \times 6\% = 54 \text{（万元）}$$

该项目的建设期利息 = 6 + 21 + 39 + 54 = 120（万元）

在项目决策分析与评价阶段，一般采用借款额在各年年内均衡发生的建设期利息计算公式估算建设期利息；根据项目实际情况，也可采用借款额在各年年初发生的建设期利息计算公式估算建设期利息。

有多种借款资金来源、每笔借款的年利率各不相同的项目，既可分别计算每笔借款的利息，也可先计算出各笔借款加权平均的年利率，并以此年利率计算全部借款的利息。建设期利息估算表如表 6.4 所示。

表 6.4　建设期利息估算表

序号	项目	合计	建设期		
1	2	…	n		
1	借款				
1.1	建设期利息				
1.1.1	期初借款余额				
1.1.2	当期借款				
1.1.3	当期应计利息				
1.1.4	期末借款余额				
1.2	其他融资费用				
1.3	小计（1.1＋1.2）				
2	债券				
2.1	建设期利息				
2.1.1	期初债务余额				
2.1.2	当期债务金额				
2.1.3	当期应计利息				
2.1.4	期末债务余额				
2.2	其他融资费用				
2.3	小计（2.1＋2.2）				
3	合计（1.3＋2.3）				
3.1	建设期利息合计（1.1＋2.1）				
3.2	其他融资费用合计（1.2＋2.2）				

6.3 流动资金估算

6.3.1 流动资金的概念

流动资金是指项目运营期内长期占用并周转使用的营运资金，不包括运营中临时性需要的资金。流动资产的构成要素一般包括存货、库存现金、应收账款和预付账款。流动负债的构成要素一般只考虑应付账款和预收账款。流动资金等于流动资产与流动负债的差额。

投产第一年所需的流动资金应在项目投产前安排。为了简化计算，项目评价中流动资产可从投产第一年开始安排。

6.3.2 流动资金估算的基础

流动资金估算的基础主要是营业收入和经营成本。因此，应在营业收入和经营成本估算之后进行流动资金估算。

6.3.3 流动资金的估算方法

流动资金估算方法包括扩大指标估算法和分项详细估算法，应依据行业或前期研究的不同阶段分别选用。

1. 扩大指标估算法

扩大指标估算法是参照同类企业流动资金占营业收入的比例（营业收入资金率）或流动资金占经营成本的比例（经营成本资金率）或单位产量占用流动资金的数额来估算流动资金。在项目建议书阶段一般可采用扩大指标估算法，某些行业在可行性研究阶段也可采用此方法。

（1）销售收入资金率法的计算公式：

$$流动资金需要量 = 年营业收入额 \times 营业收入资金率 \tag{6.39}$$

一般加工工业项目多采用该法进行流动资金估算。

（2）总成本（或经营成本）资金率法的计算公式：

$$流动资金需要量 = 项目年总成本（或经营成本） \times 总成本（或经营成本）资金率 \tag{6.40}$$

一般采掘项目多采用该法进行流动资金估算。

（3）固定资产价值资金率法的计算公式：

$$流动资金需要量 = 固定资产价值 \times 固定资产价值资金率 \tag{6.41}$$

某些特定的项目（如火力发电厂、港口项目等）可采用该法进行流动资金估算。

（4）单位产量资金率法的计算公式：

$$流动资金需要量 = 达产期年产量 \times 单位产量资金率 \tag{6.42}$$

某些特定的项目（如煤矿项目）可采用该法进行流动资金估算。

2. 分项详细估算法

分项详细估算法是利用流动资产与流动负债估算项目占用的流动资金。一般先对流动资产和流动负债主要构成要素进行分项估算，进而估算流动资金。一般项目的流动资金宜采用分项详细估算法。

分项详细估算法是对流动资产和流动负债主要构成要素即存货、现金、应收账款、预付账款以及应付账款和预收账款等几项内容分期进行估算，计算公式如下：

$$流动资金 = 流动资产 - 流动负债 \quad (6.43)$$
$$流动资产 = 应收账款 + 预付账款 + 存货 + 现金 \quad (6.44)$$
$$流动负债 = 应付账款 + 预收账款 \quad (6.45)$$
$$流动资金本年增加额 = 本年流动资金 - 上年流动资金 \quad (6.46)$$

分项详细估算法具体步骤如下：

（1）确定各项流动资产和流动负债最低周转天数。

分项详细估算法流动资金估算的准确度取决于各项流动资产和流动负债最低周转天数取值的合理性。最低周转天数的确定应根据项目的实际情况，并考虑一定的保险系数。也可参照同类企业的平均周转天数并结合项目特点确定；或按部门（行业）规定执行。

（2）确定年周转次数计算。

年周转次数的计算公式为

$$年周转次数 = 360 天/最低周转天数 \quad (6.47)$$

（3）流动资产估算（存货、应收账款、现金、预付账款）。

流动资产是指可以在1年或者超过1年的一个营业周期内变现或耗用的资产，主要包括货币资金、短期投资、应收及预付款项、存货、待摊费用等。为简化计算，项目评价中一般仅考虑现金、应收账款和存货三项，发生预付账款的某些项目，还包括预付账款。

① 存货估算。

存货是指企业在日常生产经营过程中持有以备出售，或者仍然处在生产过程，或者在生产或提供劳务过程中将消耗的材料或物料等，包括各类材料、商品、在产品、半成品、产成品等。为简化计算，项目评价中仅考虑外购原材料、外购燃料、在产品和产成品。

$$存货 = 外购原材料 + 外购燃料 + 其他材料 + 在产品 + 产成品 \quad (6.48)$$
$$外购原材料 = 年外购原材料费用/外购原材料年周转次数 \quad (6.49)$$
$$外购燃料 = 年外购燃料费用/外购燃料年周转次数 \quad (6.50)$$

其他材料是指在修理费中核算的备品备件等修理材料，其他材料费用数额不大的项目，也可以不予计算。

$$其他材料 = 年外购其他材料费用/外购其他材料年周转次数 \quad (6.51)$$
$$在产品 = (年修理费 + 年其他制造费用)/在产品年周转次数 \quad (6.52)$$
$$在产品 = (年经营成本 - 年其他营业费用)/产成品年周转次数 \quad (6.53)$$
$$经营成本 = 外购原材料费 + 外购燃料及动力费 + 工资或薪酬 + 修理费 +$$

其他费用 (6.54)

② 应收账款。

应收账款是指企业对外销售商品、提供劳务尚未收回的资金，计算公式为

$$应收账款 = 年经营成本/应收账款周转次数 \quad (6.55)$$

③ 现金。

项目评价中的现金指货币资金，即为维持日常生产运营所必须预留的货币资金，包括库存现金和银行存款。

$$现金 = (年工资或薪酬 + 年其他费用)/现金年周转次数 \quad (6.56)$$

$$其他费用 = 制造费用 + 管理费用 + 营业费用 - (以上三费用中所含的\\工资或薪酬、折旧费、摊销费、修理费) \quad (6.57)$$

或

$$其他费用 = 其他制造费用 + 其他管理费用 + 其他营业费用 +\\技术转让费 + 研究与开发费 + 土地使用税 \quad (6.58)$$

④ 预付账款。

$$预付账款 = \frac{预付的外购原材料、燃料或服务年费用}{预付账款年周转次数} \quad (6.59)$$

（4）流动负债的估算（应付账款、预收账款）。

流动负债是指将在 1 年（含 1 年）或者超过 1 年的一个营业周期内偿还的债务，包括短期借款、应付账款、预收账款、应付工资、应付福利费、应交税金、应付股利、预提费用等。

为简化计算，项目评价中仅考虑应付账款，某些发生预收账款的项目，还包括预收账款。

① 应付账款。

$$应付账款 = \frac{年外购原材料、燃料、动力和其他材料费用}{应付账款年周转次数} \quad (6.60)$$

② 预收账款。

$$预收账款 = 预收的营业收入年金额/预收账款年周转次数 \quad (6.61)$$

流动资金估算表如表 6.5 所示。

表 6.5　流动资金估算表　　　　　　　　　　　　　万元

序号	项目	最低周转天数	周转次数	计算期			
				1	2	3	…
1	流动资产						
1.1	应收账款						
1.2	存货						
1.2.1	原材料						

续表 6.5　　　　　　　　　　　　　　　　　　　　　　　　　　　　　　　　万元

序号	项目	最低周转天数	周转次数	计算期			
				1	2	3	…
1.2.2	×××						
1.2.3	燃料						
1.2.4	在产品						
1.2.5	产成品						
1.3	现金						
1.4	预付账款						
2	流动负债						
2.1	应付账款						
2.2	预收账款						
3	流动资金（1－2）						
4	流动资金当期增加额						
项目建设投资合计＝1＋2＋3							

注：① 表中科目可视行业变动。
② 如发生外币流动资金，应另行估算后说明，其数额应包括在本表数额内。
③ 不发生预付账款和预收账款的项目可不列此两项。

3. 流动资金估算应注意的问题

（1）当投入物和产出物使用不含增值税的价格时，应注意将销项税额和进项税额分别包含在相应的收入成本支出中。

（2）在实际工作中，项目投产初期所需流动资金应在项目投产前筹措。运营期各年的流动资金数额应以各年的经营成本为基础，不能简单地按 100% 运营负荷下的流动资金乘以投产期运营负荷估算。

6.4　项目总投资与分年投资计划

6.4.1　项目总投资估算表的编制

按投资估算和估算上述各项投资并进行汇总，编制项目总投资估算表，如表 6.6 所示。

表 6.6　项目总投资估算表

序号	费用名称	投资额	估算说明
合计	其中：外汇		
1	建设投资		

续表 6.6

序号	费用名称	投资额	估算说明
1.1	建设投资静态部分		
1.1.1	建筑工程费		
1.1.2	设备及工器具购置费		
1.1.3	安装工程费		
1.1.4	工程建设其他费用		
1.1.5	基本预备费		
1.2	建设投资动态部分		
1.2.1	涨价准备费		
2	建设期利息		
3	流动资金		
	项目总投资 = 1 + 2 + 3		

6.4.2 项目分年投资计划表的编制

估算出建设项目投资、建设期利息和流动资金后，根据项目计划进度的安排，编制分年投资计划表。

注意：

（1）分年建设投资，可以作为安排融资计划，估算建设期利息的基础。

（2）分年投资计划表是编制项目资金筹措计划表的基础。

分年投资计划表如表 6.7 所示。

表 6.7 分年投资计划表

序号	项目	人民币			外币		
		第1年	第2年	…	第1年	第2年	…
1	建设投资						
2	建设期利息						
3	流动资金						
4	项目投入总资金 = 1 + 2 + 3						

本章小结

建设项目投资估算是项目建议书和可行性研究阶段的重要内容，估算的数据是项目进行财务评价的基础。在实际学习中，应能运用固定资产和流动资产估算的各种方法对不同建设项目决策和评估阶段的资金进行估算，为后续内容的学习奠定坚实的基础。

课后习题

一、单项选择题

1. 以拟建项目的主体工程费为基础，以其他工程费与主体工程费的比例系数估算项目静态投资的方法叫（　　）。
   A. 系数估算法　　B. 比例估算法　　C. 指标估算法　　D. 扩大指标估算法

2. 下列流动资产分析详细估算的计算式中，正确的是（　　）。
   A. 应收账款＝年营业收入/应收账款周转次数
   B. 产成品＝（年经营成本－年其他营业费用）/产成品周转次数
   C. 预收账款＝年经营成本/预收账款周转次数
   D. 预付账款＝存货/预付账款周转次数

3. 企业为生产产品和提供劳务支出的各项间接费用属于（　　）。
   A. 管理费用　　B. 营业费用　　C. 制造费用　　D. 财务费用

4. 某国产非标准设备原价采用成本计算估算法计算，已知材料费17万元，加工费2万元，辅助材料费1万元，外购配套件费5万元，专用工具费率2%，废品损失费率5%，包装费0.1万元，利润率10%，则该设备原价中应计利润为（　　）万元。
   A. 2.15　　B. 2.152　　C. 2.685　　D. 2.688

5. 某进口设备离岸价为255万元，国际运费为25万元，海上保险费率为0.2%，关税税率为20%，则该设备的关税完税价格为（　　）万元。
   A. 280.56　　B. 281.12　　C. 336.67　　D. 337.35

二、多项选择题

1. 估算建设投资后需编制建设投资估算表，为后期的融资决策提供依据。按形成资产法分类，建设投资可分为（　　）。
   A. 工程费用　　B. 工程建设其他费用　　C. 固定资产费用　　D. 无形资产费用
   E. 预备费

2. 下列财务项目中，能作为建设投资借款还本付息资金来源的有（　　）。
   A. 固定资产折旧　　B. 净利润　　C. 摊销费　　D. 补贴收入
   E. 减免的营业税金

3. 某建设项目的进口设备采用装运港船上交货价，则买方的责任有（　　）。
   A. 负责租船并将设备装上船只　　B. 支付运费、保险费
   C. 承担设备装船后的一切风险　　D. 办理在目的港的收货手续
   E. 办理出口手续

【案例1】 某建设项目的工程费用由以下内容构成：
（1）主要生产项目1 500万元，辅助生产项目300万元，公用工程150万元。
（2）项目建设前期年限为1年，项目建设期第1年完成投资40%，第2年完成投资60%。工程建设其他费为250万元，基本预备费费率为10%，年均投资价格上涨6%。
（3）项目建设期2年，运营期8年。建设期贷款1 200万元，贷款年利率为6%，在建设期第1年投入40%，第2年投入60%。

问题：
（1）列式计算项目的基本预备费和涨价预备费。
（2）列式计算项目的建设期贷款利息。（计算结果保留两位小数）

第7章 建设项目财务效益评估

本章要点

项目的财务评价(评估)作为项目经济评价中重要的组成部分,在项目决策分析与评价工作中占有非常重要的地位。对一般项目来说,尤其是对那些由市场调控的竞争性项目,财务评价是必不可少的评价内容和工作程序,其结论是项目投资决策的直接依据。对项目进行财务评价主要是评价其在财务上的盈利性和偿债能力,考察项目的财务状况。

7.1 项目的财务评价概述

7.1.1 财务评价的含义及作用

1. 财务评价的含义

财务评价是根据国家现行的财税、金融、外汇制度和价格体系,分析计算项目直接发生的财务效益和费用,编制财务报表,考察项目的盈利能力、清偿能力、抗风险能力及外汇效果等财务状况,据以判断项目财务上是否可行的一种经济评价方法。

2. 财务评价的作用

财务评价无论对项目投资主体,还是对为项目建设和生产经营提供资金的其他机构或个人,均具有十分重要的作用,主要表现在以下几方面:
(1)考察项目的财务盈利能力。
(2)用于制订适宜的资金规划。
(3)为协调企业利益和国家利益提供依据。
(4)为中外合资项目提供双方合作的基础。

7.1.2 建设项目财务评价的原则

(1)坚持效益与费用计算口径一致的原则。
(2)坚持动态分析为主、静态分析为辅的原则。
(3)坚持采用预测价格的原则。
(4)坚持定量分析为主、定性分析为辅的原则。

7.1.3 财务评价的内容与步骤

财务评价是在确定建设方案、投资估算和融资方案的基础上进行的财务可行性研究。财务评价的主要内容与步骤如下：

（1）选取财务评价基础数据与参数。

（2）计算销售（营业）收入、估算成本费用。

（3）编制财务评价报表，包括财务现金流量表、损益和利润分配表、资金来源与运用表、借款偿还计划表等。

（4）计算财务评价指标，进行盈利能力分析和偿债能力分析。

（5）进行不确定性分析，包括敏感性分析和盈亏平衡分析。

（6）编写财务评价报告。

7.2 建设项目财务评价基础数据的测算

7.2.1 资本性投入基础数据的测算

1. 总成本费用及其构成

（1）生产成本的构成。

① 直接材料；

② 直接工资；

③ 其他直接支出；

④ 制造费用。

（2）期间费用的构成。

① 销售费用；

② 管理费用；

③ 财务费用。

2. 总成本费用的估算方法

（1）要素成本估算法（表7.1）。

表7.1 总成本费用估算表　　　　　　　　　　　　　　　　　万元

序号	项目＼年份	投产期		达到设计能力生产期				合计
		3	4	5	6	…	n	
1	外购原材料							
2	外购燃料动力							
3	工资及福利费							
4	折旧费							
5	修理费							
6	维简费							
7	摊销费							

续表 7.1

序号	年份项目	投产期		达到设计能力生产期				合计
		3	4	5	6	…	n	
8	利息支出							
9	其他费用							
10	总成本费用（1+2+…+9）							
10.1	变动成本（1+2）							
10.2	固定成本（10−10.1）							
10.3	经营成本（10−4−6−7−8）							

$$总成本费用 = 生产成本 + 期间费用$$
$$= 生产成本 + 销售费用 + 管理费用 + 财务费用$$
$$= 外购原材料 + 外购燃料动力 + 工资及福利费 + 折旧费 +$$
$$修理费 + 维简费 + 摊销费 + 利息支出 + 其他费用 \quad (7.1)$$

式中，其他费用是指在制造费用、营业费用、管理费用和财务费用中扣除工资及福利费、折旧费、修理费、摊销费、维简费、利息支出后的费用。

① 外购原材料的估算方法。外购原材料（包括其他材料）可按下式估算：

$$外购原材料 = \Sigma（某种原材料的单价 \times 该原材料单耗定额 \times$$
$$相关产品的年产量） \quad (7.2)$$

② 外购燃料及动力的估算。可以按照外购原材料的测算方法，按外购油、煤、电给予分别测算。

③ 工资及福利费的估算。

Ⅰ. 工资的估算。

i. 按人均年工资额和全厂职工人员数计算的年工资总额。其计算公式如下：

$$年工资成本 = 年人均工资额 \times 全厂职工定员数 \quad (7.3)$$

ii. 按照不同的工资级别对职工进行划分，分别估算同一级别职工的工资，然后再加以汇总。

Ⅱ. 福利费的估算。一般按照职工工资总额的一定比例提取。计算公式如下：

$$职工福利费 = 工资总额 \times 14\% \quad (7.4)$$

④ 折旧费的估算。

固定资产折旧从固定资产投入使用月份的次月起，按月计提。停止使用的固定资产，从停用月份的次月起，停止计提折旧。

根据国家有关规定，计提折旧的固定资产范围是：企业的房屋、建筑物；在用的机器设备、仪器仪表、运输车辆、工具器具；季节性停用和在修理停用的设备；以经营租赁方式租出的固定资产；以融资租赁方式租入的固定资产。

Ⅰ．平均年限法（直线法）。其计算公式如下：

$$年折旧额 = \frac{固定资产原值 \times (1 - 预计净残值率)}{折旧年限} \qquad (7.5)$$

Ⅱ．工作量法。对于下列专用设备可采用工作量法计提折旧。

ⅰ．交通运输企业和其他企业专用车队的客货运汽车，按照行使里程计算折旧费。其计算公式如下：

$$单位里程折旧额 = \frac{原值 \times (1 - 预计净残值率)}{总行驶里程}$$
$$年折旧额 = 单位里程折旧额 \times 年行驶里程 \qquad (7.6)$$

ⅱ．大型专用设备，可根据工作小时计算折旧费。其计算公式如下：

$$每工作小时折旧额 = \frac{原值 \times (1 - 预计净残值率)}{总工作小时} \qquad (7.7)$$
$$年折旧额 = 每工作小时折旧额 \times 年工作小时 \qquad (7.8)$$

Ⅲ．加速折旧法。

ⅰ．双倍余额递减法。其计算公式如下：

$$年折旧率 = \frac{2}{折旧年限} \qquad (7.9)$$
$$年折旧额 = 年初固定资产账面净值 \times 年折旧率 \qquad (7.10)$$

实行双倍余额递减法的固定资产，应当在其固定资产折旧年限前2年内，将固定资产净值扣除预计净残值后的净额平均摊销。

【例7.1】 某设备原值8 000元，使用期限为4年，4年末残值为100元。试用双倍余额递减法计算折旧。

【解】 第1年的折旧费 $= \frac{2}{4} \times (8\,000 - 0) = 4\,000$（元）

第2年的折旧费 $= \frac{2}{4} \times (8\,000 - 4\,000) = 2\,000$（元）

第3年的折旧费 $= (8\,000 - 6\,000 - 100) \div 2 = 950$（元）

第4年的折旧费 $= (8\,000 - 6\,000 - 100) \div 2 = 950$（元）

ⅱ．年数总和法。其计算公式如下：

$$年折旧率 = \frac{2 \times (折旧年限 - 已使用年数)}{折旧年限 \times (折旧年限 + 1)} \times 100\% \qquad (7.11)$$
$$年折旧额 = (固定资产原值 - 预计净残值) \times 年折旧率$$

【例7.2】 某设备原值8 000元，使用期限为4年，4年末残值为100元。试用年数总和法计算折旧。

【解】 第1年的折旧费 $= (8\,000 - 100) \times \frac{2 \times 4}{4 \times 5} \times 100\% = 3\,160$（元）

第 2 年的折旧费 = $(8\,000-100)\times\dfrac{2\times 3}{4\times 5}\times 100\%$ = 2 730（元）

第 3 年的折旧费 = $(8\,000-100)\times\dfrac{2\times 2}{4\times 5}\times 100\%$ = 1 580（元）

第 4 年的折旧费 = $(8\,000-100)\times\dfrac{2\times 1}{4\times 5}\times 100\%$ = 790（元）

固定资产折旧费估算见表 7.2。

表 7.2　固定资产折旧费估算表　　　　　　　　　　　　万元

序号	项目＼年份	折旧年限	投产期		达到设计能力生产期			
			3	4	5	6	…	n
1	固定资产合计							
1.1	原值							
1.2	折旧费							
1.3	净值							

（5）修理费的估算。

（6）维简费的估算。

（7）摊销费的估算（表 7.3）。采用直线法计算。

表 7.3　无形资产摊销估算表　　　　　　　　　　　　万元

序号	项目＼年份	摊销年限	投产期		达到设计能力生产期			
			3	4	5	6	…	n
1	无形资产合计							
1.1	摊销							
1.2	净值							

（8）利息支出的估算。

（9）其他费用的估算。

（10）总成本费用估算额的汇总。

3．固定成本与变动成本的估算

（1）固定成本与变动成本的概念。

（2）固定成本与变动成本的估算方法。

$$\text{变动成本} = \text{外购原材料} + \text{外购燃料及动力} \tag{7.12}$$

$$\text{固定成本} = \text{总成本费用} - \text{变动成本} \tag{7.13}$$

7.2.2　经营性投入基础数据的测算

1．经营成本的含义

在项目评估中，经营成本是指项目总成本费用扣除折旧费、维简费、摊销费和利息支出以后的成本费用,它是生产经营期最主要的现金流出项目之一。

2. 经营成本的估算公式

$$某年经营成本 = 总成本费用 - 折旧费 - 维简费 - 摊销费 - 利息支出 \tag{7.14}$$

7.2.3 项目产出效果基础数据的测算

1. 销售收入的估算

(1)销售收入估算应考虑的因素。

① 产品的销售价格;

② 产品年销售量。

(2)销售收入的估算方法。

① 单一:

$$销售收入 = 产品销售单价 \times 产品年销售量 \tag{7.15}$$

② 多种。

2. 各项税金及附加的估算

(1)税金及附加的含义。

主要指项目投产后依法交纳给国家和地方的主营业务(销售)税金及附加、增值税和所得税等税费。

(2)主营业务(销售)税金及附加估算方法。

① 营业税的估算。

Ⅰ.纳税人。

Ⅱ.税目、税率。

Ⅲ.计税的方法。

$$应纳税额 = 营业额 \times 适应税率 \tag{7.16}$$

Ⅳ.免税、减税的规定。

② 消费税的估算。

Ⅰ.纳税人。

Ⅱ.税目、税率。

Ⅲ.计税的方法。

$$实行从价定率办法计算的应纳税额 = 应税消费品销售额 \times 适应税率 \tag{7.17}$$
$$实行从量定额办法计算的应纳税额 = 应税消费品销售数量 \times 单位税额 \tag{7.18}$$

Ⅳ.免税、减税的规定。

③ 资源税的估算。

Ⅰ.纳税人。

Ⅱ.税目、税率。

Ⅲ．计税的方法。

$$应纳税额 = 应税产品科税数量 \times 单位税额 \quad (7.19)$$

Ⅳ．免税、减税的规定。
④ 城市维护建设税的估算
Ⅰ．纳税人。
Ⅱ．税率。
Ⅲ．计税的方法。

$$应纳税额 = (营业税 + 消费税 + 增值税)的应纳税额 \times 适应税率 \quad (7.20)$$

⑤ 教育费附加的估算。

$$应纳教育费附加额 = 实际缴纳税(营业税 + 消费税 + 增值税)税额 \times 3\% \quad (7.21)$$

（3）增值税估算的方法。
① 增值税的含义：是对在我国境内销售货物、进口货物以及提供加工、修理修配劳务的单位和个人，就其取得货物的销售额、进口货物金额、应税劳务销售额计算税款，并实行税款抵扣制的一种流转税。
② 增值税的特点。
③ 税率。
④ 计税方法。

$$\begin{aligned}应纳税额 &= 当期销项税额 - 当期进项税额 \\ 销项税额 &= 销售额 \times 税率\end{aligned} \quad (7.22)$$

⑤ 出口退税。
⑥ 增值税在项目评估中的处理方式。

3．利润总额及其分配的估算

（1）利润总额的估算。

$$利润总额 = 主营业务（销售）收入 - 主营业务（销售）税金及附加 - 总成本费用 \quad (7.23)$$

（2）所得税的估算。
① 纳税人。
② 计税依据。
③ 扣除项目。
④ 不能扣除的项目。
⑤ 应纳所得税额的计算方法。

$$应纳所得税额 = 应纳税所得额 \times 33\% \quad (7.24)$$

⑥ 减税、免税的规定。
（3）净利润的分配估算。
① 净利润的含义。

净利润＝利润总额－所得税 (7.25)

② 净利润的分配程序。
  Ⅰ．提取法定盈余公积金；
  Ⅱ．提取法定公益金；
  Ⅲ．提取任意盈余公积；
  Ⅳ．向投资者分配利润；
  Ⅴ．未分配利润。
③ 项目评估中的净利润分配方法。

7.3 建设项目财务评价报表体系及评价指标

7.3.1 项目财务评价报表体系

1. 利润与利润分配表

（1）利润与利润分配表（表7.4）：反映项目计算期内各年营业收入、总成本费用、利润总额等情况，以及所得税后利润的分配，用于计算总投资收益率、项目资本金净利润率等指标。

（2）利润与利润分配表的编制。

表7.4 利润与利润分配表　　　　　　　　　　　　　万元

序号	项目	合计	计算期					
			1	2	3	4	…	n
1	营业收入							
2	营业税金及附加							
3	总成本费用							
4	补贴收入							
5	利润总额（1－2－3＋4）							
6	弥补以前年度亏损							
7	应纳税所得额（5－6）							
8	所得税							
9	净利润（5－8）							
10	期初未分配利润							
11	可供分配的利润（9＋10）							
12	提取法定盈余公积金							
13	可供投资者分配的利润（11－12）							

续表 7.4

序号	项目	合计	计算期					
			1	2	3	4	…	n
14	应付优先股股利							
15	提取任意盈余公积金							
16	应付普通股股利（13－14－15）							
17	各投资方利润分配：							
	其中：××方							
	××方							
18	未分配利润（13－14－15－17）							
19	息税前利润（利润总额＋利息支出）							
20	息税折旧摊销前利润（息税前利润＋折旧＋摊销）							

注：① 对于外商出资项目由第 11 项减去储备基金、职工奖励与福利基金和企业发展基金后，得出可供投资者分配的利润。
② 法定盈余公积金按净利润计提。

2．各类现金流量表

应正确反映计算期内的现金流入和流出，具体可分为下列三种类型：

（1）项目投资现金流量表（表 7.5），用以计算项目投资内部收益率及净现值等财务分析指标。

（2）项目资本金现金流量表（表 7.6），用以计算项目资本金财务内部收益率。

（3）投资各方现金流量表（表 7.7），用于计算投资各方内部收益率。

表 7.5 项目投资现金流量表　　　　万元

序号	项目	合计	计算期					
			1	2	3	4	…	n
1	现金流入							
1.1	营业收入							
1.2	补贴收入							
1.3	回收固定资产余值							
1.4	回收流动资金							
2	现金流出							
2.1	建设投资							
2.2	流动资金							
2.3	经营成本							
2.4	营业税金及附加							

续表 7.5

序号	项目	合计	计算期					
			1	2	3	4	…	n
2.5	维持运营投资							
3	所得税前净现金流量（1-2）							
4	累计所得税前净现金流量							
5	调整所得税							
6	所得税后净现金流量（3-5）							
7	累计所得税后净现金流量							

计算指标：
项目投资财务内部收益率（%）（所得税前）
项目投资财务内部收益率（%）（所得税后）
项目投资财务净现值（所得税前）（i_c = %）
项目投资财务净现值（所得税后）（i_c = %）
项目投资回收期（年）（所得税前）
项目投资回收期（年）（所得税后）

注：① 本表适用于新设法人项目与既有法人项目的增量和"有项目"的现金流量分析。
② 调整所得税为以息税前利润为基数计算的所得税，区别于"利润与利润分配表"、"项目资本金现金流量表"和"财务计划现金流量表"中的所得税。

表 7.6 项目资本金现金流量表　　　　　　　　　　　　　万元

序号	项目	合计	计算期					
			1	2	3	4	…	n
1	现金流入							
1.1	营业收入							
1.2	补贴收入							
1.3	回收固定资产余值							
1.4	回收流动资金							
2	现金流出							
2.1	项目资本金							
2.2	借款本金偿还							
2.3	借款利息支付							
2.4	经营成本							
2.5	营业税金及附加							
2.6	所得税							
2.7	维持运营投资							
3	净现金流量（1-2）							

计算指标：
资本金财务内部收益率（%）

注：① 项目资本金包括用于建设投资、建设期利息和流动资金的资金。
② 对外商投资项目，现金流出中应增加职工奖励及福利基金科目。
③ 本表适用新设法人项目与既有法人项目"有项目"的现金流量分析。

表 7.7　投资各方现金流量表　　　　　　　　　　　　万元

序号	项目	合计	计算期					
			1	2	3	4	…	n
1	现金流入							
1.1	实分利润							
1.2	资产处置收益分配							
1.3	租赁费收入							
1.4	技术转让或使用收入							
1.5	其他现金流入							
2	现金流出							
2.1	实缴资本							
2.2	租赁资产支出							
2.3	其他现金流出							
3	净现金流量（1－2）							
计算指标： 投资各方财务内部收益率（％）								

注：本表可按不同投资方分别编制。
  ① 投资各方现金流量表既适用于内资企业也适用于外商投资企业；既适用于合资企业也适用于合作企业。
  ② 投资各方现金流量表中现金流入是指出资方因该项目的实施将实际获得的各种收入；现金流出是指出资方因该项目的实施将实际投入的各种支出。表中科目应根据项目具体情况调整。

实分利润是指投资者由项目获得的利润；

资产处置收益分配是指对有明确的合营期限或合资期限的项目，在期满时对资产余值按股比或约定比例的分配；

租赁费收入是指出资方将自己的资产租赁给项目使用所获得的收入，此时应将资产价值作为现金流出，列为租赁资产支出科目；

技术转让或使用收入是指出资方将专利或专有技术转让或允许该项目使用所获得的收入。

3. 财务计划现金流量表

（1）反映项目计算期各年的投资、融资及经营活动的现金流入和流出，用于计算累计盈余资金，分析项目的财务生存能力。

（2）财务计划现金流量表的编制（表7.8）。

表 7.8　财务计划现金流量表　　　　　　　　　　　　万元

序号	项目	合计	计算期					
			1	2	3	4	…	n
1	经营活动净现金流量（1.1－1.2）							
1.1	现金流入							
1.1.1	营业收入							
1.1.2	增值税销项税额							

续表 7.8

序号	项目	合计	计算期					
			1	2	3	4	…	n
1.1.3	补贴收入							
1.1.4	其他流入							
1.2	现金流出							
1.2.1	经营成本							
1.2.2	增值税进项税额							
1.2.3	营业税金及附加							
1.2.4	增值税							
1.2.5	所得税							
1.2.6	其他流出							
2	投资活动净现金流量（2.1－2.2）							
2.1	现金流入							
2.2	现金流出							
2.2.1	建设投资							
2.2.2	维持运营投资							
2.2.3	流动资金							
2.2.4	其他流出							
3	筹资活动净现金流量（3.1－3.2）							
3.1	现金流入							
3.1.1	项目资本金投入							
3.1.2	建设投资借款							
3.1.3	流动资金借款							
3.1.4	债券							
3.1.5	短期借款							
3.1.6	其他流入							
3.2	现金流出							
3.2.1	各种利息支出							
3.2.2	偿还债务本金							
3.2.3	应付利润（股利分配）							
3.2.4	其他流出							
4	净现金流量（1＋2＋3）							
5	累计盈余资金							

注：① 对于新设法人项目，本表投资活动的现金流入为零。
② 对于既有法人项目，可适当增加科目。
③ 必要时，现金流出中可增加应付优先股股利科目。
④ 对外商投资项目应将职工奖励与福利基金作为经营活动现金流出。

4. 资产负债表

（1）资产负债表是用于综合反映项目计算期内各年末资产、负债和所有者权益增减变化及对应关系的一种报表，计算资产负债率。

（2）资产负债表的编制（表 7.9）。资产、负债和所有者权益之间的关系为：

$$资产 = 负债 + 所有者权益 \tag{7.26}$$

表 7.9　资产负债表　　　　　　　　　　　　　　　　　　万元

序号	项目	计算期					
		1	2	3	4	…	n
1	资产						
1.1	流动资产总额						
1.1.1	货币资金						
1.1.2	应收账款						
1.1.3	预付账款						
1.1.4	存货						
1.1.5	其他						
1.2	在建工程						
1.3	固定资产净值						
1.4	无形及其他资产净值						
2	负债及所有者权益（2.4＋2.5）						
2.1	流动负债总额						
2.1.1	短期借款						
2.1.2	应付账款						
2.1.3	预收账款						
2.1.4	其他						
2.2	建设投资借款						
2.3	流动资金借款						
2.4	负债小计（2.1＋2.2＋2.3）						
2.5	所有者权益						
2.5.1	资本金						
2.5.2	资本公积						
2.5.3	累计盈余公积金						
2.5.4	累计未分配利润						
计算指标：资产负债率（%）							

注：① 对外商投资项目，第 2.5.3 项改为累计储备基金和企业发展基金。
② 对于既有法人项目，一般只针对法人编制，可按需要增加科目，此时表中资本金是指企业全部实收资本，包括原有和新增的实收资本。必要时，也可针对"有项目"范围编制，此时表中资本金仅指"有项目"范围的对应数值。
③ 货币资金包括现金和累计盈余资金。

5. 借款还本付息计划表

（1）借款还本付息计划表（表 7.10）：反映项目计算期内各年借款本金偿还和利息支付情况，用于计算偿债备付率和利息备付率指标。

（2）借款还本付息计划表的编制。

表 7.10　借款还本付息计划表　　　　　　　　　　　万元

序号	项目	合计	计算期					
			1	2	3	4	…	n
1	借款 1							
1.1	期初借款余额							
1.2	当期还本付息							
	其中：还本							
	付息							
1.3	期末借款余额							
2	借款 2							
2.1	期初借款余额							
2.2	当期还本付息							
	其中：还本							
	付息							
2.3	期末借款余额							
3	债券							
3.1	期初债券余额							
3.2	当期还本付息							
	其中：还本							
	付息							
3.3	期末债券余额							
4	借款和债券合计							
4.1	期初余额							
4.2	当期还本付息							
	其中：还本							
	付息							
4.3	期末余额							
计算指标	利息备付率							
	偿债备付率							

注：① 本表与财务分析辅助表"建设期利息估算表"可合二为一。
　　② 本表直接适用于新设法人项目，如有多种借款或债券，必要时应分别列出。
　　③ 对于既有法人项目，在按有项目范围进行计算时，可根据需要增加项目范围内原有借款的还本付息计算；在计算企业层次的还本付息时，可根据需要增加项目范围外借款的还本付息计算；当简化直接进行项目层次新增借款还本付息计算时，可直接按新增数据进行计算。
　　④ 本表可另加流动资金借款的还本付息计算。

7.3.2 项目财务评价指标体系

1. 财务效益分析指标体系（表 7.11）

表 7.11 财务评价指标体系

评价内容		基本报表	财务评价指标	
			静态指标	动态指标
融资前分析		项目投资现金流量表	项目静态投资回收期	项目投资财务内部收益率 项目投资财务净现值 项目动态投资回收期
融资后分析	盈利能力分析	资本金现金流量表	—	资本金财务内部收益率
		投资各方现金流量表	—	投资各方财务内部收益率
		利润与利润分配表	总投资收益率（ROI） 资本金净利润率（ROE）	—
	清偿能力分析	借款还本付息计划表	偿债备付率 利息备付率	—
		资产负债表	资产负债率 流动比率 速动比率	
	财务生存能力分析	财务计划现金流量表	净现金流量 累计盈余资金	
不确定性分析		盈亏平衡分析	平衡点生产能力利用率、 平衡点产量、单价、 固定成本、可变成本	—
		敏感性分析	—	财务内部收益率 财务净现值

2. 盈利能力分析的主要指标

盈利能力分析的主要指标包括项目投资财务内部收益率和财务净现值、项目资本金财务内部收益率、投资回收期、总投资收益率、项目资本金净利润率等，可根据项目的特点及财务分析的目的、要求等选用。

（1）财务内部收益率（FIRR）系指能使项目计算期内净现金流量现值累计等于零的折现率，即 FIRR 作为折现率使下式成立：

$$\sum_{t=1}^{n}(CI-CO)_t(1+FIRR)^{-t}=0 \qquad (7.27)$$

式中 CI——现金流入量；
CO——现金流出量；
$(CI-CO)_t$——第 t 期的净现金流量；
n——项目计算期。

其计算方法为内插值试算法：

$$FIRR = i_1 + \frac{NPV1}{NPV1 + |NPV2|}(i_2 - i_1) \qquad (7.28)$$

项目投资财务内部收益率、项目资本金财务内部收益率和投资各方财务内部收益率都依据上式计算，但所用的现金流入和现金流出不同。

当财务内部收益率大于或等于所设定的判别基准 i_c（通常称为基准收益率）时，项目方案在财务上可考虑接受。项目投资财务内部收益率、项目资本金财务内部收益率和投资各方财务内部收益率可有不同的判别基准。

（2）财务净现值（$FNPV$）系指按设定的折现率（一般采用基准收益率 i_c）计算的项目计算期内净现金流量的现值之和，可按下式计算：

$$FNPV = \sum_{t=1}^{n}(CI - CO)_t(1 + i_c)^{-t} \qquad (7.29)$$

式中 i_c——设定的折现率（同基准收益率）。

一般情况下，财务盈利能力分析只计算项目投资财务净现值，可根据需要选择计算所得税前净现值或所得税后净现值。

按照设定的折现率计算的财务净现值大于或等于零时，项目方案在财务上可考虑接受。

（3）项目投资回收期（P_t）系指以项目的净收益回收项目投资所需要的时间，一般以年为单位。项目投资回收期宜从项目建设开始年算起，若从项目投产年开始计算，应予以特别注明。项目投资回收期可采用下式表达：

① 静态。

$$\sum_{t=0}^{P_t}(CI - CO)_t = 0 \qquad (7.30)$$

判别准则：$P_t \leq P_c$，项目可以考虑接受；$P_t > P_c$，不可行（P_c 为行业的基准投资回收期）。

$$\text{不包括建设期的投资回收期} = \frac{\text{原始总投资}}{M\text{年内每年相等的净现金流量}} \qquad (7.31)$$

P_t =（累计净现金流量出现正值的年份数 - 1）+

$$\frac{\text{上一年累计净现金流量的绝对值}}{\text{出现正值年份的净现金流量}} \qquad (7.32)$$

② 动态。

$$\sum_{t=0}^{P_t'}(CI - CO)_t(1 + i_c)^{-t} = 0 \qquad (7.33)$$

判别准则：$P_t' \leq n$，方案可以考虑接受；$P_t' > n$，方案不可行（n 为项目计算期）。

P_t' = 累计折现净现金流量开始出现正值的年份数 - 1 +

$$\frac{\text{上一年累计折现净现金流量的绝对值}}{\text{当年折现净现金流量}} \qquad (7.34)$$

$i_c = 10\%$

投资回收期短，表明项目投资回收快，抗风险能力强。

（4）总投资收益率（ROI）表示总投资的盈利水平，系指项目达到设计能力后正常年份的年息税前利润或运营期内年平均息税前利润（EBIT）与项目总投资（TI）的比率。总投资收益率应按下式计算：

$$ROI = \frac{EBIT}{TI} \times 100\% \tag{7.35}$$

式中 $EBIT$——项目正常年份的年息税前利润或运营期内年平均息税前利润；

TI——项目总投资。

总投资收益率高于同行业的收益率参考值，表明用总投资收益率表示的盈利能力满足要求。

（5）项目资本金净利润率（ROE）表示项目资本金的盈利水平，系指项目达到设计能力后正常年份的年净利润或运营期内年平均净利润（NP）与项目资本金（EC）的比率。项目资本金净利润率应按下式计算：

$$ROE = \frac{NP}{EC} \times 100\% \tag{7.36}$$

式中 NP——项目正常年份的年净利润或运营期内年平均净利润；

EC——项目资本金。

项目资本金净利润率高于同行业的净利润率参考值，表明用项目资本金净利润率表示的盈利能力满足要求。

3. 偿债能力分析

应通过计算利息备付率（ICR）、偿债备付率（DSCR）和资产负债率（LOAR）等指标，分析判断财务主体的偿债能力。上述指标应按下列公式计算：

（1）利息备付率（ICR）系指在借款偿还期内的息税前利润（EBIT）与应付利息（PI）的比值，它从付息资金来源的充裕性角度反映项目偿付债务利息的保障程度，应按下式计算：

$$ICR = \frac{EBIT}{PI} \tag{7.37}$$

式中 $EBIT$——息税前利润；

PI——计入总成本费用的应付利息。

利息备付率应分年计算。利息备付率高，表明利息偿付的保障程度高。

利息备付率应当大于1，并结合债权人的要求确定。

（2）偿债备付率（DSCR）系指在借款偿还期内，用于计算还本付息的资金（$EBITDA - T_{AX}$）与应还本付息金额（PD）的比值，它表示可用于计算还本付息的资金偿还借款本息的保障程度，应按下式计算：

$$DSCR = \frac{EBITDA - T_{AX}}{PD} \tag{7.38}$$

式中 $EBITDA$ ——息税前利润加折旧和摊销；

T_{AX} ——企业所得税；

PD ——应还本付息金额，包括还本金额和计入总成本费用的全部利息。融资租赁费用可视同借款偿还。运营期内的短期借款本息也应纳入计算。

如果项目在运行期内有维持运营的投资，可用于还本付息的资金应扣除维持运营的投资。偿债备付率应分年计算。偿债备付率高，表明可用于还本付息的资金保障程度高。

偿债备付率应当大于1，并结合债权人的要求确定。

（3）资产负债率（$LOAR$）系指各期末负债总额（TL）同资产总额（TA）的比率，应按下式计算：

$$LOAR = \frac{TL}{TA} \times 100\% \quad (7.39)$$

式中 TL ——期末负债总额；

TA ——期末资产总额。

适度的资产负债率，表明企业经营安全、稳健，具有较强的筹资能力，也表明企业和债权人的风险较小。对该指标的分析，应结合国家宏观经济状况、行业发展趋势、企业所处竞争环境等具体条件判定。项目财务分析中，在长期债务还清后，可不再计算资产负债率。

（4）流动比率是流动资产与流动负债之比，反映法人偿还流动负债的能力，应按下式计算：

$$流动比率 = \frac{流动资产总额}{流动负债总额} \times 100\% \quad (7.40)$$

计算出的流动比率，一般应大于2，即1元的流动负债至少有2元的流动资产作后盾，保证项目按期偿还短期债务，这是提供贷款的机构可以接受的。

（5）速动比率是速动资产（为流动资产与存货之差）与流动负债之比，反映法人在短时间内偿还流动负债的能力，应按下式计算：

$$速动比率 = \frac{速动资产}{流动负债} \times 100\% = \frac{流动资产总额 - 存货}{流动负债总额} \times 100\% \quad (7.41)$$

计算出的速动比率，一般应接近于1，即1元的流动负债有1元的速动资产以资抵偿，这是提供贷款的机构可以接受的。

4. 财务生存能力分析

财务生存能力分析应在财务分析辅助表和利润与利润分配表的基础上编制财务计划现金流量表，通过考察项目计算期内的投资、融资和经营活动所产生的各项现金流入和流出，计算净现金流量和累计盈余资金，分析项目是否有足够的净现金流量维持正常运营，以实现财务可持续性。

财务可持续性应首先体现在有足够大的经营活动净现金流量；其次，各年累计盈余资金不应出现负值。若出现负值，应进行短期借款，同时分析该短期借款的年份长短和数额大小，进一步判断项目的财务生存能力。短期借款应体现在财务计划现金流量表中，其利息应计入财务费用。为维持项目正常运营，还应分析短期借款的可靠性。

5. 财务分析的要求

对于非经营性项目，财务分析可按下列要求进行：

（1）对没有营业收入的项目，不进行盈利能力分析，主要考察项目财务生存能力。此类项目通常需要政府长期补贴才能维持运营，应合理估算项目运营期各年所需的政府补贴数额，并分析政府补贴的可能性与支付能力。对有债务资金的项目，还应结合借款偿还要求进行财务生存能力分析。

（2）对有营业收入的项目，财务分析应根据收入抵补支出的程度，区别对待。收入补偿费用的顺序应为：补偿人工、材料等生产经营耗费、缴纳流转税、偿还借款利息、计提折旧和偿还借款本金。有营业收入的非经营性项目可分为下列两类：

① 营业收入在补偿生产经营耗费、缴纳流转税、偿还借款利息、计提折旧和偿还借款本金后尚有盈余，表明项目在财务上有盈利能力和生存能力，其财务分析方法与一般项目基本相同。

② 对一定时期内收入不足以补偿全部成本费用，但通过在运行期内逐步提高价格（收费）水平，可实现其设定的补偿生产经营耗费、缴纳流转税、偿还借款利息、计提折旧和偿还借款本金的目标，并预期在中、长期产生盈余的项目，可只进行偿债能力分析和财务生存能力分析。由于项目运营前期需要政府在一定时期内给予补贴，以维持运营，因此应估算各年所需的政府补贴数额，并分析政府在一定时期内可能提供财政补贴的能力。

本章小结

建设项目经济评价对于提高建设项目决策的科学化水平，保证项目投资效益，规避项目投资风险，充分发挥投资效益具有重要作用。各行各业的建设项目，如工业、农业、林业、交通运输、教育、卫生、房地产开发等的经济评价对项目实际取得的经济效益进行测算和评估，可以总结经验教训，为今后建设项目科学决策提供参考信息。

课后习题

一、单项选择题

1. 某建设项目投资方案建设期为 2 年，建设期内每年年初投资 400 万元，运营每年年末净收益为 150 万元。若基准收益率为 12%，运营期为 18 年，残值为 0，则该投资方案的净现值和静态投资回收期分别为（　　）。

　　A. 213.80 万元和 7.33 年　　　　B. 213.80 万元和 6.33 年
　　C. 109.77 万元和 7.33 年　　　　D. 109.77 万元和 6.33 年

2. 速动比率是着重反映项目（　　）的指标。

　　A. 盈利能力　　B. 长期偿债能力　　C. 短期偿债能力　　D. 运营能力

3. 某项目生产能力为 3 万件/年，产品售价为 3 000 元/件，总成本费用为 7 800 万元，其中固定成本 3 000 万元，总变动成本与产量成线性关系。盈亏平衡点的生产能力利用率应为（　　）。

　　A. 65.8%　　　　B. 68.1%　　　　C. 71.3%　　　　D. 72.5%

4. 敏感性分析的目的在于寻求敏感因素，可以通过（　　）来确定。

A．平衡点　　　　B．累计概率　　　　C．临界点　　　　D．斜率

二、简答题

1．财务评价的作用有哪些？
2．财务评价指标体系的构成有哪几类？各自的主要指标是什么？
3．投资回收期指标的概念、计算与判别准则是什么？
4．财务净现值指标的概念与判别准则是什么？
5．财务内部收益率指标的概念与判别准则是什么？
6．偿债能力指标的概念、计算与判别准则是什么？

三、计算题

某方案的现金流量如表 7.12 所示，基准收益率为 15%，试计算：（1）投资回收期；（2）净现值 NPV；（3）内部收益率。

表 7.12

年份	0	1	2	3	4	5
净现金流量	-2 000	450	550	650	700	800

第8章 建设项目国民经济效益评估

本章要点

项目的国民经济效益评估是从国民经济的角度对项目得失即盈利水平做出评价。国民经济效益评估是一种宏观评价。本章对国民经济效益评估的原则、方法、主要参数及影子价格的获取等内容进行了详细的阐述。通过本章的学习，要求掌握建设项目国民经济效益评估的基本概念、国民经济效益评估的原则、国民经济效益评估的方法及主要参数、影子价格的计算、国民经济效益评估费用和效益部分影子价格的调整方法。

8.1 项目的国民经济评价概述

8.1.1 国民经济评价的含义和作用

1. 国民经济评价的含义

按照资源合理配置的原则，从国家整体角度考察项目的效益和费用，用货物影子价格、影子工资、影子汇率和社会折现率等经济参数，分析、计算项目对国民经济带来的净贡献，评估项目的经济合理性，为项目的投资决策提供依据。

2. 国民经济评价的作用

国民经济评价的作用主要表现在以下几方面：
（1）是宏观上合理配置资源的需要。
（2）是真实反映项目对国民经济净贡献的需要。
（3）有利于项目投资决策科学化（有利于引导投资方向，有利于控制投资规模，有利于提高计划质量）。

8.1.2 项目国民经济评价与财务评价的关系

1. 共同之处

（1）都是经济效果评价，都使用基本的经济评价理论和方法，都要寻求以最小的投入获得最大的产出，都要考虑资金的时间价值，采用内部收益率、净现值等经济盈利性指标进行经济效果分析。
（2）两种评价都要在可行性研究内容的基础上进行。

2. 主要区别

（1）评价角度的不同。

（2）评价任务的不同。
（3）评价范围的不同。
（4）项目费用与效益范围划分的不同。
（5）使用价格体系的不同。
（6）依据评价参数的不同。
（7）评价对象的不同。

8.2 建设项目国民经济评价效益与费用的确定

8.2.1 项目效益的确定

1. 项目经济效益的概念

项目国民经济效益，是指项目对国民经济所做的贡献，即项目的投资建设和投产为国民经济提供的所有经济效益。它一般包括直接效益和间接效益。

2. 项目国民经济效益的识别

（1）直接效益的识别。直接效益是指由项目产出物生成或直接生成，并在项目范围内用影子价格计算的经济效益。

① 增加该产出物或服务的数量以满足国内需求的效益。

② 替代效益较低的相同或类似企业的产出物或服务，使被替代企业减产（停产）以致减少国家有用资源耗费或者损失的效益。

③ 增加出口或减少进口从而增加或节支的外汇等。

（2）间接效益的识别。间接效益是指由项目引起的但在直接效益中未得到反映的那部分效益，是由于项目的投资兴建、经营，使配套项目和相关部门因增加产量和劳务量而获得的效益。

8.2.2 项目费用的确定

1. 项目国民经济费用的概念

项目国民经济费用指国民经济为项目所付出的代价，分为直接费用和间接费用。

2. 项目国民经济费用的识别

（1）直接费用的识别，是指项目使用投入物所产生的并在项目范围内用影子价格计算的经济费用。

① 其他部门为供应本项目投入物而扩大生产规模所耗用的资源费用；

② 减少对其他项目（或最终消费者）投入物的供应而放弃的效益；

③ 增加进口（或减少出口）所耗用（或减少）的外汇等。

（2）间接费用的识别，是指由项目引起的但在直接费用中未得到反映的那部分费用。

3. 对转移支付的处理

转移支付是指在国民经济内部各部门发生的，没有造成国内资源的真正增加或耗费的支付行为，即直接与项目有关而支付的国内各种税金、国内借款利息、职工工资等。在国民经济评估中，对上述转移支付应予以剔除。

（1）税金。税金是调节分配的一种手段。从国民经济角度看，税收实际上并未花费国家任何资源，它只是企业和税收部门之间的一项资金转移。

（2）补贴。补贴是货币在政府和项目之间的转移，是转移支付，应剔除。

（3）利息。利息是项目支付的国内借款利息，是国民经济内部企业与银行之间的资金转移，并不涉及社会资源的增减变化，是转移支付，应剔除。国外借款的利息由国内向国外转移，应列为费用。

（4）土地费用。为项目建设征用土地（主要是可耕地或已开垦土地）而支付的费用，是由项目转移给地方、集体或个人的一种支付行为，故在国民经济效益评价时不列为费用。（作为转移支付）应列为费用的是被占用土地的机会成本和使国家新增的资源消耗（如拆迁费用等）。

在进行国民经济评价时，应认真地复核是否已从项目原效益和费用中剔除了这些转移支付及以影子费用（价格）形式作为项目费用的计算上是否正确。

8.2.3 国民经济评价的步骤

投资项目的国民经济评价可在财务评价的基础上进行。因此，国民经济评价的步骤可以从下面两个方面进行：

1. 在财务评价的基础上进行国民经济评价的步骤

投资项目的国民经济评价在财务评价基础上进行，主要是将财务评价中的财务费用和财务效益调整为经济费用和经济效益，即：调整不属于国民经济效益和费用的内容；剔除国民经济内部的转移支付；计算和分析项目的间接费用和效益；按投入物和产出物的影子价格及其他经济参数（如影子汇率、影子工资、社会折现率等）对有关经济数据进行调整。具体步骤如下：

（1）对有关的费用和效益范围的调整。

① 剔除已经计入财务效益和费用中的国民经济内部的转移支付，如税金、补贴、国内借款利息等。

② 识别项目的间接效益和间接费用，对能定量的，应进行定量计算；不能定量的，应作定性描述。

（2）效益和费用数值的调整。根据收集来的数据资料，结合费用和效益的计算范围，将各项投入物和产出物的现行价格调整为影子价格。价格调整对合理地进行费用效益计算、正确地进行国民经济效益评估是至关重要的。

① 建设投资的调整。

用影子价格、影子汇率逐项调整构成投资的各项费用，剔除涨价预备费、税金、国内借款建设期利息等转移支付项目。

进口设备价格调整通常要剔除进口关税、增值税等转移支付；建筑工程费和安装工程费按材料费、劳动力的影子价格进行调整；土地费用按土地影子价格进行调整。

② 流动资金的调整。调整由于流动资金估算基础的变动引起的流动资金占用量的变动。

③ 经营费用的调整。用影子价格调整各项经营费用，对主要原材料、燃料及动力费用用影子价格进行调整；对劳动工资及福利费，用影子工资进行调整。

④ 销售收入的调整。用影子价格调整计算项目产出物的销售收入。

⑤ 调整外汇价值。国民经济评价各项销售收入和费用支出中的外汇部分，应用影子汇率进行调整；计算外汇价值，从国外引入的资金和向国外支付的投资收益、贷款利息，也应用影子汇率进行调整。

（3）编制表格与计算指标。

2. 直接进行国民经济效益评价的步骤

（1）识别和计算项目的直接效益。

（2）效益和费用数据的计算。

（3）识别和计算项目的间接效益和费用。

（4）编制有关报表，并计算相应的评价指标。

8.3 国民经济效益评估的价格调整

8.3.1 社会折现率、影子价格和影子汇率的含义

1. 社会折现率

社会折现率系指建设项目国民经济评价中衡量经济内部收益率的基准值，也是计算项目经济净现值的折现率，是项目经济可行性和方案必选的主要判据。

社会折现率应根据国家的社会经济发展目标、发展战略、发展优先顺序、发展水平、宏观调控意图、社会成员的费用效益时间偏好、社会投资收益水平、资金供给状况、资金机会成本等因素综合测定。根据上述考虑的主要因素，结合当前的实际情况，测定社会折现率为8%；对于收益期长的建设项目，如果远期效益较大，效益实现的风险较小，社会折现率可适当降低，但不应低于6%。

2. 影子价格

影子价格又称"最优计划价格"。它是为实现一定的经济发展目标而人为确定的，比交换价格更能反映出合理利用资源的效率价格。它是指资源在最优利用情况下，单位效益增量价值。

3. 影子汇率

影子汇率系指能正确反映国家外汇经济价值的汇率。建设项目国民经济评价中，项目的进口投入物和出口产出物，应采用影子汇率换算系数调整计算进出口外汇收支的价值。

影子汇率可通过影子汇率换算系数得出。影子汇率换算系数系指影子汇率与外汇牌价之间的比值。影子汇率应按下式计算：

$$影子汇率 = 外汇牌价 \times 影子汇率换算系数$$

根据我国外汇收支、外汇供求、进出口结构、进出口关税、进出口增值税及出口退税补贴等情况，影子汇率换算系数为 1.08。

8.3.2 外贸货物影子价格的确定

1. 投入物的影子价格计算

（1）直接进口产品。

$$影子价格 = CIF（到岸价格）\times 影子汇率 + 项目到口岸的国内运费和贸易费用$$

（2）间接进口产品。

$$影子价格 = CIF（到岸价格）\times 影子汇率 + 口岸到原用户的运输费用\\和贸易费用 - 供应厂到用户的运输费用和贸易费用 + 供应\\厂到项目的运输费用和贸易费用$$

（3）减少出口产品。

$$影子价格 = FOB（离岸价格）\times 影子汇率 - 供应厂到口岸的运输\\费用和贸易费用 + 供应厂到项目的运输费用和贸易费用$$

2. 产出物的影子价格计算

（1）直接出口产品。

$$影子价格 = FOB（离岸价格）\times 影子汇率 - 项目到口岸的运输费用和贸易费用$$

（2）间接出口产品。

$$影子价格 = FOB（离岸价格）\times 影子汇率 - 原供应厂到口岸的运\\输费用和贸易费用 + 原供应厂到用户的运输费用和贸\\易费用 - 项目到用户的运输费用和贸易费用$$

（3）替代进口产品。

$$影子价格 = CIF（到岸价格）\times 影子汇率 + 口岸到用户的运输费用\\和贸易费用 - 项目到用户的运输费用和贸易费用$$

8.3.3 非外贸货物影子价格的确定

1. 投入物影子价格的确定

（1）通过原有企业挖潜来增加供应。

项目所需的某种投入物，只要发挥原有生产能力即可满足供应，不必新增投资。这说明这种货物原有生产能力过剩，可对它的可变成本进行分解，得到货物出厂的影子价格，加上运输费用和贸易费用，就是项目使用该货物的影子价格。

（2）通过新增生产能力来增加供应。

项目所需的投入物必须通过投资扩大生产规模才能满足项目需求，这说明这种货物的生产能力已经充分利用，可对它的全部成本进行分解，得到货物出厂的影子价格，加上运输费用和贸易费用，就是项目使用该货物的影子价格。

（3）无法通过扩大生产能力来供应。

项目需要的某种投入物，原有生产能力无法满足，又不可能新增生产能力，只有去挤占其他用户的用量才能得到。此时影子价格取市场价格、国内统一价格加补贴中较高者。

2. 产出物影子价格的确定

（1）增加国内供应数量，满足国内需求者

产出物影子价格从以下价格中选取：计划价格、计划价格加补贴、市场价格、协议价格及同类企业产品的平均分解成本。

选取的依据是供求状况，供求基本均衡，取上述价格中低者；供不应求，取上述价格中高者；无法判断供求关系，取低者。

（2）替代其他企业的产出。

某种货物的国内市场原已饱和，项目产出这种货物并不能有效增加国内供给，只是在挤占其他生产同类产品企业的市场份额，使这些企业减产甚至停产。这说明项目很可能是盲目投资、重复建设。在这种情况下，如果产出物在质量、花色、品种等方面并无特色，应该分解被替代企业相应产品的可变成本作为影子价格。如果质量确有提高，可取国内市场价格为影子价格；也可参照国际市场价格定价，但这时该产出物可能已转变成可实现进口替代的外贸货物了。

3. 非外贸货物的成本分解

（1）数据准备。

列出该货物按生产费用要素计算的单位财务成本表，主要项目有：原材料、燃料和动力、工资、提取的职工福利费、折旧费、修理费、流动资金利息支出以及其他支出。

对其中重要的原材料、燃料和动力，要详细列出价格、耗用量和耗用金额。列出单位货物所占用的固定资产原值或固定资产投资额，以及占用的流动资金数额，调查确定或设定货物生产厂的建设期限、建设期各年投资比例、经济寿命期限、经济寿命期终了时的固定资产余值以及固定资产形成率。

（2）计算重要原材料、燃料、动力、工资等投入物的价格及单位费用。

对于在该种货物生产费用构成中占比例较大的原材料、燃料和动力，根据它们属于外贸货物还是非外贸货物来计算各自的影子价格。

计算时，可直接套用国家发展和改革委员会发布的影子价格或价格换算系数，然后用影子价格计算该货物的单位费用。这一数值可称为投入物对货物的经济单位费用，以区别于财务价格计算的财务单位成本。

重要的原材料、燃料和动力中，有些可能属于非外贸货物，而且找不到现成的影子价格，必要时，可以对其进行第二次分解。

对财务成本中的工资和提取的福利费,用工资换算系数把它们调整为影子工资。对财务成本中单列的运费,用运费换算系数进行调整。

(3)对固定资产投资进行调整和等值计算。根据建设期各年投资比例,把调整后的单位固定资产投资额分摊到建设期各年。

(4)用固定资金回收费用取代财务成本中的折旧费。在财务成本中扣除折旧费,代之以固定资金回收费用。

(5)用流动资金回收费用取代财务成本中的流动资金利息。

(6)完成上述调整后,各项费用重新计算的总额即为非外贸货物的影子价格。

8.3.4 特殊投入物影子价格的确定

1. 劳动力的影子价格计算

(1)影子工资系指建设项目使用劳动力资源而使社会付出的代价。建设项目国民经济评价中以影子工资计算劳动力费用。

(2)影子工资应按下式计算:

$$影子工资 = 劳动力机会成本 + 新增资源消耗$$

式中,劳动力机会成本系指劳动力在本项目被使用、不能在其他项目中使用而被迫放弃的劳动收益;新增资源消耗指劳动力在本项目新就业或由其他就业岗位转移来本项目而发生的社会资源消耗,这些资源的消耗并没有提高劳动力的生活水平。

(3)影子工资可通过影子工资换算系数得到。影子工资换算系数系指影子工资与项目财务分析中的劳动力工资之间的比值,影子工资可按下式计算:

$$影子工资 = 财务工资 \times 影子工资换算系数$$

(4)影子工资的确定,应符合下列规定:

① 影子工资应根据项目所在地劳动力就业状况、劳动力就业或转移成本测定。

② 技术劳动力的工资报酬一般可由市场供求决定,即影子工资一般可以财务实际支付工资计算。

③ 对于非技术劳动力,根据我国非技术劳动力就业状况,其影子工资换算系数一般取为 0.25~0.8;具体可根据当地的非技术劳动力供求状况确定,非技术劳动力较为富余的地区可取较低值,不太富余的地区可取较高值,中间状况可取 0.5。

2. 土地的影子费用计算

(1)土地影子价格系指建设项目使用土地资源而使社会付出的代价。建设项目国民经济评价中以土地影子价格计算土地费用。

(2)土地影子价格应按下式计算:

$$土地影子价格 = 土地机会成本 + 新增资源消耗$$

式中:土地机会成本按拟建项目占用土地而使国民经济为此放弃的该土地"最佳替代用途"的净效益计算;土地改变用途而发生的新增资源消耗主要包括拆迁补偿费、农民安置补助费等。在实践中,土地平整等开发成本通常计入工程建设费用中,在土地影子价格中不再重复计算。

（3）土地影子价格应根据项目占用土地所处地理位置、项目情况以及取得方式的不同分别确定,具体应符合下列规定:

① 通过招标、拍卖和挂牌出让方式取得使用权的国有土地,其影子价格应按财务价格计算。

② 通过划拨、双方协议方式取得使用权的土地,应分析价格优惠或扭曲情况,参照公平市场交易价格,对价格进行调整。

③ 经济开发区优惠出让使用权的国有土地,其影子价格应参照当地土地市场交易价格类比确定。

④ 当难以用市场交易价格类比方法确定土地影子价格时,可采用收益现值法或以开发投资应得收益加土地开发成本确定。

⑤ 当采用收益现值法确定土地影子价格时,应以社会折现率对土地的未来收益及费用进行折现。

（4）建设项目如需占用农村土地,则以土地征用费调整计算土地影子价格,具体应符合下列规定:

① 项目占用农村土地,土地征收补偿费中的土地补偿费及青苗补偿费应视为土地机会成本,地上附着物补偿费及安置补助费应视为新增资源消耗,征地管理费、耕地占用税、耕地开垦费、土地管理费、土地开发费等其他费用应视为转移支付,不列为费用。

② 土地补偿费、青苗补偿费、安置补助费的确定,如与农民进行了充分协商,能够充分保证农民的应得利益,土地影子价格可按土地征收补偿费中的相关费用确定。

③ 如果存在征地费用优惠,或在征地过程中缺乏充分协商,导致土地征收补偿费低于市场定价,不能充分保证农民利益,土地影子价格应参照当地正常土地征收补偿费标准进行调整。

8.4 建设项目国民经济评价报表及评价指标

8.4.1 项目评价报表体系

在国民经济评价中,一般要求在剔除转移支付的基础上,按影子价格、影子工资、影子汇率等评价参数调整编制以下报表。

1. 项目投资经济费用效益流量表（表 8.1）

表 8.1 项目投资经济费用效益流量表　　　　万元

序号	项 目	合计	计算期					
			1	2	3	4	…	n
1	效益流量							
1.1	项目直接效益							
1.2	资产余值回收							

续表 8.1

序号	项 目	合计	计算期					
			1	2	3	4	…	n
1.3	项目间接效益							
2	费用流量							
2.1	建设投资							
2.2	维持运营投资							
2.3	流动资金							
2.4	经营费用							
2.5	项目间接费用							
3	净效益流量（1－2）							
计算指标： 经济内部收益率（%） 经济净现值（i_s = %）								

2. 经济费用效益分析投资费用估算调整表（表 8.2）

该表主要为了调整投资（包括建设投资和流动资金）中价格不合理的部分，以确定经济费用效益分析中的投资额。

表 8.2 经济费用效益分析投资费用估算调整表　　　　　　万元

序号	项目	财务分析			经济费用效益分析			经济费用效益分析比财务分析增减（±）
		外汇	人民币	合计	外汇	人民币	合计	
1	建设投资							
1.1	建设工程费							
1.2	设备购置费							
1.3	安装工程费							
1.4	其他费用							
1.4.1	其中：土地费用							
1.4.2	专利及专有技术费							
1.5	基本预备费							
1.6	涨价预备费							
1.7	建设期利息							
2	流动资金							
	合计（1＋2）							

注：若投资费用是通过直接估算得到的，本表应略去财务分析的相关栏目。

3. 经济费用效益分析经营费用估算调整表（表8.3）

表8.3 经济费用效益分析经营费用估算调整表　　　　　　　　万元

序号	项目	单位	投入量	财务分析		经济费用效益分析	
				单价（元）	成本	单价（元）	费用
1	外购原材料						
1.1	原材料A						
1.2	原材料B						
1.3	原材料C						
1.4	……						
2	外购燃料和动力						
2.1	煤						
2.2	水						
2.3	电						
2.4	重油						
2.5	……						
3	工资及福利费						
4	修理费						
5	其他费用						
	合计						

注：若经营费用是通过直接估算得到的，本表应略去财务分析的相关栏目。

4. 项目直接效益估算调整表（表8.4）

表8.4 项目直接效益估算调整表　　　　　　　　万元

产出物名称		投产第一期负荷（%）				投产第二期负荷（%）				…	正常生产年份（%）			
		A产品	B产品	…	小计	A产品	B产品	…	小计		A产品	B产品	…	小计
年产出量	计算单位													
	国内													
	国际													
	合计													
财务分析	国内市场 单价（元）													
	国内市场 现金收入													
	国际市场 单价（美元）													
	国际市场 现金收入													
经济费用效益分析	国内市场 单价（元）													
	国内市场 直接效益													
	国际市场 单价（美元）													
	国际市场 直接效益													
合计（万元）														

注：若直接效益是通过直接估算得到的，本表应略去财务分析的相关栏目。

5. 项目间接费用估算表（表 8.5）

表 8.5　项目间接费用估算表　　　　　　　　　　万元

序号	项目	合计	计算期					
			1	2	3	4	…	n

6. 项目间接效益估算表（表 8.6）

表 8.6　项目间接效益估算表　　　　　　　　　　万元

序号	项目	合计	计算期					
			1	2	3	4	…	n

8.4.2　项目评价盈利能力指标体系

1. 经济内部收益率

$$\sum_{t=1}^{n}(B-C)_t(1+EIRR)^{-t}=0$$

式中　$EIRR$——经济内部收益率；
　　　B——效益流量；
　　　C——费用流量；
　　　$(B-C)_t$——第 t 年的净效益流量；
　　　n——计算期。

如果经济内部收益率等于或者大于社会折现率，表明项目资源配置的经济效益达到了可以被接受的水平。

2. 经济净现值（ENPV）

$$ENPV = \sum_{t=1}^{n}(B-C)_t(1+i_s)^{-t}$$

式中　$ENPV$——经济净现值；
　　　$(B-C)_t$——第 t 年的净效益流量；
　　　i_s——社会折现率。

在经济费用效益分析中，如果经济净现值大于或等于 0，表明项目可以达到符合社会折现率的效率水平，认为该项目从经济资源配置的角度可以被接受。

3. 经济效益费用比（R_{BC}）

经济效益费用比系指项目在计算期内效益流量的现值与费用流量的现值之比，应按下式计算：

$$R_{BC} = \frac{\sum_{t=1}^{n}B_t(1+i_s)^{-t}}{\sum_{t=1}^{n}C_t(1+i_s)^{-t}}$$

式中：B_t——第 t 期的经济效益；
　　　C_t——第 t 期的费用效益。

如果经济效益费用比大于 1，表明项目资源配置的经济效益达到了可以被接受的水平。

本章小结

国民经济评估是站在国家整体角度，根据国民经济长远发展目标和社会需要，按照资源合理配置的原则，采用货物影子价格、影子汇率、影子工资和社会折现率等国家参数，考察项目的效益和费用，分析计算项目对国民经济和社会的净贡献，评估项目的经济合理性和宏观可行性。通过项目国民经济评估，把国家有限的资源用于国家最需要的投资项目，并使这些资源能够合理配置和有效利用，以取得最大的投资效益。国民经济评估是项目经济评估的关键，亦是项目投资决策的重要依据。

课后习题

一、单项选择题

1. 项目的经济评价，主要包括财务评价和国民经济评价。两者考察问题的角度不同，国民经济评价从（　　）角度考察项目的经济效果和社会效果。
   A. 投资项目　　B. 企业　　C. 国家　　D. 地方

2. 当财务评价与国民经济评价的结论不一致时，应以（　　）的结论为决策依据。
   A. 国民经济评价　　B. 财务评价　　C. 社会评价　　D. 综合评价

3. 经济换汇成本的判别依据是（　　）。
   A. 基准收益率　　B. 影子汇率　　C. 影子汇率换算系数　　D. 社会折现率

4. 已知影子汇率换算系数为 1.08，国家外汇牌价为 8.03 元/美元，则影子汇率为（　　）。
   A. 8.67 元/美元　　B. 7.86 元/美元　　C. 7.44 元/美元　　D. 6.87 元/美元

5. 某外贸货物的到岸价格为 200 美元/吨，国内运费为到岸价的 3%，贸易费用为到岸价的 1%，则该货物的影子价格为（　　）。（影子汇率为 8.67 元/美元）
   A. 1 803.36 元/吨　　B. 1 083.36 元/吨　　C. 1 664.64 元/吨　　D. 1 646.64 元/吨

6. 在国民经济评价中，反映项目对国民经济净贡献的相对指标是（　　）。
   A. 经济净现值　　B. 经济内部收益率　　C. 社会折现率　　D. 投资收益值

7. 在国民经济评价中所采用的影子价格反映在投资项目的投入上是投入资源的（　　）。
   A. 机会成本　　　　B. 愿付价格
   C. 经营成本　　　　D. 制造成本

8. 出口货物（产出物）的影子价格是（　　）乘以汇率再扣掉国内运费和贸易费用。
   A. 到岸价格　　　　B. 离岸价格
   C. 市场价格　　　　D. 出厂价格

9. 能够反映投资项目投入物和产出物真实国民经济费用和效益的计算价格为（　　）。
   A. 市场价格　　　　B. 协议价格
   C. 影子价格　　　　D. 出厂价格

二、简答题

1. 什么是项目国民经济评价？它与财务评价有何异同？
2. 影子价格的含义是什么？外贸货物、非外贸货物的影子价格是如何调整的？
3. 国民经济评价指标有哪些？它们是如何编制的？它们的主要作用是什么？
4. 土地的影子费用主要包括哪些内容？土地的机会成本是怎样计算的？

三、计算题

某投资项目，正式投产运营时要购置两台机器设备：一台可在国内购得，其国内市场价格为 300 万元/台，影子价格与国内市场价格的换算系数为 1.3；另一台设备必须进口，其到岸价格为 60 万美元/台，影子汇率换算系数为 1.06，外汇牌价为 8.63 元/美元，进口设备到国内的运杂费和贸易费用为 10 万元和 5 万元。试求该种产品进行生产时，两台设备的影子价格和所需设备的总成本。

第 9 章 不确定性分析与风险分析

本章要点
（1）掌握盈亏平衡分析的内涵及应用。
（2）掌握敏感性分析的程序及应用。
（3）了解风险的内涵。
（4）掌握风险分析的基本程序和应对策略。

工程项目投资决策面向的是未来，项目评价所采用的数据大部分来自于估算和预算，有一定程度的不确定性和风险。为了尽量避免投资决策失误，有必要进行不确定分析。

所谓项目的不确定性分析，就是通过考察建设投资、经营成本、产品售价、销售量、项目寿命等因素的变化对项目经济评价指标的影响，即通过对拟建项目具有较大影响的不确定性因素进行分析，计算基本变量的增减变化引起项目财务或经济效益指标的变化，找到最敏感因素及其临界点，预测项目可能承担的风险，使项目的投资决策建立在较为稳妥的基础上。工程项目不确定分析的方法主要包括盈亏平衡分析和敏感性分析，而工程项目的分析主要涉及风险识别、风险估计、风险决策和风险应付。

9.1 盈亏平衡分析

9.1.1 盈亏平衡分析概述

1. 盈亏平衡分析的概念

盈亏平衡分析是在一定市场和经营管理条件下，根据达到设计能力时的成本费用与收入数据，通过研究项目产品生产成本、产销量与盈利之间的平衡关系，求取盈亏平衡点，研究分析成本费用与收入平衡关系的一种方法。

对于一个工程项目而言，随着产销量的变化，盈利与亏损之间一般至少存在一个转折点，这个点即为盈亏平衡点 BEP（Break Even Point）。在这点上，营业收入与成本费用相等，既不亏损，也不盈利。盈亏平衡点分析就是要找出项目方案的盈亏平衡点。一般的，对工程项目的生产能力而言，盈亏平衡点越低，项目盈利的可能性就越大，对不确定性因素变化所带来的风险承受能力就越强。

盈亏平衡分析的基本方法是建立成本与产量、营业收入与产量之间的函数关系，通过这两个函数及其图形的分析，找出盈亏平衡点。盈亏平衡点的表达形式有多种，可以用产量或者销售量、产品售价、单位可变成本和年总固定成本等绝对量表示。正常年份应选择还款期间第一个达产年和还款后的年份分别计算，以便分别给出最高和最低的盈亏平衡点区间范围。投资项目决策分析与评价中最常用的是以产量和生产能力利用率表示的盈亏平衡点，也有采用产品售价表示的盈亏平衡点。

2. 盈亏平衡分析的作用

通过盈亏平衡分析可以找出盈亏平衡点，考察企业（或项目）对产出品变化的适应能力和抗风险能力。

用产量和生产能力利用率表示的盈亏平衡点越低，表明企业适应市场需求变化的能力越大，抗风险能力越强；用产品售价表示的盈亏平衡点越低，表明企业适应市场价格下降的能力越大，抗风险能力越强。

盈亏平衡分析只适宜在财务分析中应用。

9.1.2　盈亏平衡分析方法

盈亏平衡分析一般分为线性盈亏平衡分析和非线性盈亏平衡分析。投资项目决策分析与评价中一般仅进行线性盈亏平衡分析。

1. 线性盈亏平衡

（1）线性盈亏平衡分析的条件。

进行线性盈亏平衡分析要符合以下四个条件：

① 产量等于销售量，即当年生产的产品（扣除自用量）当年销售出去。
② 产量变化，单位可变成本不变，从而总成本费用是产量的线性函数。
③ 产量变化，产品售价不变，从而销售收入是销售量的线性函数。
④ 只生产单一产品，或者生产多种产品，但可以换算为单一产品计算，也即不同产品负荷率的变化是一致的。即：

$$销售收入 - 销售税金及附加 = 总成本费用 = 固定成本 + 可变成本$$

（2）盈亏平衡点的计算方法。

盈亏平衡点的表达式有多种，项目评价中最常用的是以产量和生产能力利用率表示的盈亏平衡点。盈亏平衡点一般采用公式计算，也可利用盈亏平衡图求取。

① 公式计算法。

线性盈亏平衡分析的基本公式如下：

$$年营业收入方程：R = P \cdot Q$$
$$年总费用成本方程：C = F + V \cdot Q + T \cdot Q$$
$$年利润方程：B = R - C = (P - V - T)Q - F$$

其中　R ——年营业收入；
　　　P ——单位产品销售价格；
　　　Q ——项目设计生产能力或年产量；
　　　C ——年总成本费用；

F ——年总成本中的固定成本；
V ——单位产品变动成本；
T ——单位产品营业税金及附加；
B ——年利润。

当盈亏平衡时，$B=0$，则

年产量的盈亏平衡点： $$BEP_Q = \frac{F}{P-V-T}$$

营业收入的盈亏平衡点： $$BEP_R = P\left(\frac{F}{P-V-T}\right)$$

盈亏平衡点的生产能力利用率： $$BEP_Y = \frac{BEP_Q}{Q} = \frac{F}{(P-V-T)Q}$$

经营安全率： $$BEP_S = 1 - BEP_Q$$

平衡点的生产能力利用率一般不应该大于75%；经营安全率一般不应小于25%。

产品售价的盈亏平衡点： $$BEP_P = \frac{F}{Q} + V + T$$

单位产品变动成本的盈亏平衡点 $$BEP_V = P - T - \frac{F}{Q}$$

年销售税金及附加如采用含税价格计算，应再减去年增值税；单位产品销售税金及附加如采用含税价格计算，应再减去单位产品增值税。

【例 9.1】 设某项目生产某产品的年设计生产力为 10 000 台，每件产品销售价格 6 000 元，该项目投产后年固定成本总额为 600 万元，单位产品变动成本为 2 500 元，单位产品所负担的销售税金为 500 元，若产销率为 100%，试对该项目进行盈亏平衡分析。

【解】 已知 $Q=10\,000$ 台，$P=6\,000$ 元，$F=600$ 万元，$V=2\,500$ 元，$T=500$ 元，按上述公式计算：

盈亏平衡产销量
$$BEP_Q = \frac{F}{P-V-T} = \frac{6\,000\,000}{6\,000-2\,500-500} = 2\,000 \text{（台）}$$

盈亏平衡销售收入
$$TR^* = 2\,000 \times 6\,000 = 12\,000\,000 \text{（元）}$$

盈亏平衡生产能力利用率
$$BEP_Y = \frac{2\,000}{10\,000} \times 100\% = 20\%$$
产量安全度 = 1 − 20% = 80%

盈亏平衡销售单价
$$BEP_P = \frac{F}{Q} + V + T = \frac{6\,000\,000}{10\,000} + 2\,500 + 500 = 3\,600 \text{（元）}$$

价格安全度 = 1 − 3 600/6 000 = 40%

计算结果表明，该项目只要达到产量 2 000 台，销售净收入 1 200 万元，生产能力利用率 20%，产品销售单价 3 600 元，即可实现不亏不盈。又因产量安全为 80%，价格安全度为 40%，因此该项目具有较大承担风险的能力。

② 图解法。

盈亏平衡点可以采用图解法求得，见图 9.1。

图中销售收入线（如果销售收入和成本费用都是按含税价格计算的，销售收入中还应减去增值税）与总成本费用线的交点即为盈亏平衡点，这一点所对应的产量即为 BEP_Q，也可换算为 BEP_Y。

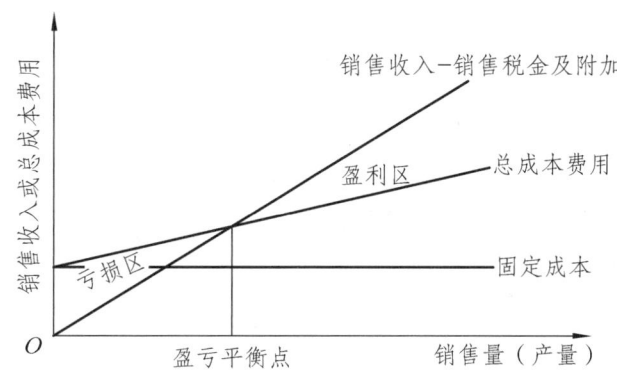

图 9.1　盈亏平衡分析图

2. 非线性盈亏平衡分析

在垄断竞争条件下，随着项目产品销量的增加，市场上该产品的售价就要下降，因而营业收入与产销量之间是非线性关系；同时，企业增加产量时原材料的价格可能上涨，同时需要多支付加班费、奖金以及设备维修费，使产品的单位可变成本增加，从而总成本与产销量之间也成非线性关系。这种情况下盈亏平衡点可能出现一个以上，如图 9.2 所示。

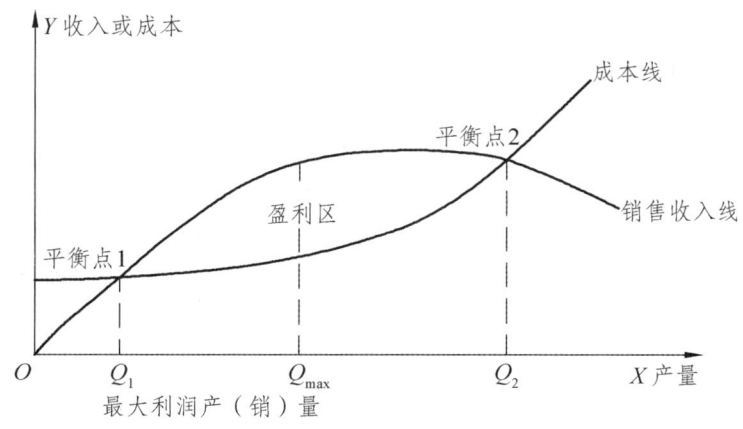

图 9.2　非线性盈亏平衡分析

【例 9.2】　某项目投产以后，它的年固定成本为 66 000 元，生产单件产品变动成本为 28 元，由于原材料整批购买，每多生产一件产品，单位变动成本可降低 0.001 元；售价为 55 元，销量每增加一件产品，售价下降 0.003 5 元。试求盈亏平衡点及最大利润时的销售量。

【解】 产品的售价为 $55 - 0.003\,5Q$；

单位变动成本为 $28 - 0.001Q$；

（1）求盈亏平衡点的产量 Q_1 和 Q_2。

$$C(Q) = 66\,000 + (28 - 0.001Q)Q = 66\,000 + 28Q - 0.001Q^2$$
$$R(Q) = 55Q - 0.003\,5Q^2$$

根据盈亏平衡原理：

$$C(Q) = R(Q)$$
$$66\,000 + 28Q - 0.001Q^2 = 55Q - 0.003\,5Q^2$$
$$0.002\,5Q^2 - 27Q + 66\,000 = 0$$
$$Q_1 = \frac{27 - \sqrt{27^2 - 4 \times 0.002\,5 \times 66\,000}}{2 \times 0.002\,5} = 3\,470 \text{（件）}$$
$$Q_1 = \frac{27 + \sqrt{27^2 - 4 \times 0.002\,5 \times 66\,000}}{2 \times 0.002\,5} = 7\,060 \text{（件）}$$

（2）求最大利润时的产量 $Q_{\max}$。

由 $B = R - C$，$B = -0.002\,5Q^2 + 27Q - 66\,000$，令 $B'(Q) = 0$，得

$$-0.005Q + 27 = 0$$

有

$$Q_{\max} = 27/0.005 = 5\,400 \text{（件）}$$

计算结果表明，该项目只要达到产量在 3 470 件和 7 060 件时，项目不亏不赢，在 3 470 件和 7 060 件之间，项目都可实现盈利。产量达到 5 400 件时，项目获得最大的盈利。

如果一个企业生产多种产品，可以换算成单一产品，或者选择其中一种不确定性最大的产品进行分析。运用盈亏平衡分析，在方案选择时应优先选择平衡点较低者，盈亏平衡点越低意味着项目的抗风险能力越强，越能承受意外情况的发生。

3. 盈亏平衡分析的注意事项

在对项目进行盈亏平衡时，除了计算之外，还要注意以下几点：

（1）盈亏平衡点应按项目达产年份的数据计算，不能按计算期内的平均值计算。

（2）当计算期内各年数值不同时，最好按还款期间和还完借款以后的年份分别计算。一般而言，最好选择还款期间的第一个达产年和还完借款以后的年份分别计算，以便分别给出最高的盈亏平衡点和最低的盈亏平衡点。

9.2 敏感性分析

敏感性分析通过研究建设项目主要不确定性因素发生变化时，项目经济效果指标发生的相应变化，找出项目的敏感因素，确定其敏感程度，并分析该因素达到临界值时项目的承受能力。

9.2.1 敏感性分析的含义和目的

1. 敏感性分析的含义

敏感性分析通过考察项目涉及的各种不确定因素对项目基本方案经济评价指标的影响，找出敏感因素，估计项目效益对它们的敏感程度，粗略预测项目可能承担的风险，为进一步的风险分析打下基础。

敏感性分析包括单因素敏感性分析和多因素敏感性分析。

单因素敏感性分析是指每次只改变一个因素的数值来进行分析；多因素分析则是同时改变两个或两个以上因素进行分析，估算多因素同时发生变化的影响。虽然单因素敏感性分析忽略了因素之间的相关性，但是由于多因素敏感度分析涉及的知识比较复杂，因此，为了找出关键的敏感性因素，通常多进行单因素敏感性分析。

敏感性分析对项目财务分析与评价、经济分析与评价同样适用。

2. 敏感性分析的目的

（1）把握不确定因素在什么范围内变化，方案的经济效果最好，在什么范围内变化效果最差，以便对不确定性因素实施控制。

（2）区别敏感性大的方案和敏感性小的方案，以便选出敏感性小即风险小的方案。

（3）找出敏感性强的因素，向决策者提供是否需要进一步搜集资料，进行研究，以提高经济分析的可靠性。

9.2.2 敏感性分析的步骤

1. 选取不确定因素

进行敏感性分析首先要选定不确定因素并确定其偏离基本情况的程度。可以选取的不确定因素包括建设投资、产出物价格、主要投入物价格、可变成本、运营负荷、建设期以及人民币汇率，根据项目的具体情况也可选择其他因素。

2. 确定不确定因素的变化程度

敏感性分析通常是针对不确定因素的不利变化进行，为绘制敏感性分析图的需要也可考虑不确定因素的有利变化。

一般是选择不确定因素变化的百分率，习惯上常选取±10%。为了作图的需要，可分别选取±5%、±10%、±15%、±20%等。对于那些不便用百分数表示的因素，例如建设期，可采用延长一段时间表示，例如延长一年。

百分数的取值其实并不重要，因为敏感性分析的目的并不在于考察项目效益在某个具体的百分数变化下发生变化的具体数值，而只是借助它进一步计算敏感性分析指标，即敏感度系数和临界点。

3. 选取分析指标

最基本的分析指标是内部收益率或净现值，根据项目的实际情况也可选择其他评价指标，必要时可同时针对两个或两个以上的指标进行敏感性分析。

通常财务分析与评价的敏感性分析中必选的分析指标是项目投资财务内部收益率；经济分析与评价中必选的分析指标是经济净现值和经济内部收益率。

4. 计算敏感性指标

（1）敏感度系数。

计算敏感度系数并对敏感因素进行排序。所谓敏感因素是指该不确定因素的数值有较小的变动就能使项目经济评价指标出现较显著改变的因素，即项目效益指标变化的百分率与不确定因素变化的百分率之比。

计算公式：

$$E = \Delta A/\Delta F$$

式中　E——评价指标 A 对于不确定因素 F 的敏感度系数；

ΔA——不确定因素 F 发生 ΔF 变化时，评价指标 A 的相应变化率（%）；

ΔF——不确定因素 F 的变化率（%）。

敏感度系数的判别依据：

$E>0$，表示评价指标与不确定因素同方向变化；

$E<0$，表示评价指标与不确定因素反方向变化。

$|E|$越大，敏感度系数越高，项目效益对该不确定因素敏感程度越高。

（2）临界点。

临界点是指不确定因素使项目由可行变为不可行的临界数值。

表示方式：

① 变化率：例如使内部收益率等于基准收益率或净现值变为零时的变化率。当该不确定因素为费用科目时，为其增加的百分率；当该不确定因素为效益科目时，为其降低的百分率。

② 具体数值：临界点也可用该百分率对应的具体数值表示。

计算方法：

可以通过敏感性分析图求得临界点的近似值，但由于项目效益指标的变化与不确定因素变化之间不完全是直线关系，有时误差较大，因此最好采用试算法或函数求解。

临界点的高低与设定的基准收益率有关。在一定的基准收益率下，临界点越低，说明该因素对项目效益指标影响越大，项目对该因素就越敏感。

基准收益率的数值会影响到临界点的高低，对于同一个投资项目，随着设定基准收益率的提高，临界点就会变低。

5. 敏感性分析结果表述

（1）编制敏感性分析表。

通过前面敏感性指标的计算，应将敏感性分析的结果汇总在敏感性分析表中。敏感性分析表中应同时给出基本方案的指标数值、所考虑的不确定因素及其变化、在这些不确定因素变化的情况下项目效益指标的计算数值以及各不确定因素的敏感度系数和临界点。

（2）绘制敏感性分析图。

根据敏感性分析表中的数值可以绘制敏感性分析图，横轴为不确定因素变化率，纵轴为项目效益指标。图9.3所示是典型的敏感性分析图。

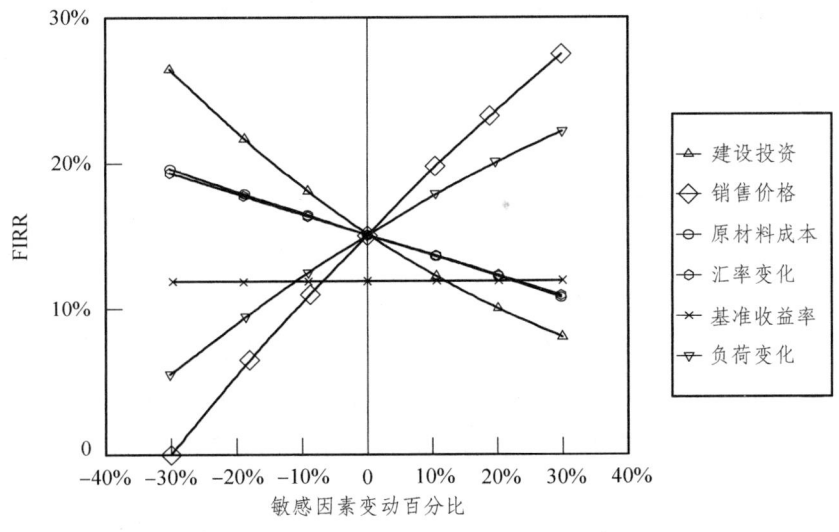

图 9.3 敏感性分析图

6. 对敏感性分析结果进行分析

（1）将敏感度系数及临界点的计算结果进行排序，找出较为敏感的不确定因素，敏感度系数较高者或临界点较低者为较为敏感的因素。

（2）计算变动因素的临界点。临界点是指项目允许不确定因素向不利方向变化的极限值，超过极限，项目的效益指标将不可行。临界点可用临界点百分比或者临界值分别表示，其含义是某一变量变化达到一定的百分比或者一定数值时，项目的评价指标将由可行变为不可行。临界点可用软件计算，也可由敏感性分析图直接求得近似值。

（3）归纳敏感性分析的结论，指出最敏感的一个或几个关键因素，粗略预测项目可能的风险。

【例 9.3】 某小型电动汽车的投资方案，其确定性经济分析的现金流量表如表 9.1 所示，所采用的数据是根据未来最可能出现的情况而预测估算的。由于对未来影响经济环境的某些因素把握不大，投资额、经营成本和销售收入均有可能在 ±20% 的范围内变动。设定基准折现率为 10%，不考虑所得税，试对这三个不确定因素进行单因素敏感性分析。

表 9.1 小型电动汽车项目现金流量表

年份	0	1	2～10	11
投资	15 000			
销售收入			19 800	19 800
经营成本			15 200	15 200
期末资产残值				2 000
净现金流量	−15 000		4 600	6 600

【解】 （1）以投资额 K、年销售收入 B、年经营成本 C 作为拟分析的不确定因素。

（2）假设投资额、年经营成本、年销售收入的变化幅度分别为 x, y, z。$x, y, z \in [-20\%, 20\%]$。

（3）选定评价指标为 NPV，则有

$$NPV = -15\,000(1+x) + [B(1+y) - C(1+z)](P/A, 10\%, 10)(P/F, 10\%, 1) + 2\,000(P/F, 10\%, 11)$$

初始方案中，$x = y = z = 0$，则有

$$NPV = -15\,000 + 4\,600(P/A, 10\%, 10)(P/F, 10\%, 1) + 2\,000(P/F, 10\%, 11) = 11\,494（万元）$$

（4）计算投资额、年销售收入、年经营成本单因素变化对净现值的影响，即分别对 x、y、z 取不同的值，计算不同变动幅度下的 NPV，计算结果如表 9.2 所示。

表 9.2　x、y、z 变化下评价指标变动表

变动率参数	-20%	-15%	-10%	-5%	0	5%	10%	15%	20%
投资额	14394	13644	12894	12144	11394	10644	5894	9144	8394
经营成本	28374	24129	19844	15639	11394	7149	2904	-1341	-5586
销售收入	-10725	-5195	335	5864	11394	16924	22453	27983	33513

（5）绘制敏感性分析图，如图 9.4 所示。

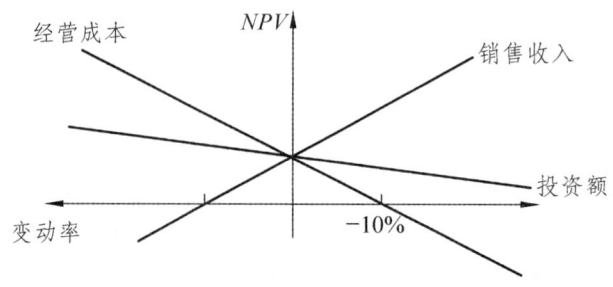

图 9.4　敏感性分析示意图

因为直线与横轴所夹锐角最大为敏感性因素，所以销售收入为最敏感性因素。

9.2.3　敏感性分析的不足

敏感性分析在一定程度上就各种不确定因素的变动对方案经济效果的影响作了定量描述，这有助于决策者了解方案的风险情况，有助于确定在决策过程中及各方案实施过程中需要重点研究与控制的因素。但是敏感性分析没有考虑各种不确定性因素在未来发生变化的概率，这可能会影响分析结论的准确性。实际上，各种不确定因素在未来发生某一幅度变动的概率一般有所不同，可能有这样的情况：通过敏感性分析找出的某一敏感因素未来发生不利变动的概率很小，因为实际上所带来的风险并不大；而另一不太敏感的因素未来发生的概率

却很大，实际上所带来的风险比敏感因素更大。这些问题是敏感性分析无法解决的，因此有必要进行风险分析。

9.3 风险分析

9.3.1 风险分析概述

1. 风险与不确定性的概念

（1）风险的概念与特征。

风险，是相对于预期目标而言，经济主体遭受损失的不确定性。风险主要有狭义和广义之分，在不同国家对风险有着不同的定义。

对于狭义的风险，主要以英国风险管理学会的定义为主：不利结果出现或不幸事件发生的机会，只反映风险有害和不利的一面。而对于广义的概念：风险是未来变化偏离预期的可能性以及其对目标产生影响的大小。

尽管在建设项目前期工作中已就项目的市场、工程、技术、经济等方面作了详尽的预测和研究，但由于人们对客观事物认识能力的局限性、事物发展的变动性、环境的可变性以及预测本身的不确定性，项目实施过程中和项目建成后的实际情况可能偏离预测的基本方案，即对建设项目而言，风险就是导致项目发生损失的可能性。

理解风险的概念，应把握好以下三要素：

① 不确定性是风险存在的必要条件。风险和不确定性是两个不完全相同又密切相关的概念。如果某种损失必然要发生或必然不发生，人们可以通过改变计划或提高成本费用的方式予以明确，风险是不存在的。

② 潜在损失是风险存在的必要条件，不确定性的存在并不一定意味着风险，因为风险是与潜在损失联系在一起的，即实际结果与目标发生的负偏离，包括没有达到预期目标的损失。

③ 经济主体是风险成立的基础。风险成立的基础是存在承担行为后果的经济主体（个人或组织），即风险行为人必须是行为后果的实际承担人。如果某位投资者对其投资后果不承担任何责任，或者只负盈不负亏，那么投资风险对他而言就没有任何意义，他也不可能花费精力去进行风险管理。

（2）风险的性质和分类。

① 风险的性质。

建设项目风险的基本特征如下：

Ⅰ．客观性。即风险是客观存在的，无论是自然现象中地震、洪水，还是现实社会中的矛盾、冲突等，不可能根除，只能采取措施降低其不利影响。随着社会发展和科技进步，人们对自然界和社会的认识逐步加深，对风险的认识也逐步提高。

Ⅱ．可变性。可能造成损失，也可能带来收益是风险的基本特征。可以通过历史数据和经验，对风险发生的可能性和后果进行一定的分析预测。

Ⅲ．阶段性。建设项目的不同阶段存在的主要风险有所不同，投资决策阶段的风险主要包括政策风险、融资风险等，项目实施阶段的主要风险可能是工程风险和建设风险等，而在项目运营阶段的主要风险可能是市场风险、管理风险等。因此，风险对策是因时而变的。

Ⅳ．多样性。风险依行业和项目不同具有特殊性，不同的行业和不同的项目具有不同的风险。如高新技术项目的主要风险可能是技术风险和市场风险，而基础设施项目的主要风险则可能是工程风险和政策风险，必须结合行业特征和不同项目的情况来识别风险。

Ⅴ．相对性。对项目的有关各方（不同的风险管理主体）可能会有不同的风险，而且同一风险因素对不同主体的影响是不同的甚至是截然相反的。

Ⅵ．层次性。风险的表现具有层次性，需要层层剖析，才能深入到最基本的风险单元，以明确风险的根本来源。如市场风险可能来源于市场需求量变化、价格变化等，价格变化又包括产品或服务价格、原材料价格和其他投入物价格的变化等。这即是不确定性和风险层次性特征的表现。

② 风险的分类。

按照风险与不确定性的关系、风险与时间的关系和风险与行为人的关系，可以对风险进行以下分类。

Ⅰ．纯风险和理论风险。

根据风险与不确定性的关系可以将风险分为纯风险和理论风险。纯风险是不确定性中仅存在损失的可能性，即纯风险没有任何收益的可能，只有损失的可能。例如，由于火灾或洪水造成对财产的破坏，以及由于事故或疾病造成的意外伤亡。理论风险是指不确定性中既存在收益的不确定性，也存在损失的不确定性。绝大多数的风险均属于理论风险。

Ⅱ．静态风险和动态风险。

按照风险与实践的关系可以将风险划分为静态风险和动态风险。静态风险是社会经济处于稳定状态时的风险。例如，由于飓风、暴雨、地震等随机事件而造成的不确定性。动态风险则是由于社会经济变化而产生的风险。例如，经济体制的改革、城市规划的改变、日新月异的科技创新、人们思想观念的转变等带来的风险。

Ⅲ．主观风险和客观风险。

按照风险与行为人的关系，可以将风险分为主观风险和客观风险。主观风险本质上是心理上的不确定性，这种不确定性来源于人的思维状态和对行为后果的看法。客观风险与主观风行的最大区别在于它能更精确地观察和测量，而主观风险提供了一种方法去解释人们面临相同的客观风险却得出不同结论的这一行为。因此，了解人们对风险的态度特别重要。

2. 风险分析的方法和过程

项目风险分析是为了在项目评估过程中，认识项目可能存在的潜在风险因素，估计这些因素发生的可能性及由此造成的影响，分析为防止或减少不利影响而采取对策的一系列活动。风险分析应贯穿于项目分析的各个环节和全过程，风险分析是识别风险因素、估计风险概率、评价风险影响并制订风险对策的过程。风险分析超出了市场分析、技术分析、财务分析和经济分析的范畴，是一种系统分析，应由项目负责人牵头，项目组成员参加。风险分析是对投资项目的风险因素和风险程度进行识别和判断，主要方法有概率树分析、蒙特卡洛模拟等。

9.3.2 风险分析的程序和基础

项目风险分析的步骤主要包括风险识别、风险估计、风险评价、风险决策和风险应对。

1. 风险识别

风险识别是指采用系统论的观点对项目全面考察、综合分析，找出潜在的各种风险因素，并对各种风险进行比较、分类，确定各因素之间的相关性和独立性，判断其发生的可能性及对项目的影响程度，按其重要性进行排队，或赋予权重。确定风险识别是风险分析和管理的一项基础性工作，其主要任务是明确风险存在的可能性，为风险估计、风险评价和风险应对奠定基础。风险识别要根据行业和项目的特点，采用分析和分解原则，把综合性的风险问题分解为多层次的风险因素。

工程建设项目一般具有投资大、开发周期长、技术要求高及施工环境复杂等特点，很难事先准确把握，因而给工程建设各方都带来了风险，但在各方主体中处于弱势地位的施工总承包企业面临着比其他主体更多的风险。风险应对是风险管理的重要环节，解决了这个问题，将有助于工程项目目标的实现。由于工程建设中存在的风险因素来自各个方面，风险应对即根据风险识别、风险评价的结果以及具体风险的性质和潜在影响制订风险应对计划，然后根据风险应对计划，实施风险应对策略，从而避免或减少风险造成的损失。例如，建筑工程项目风险识别的步骤如下：

（1）找出施工过程中可能出现的风险因素。

① 环境变化风险。

首先，由于建筑物处在固定的地点，因此，它周围的环境对它的影响是很大的，这方面的风险主要有气候的变化、物价的上涨、不利的地质条件、不可抗力带来的风险。

② 组织风险。

设计方、施工方各部门的协调，业主与设计方、施工方的协调，施工承包商内部的组织协调，各分包商之间的协调引发的风险，后勤支持不力等。

③ 施工风险。

除了上面的组织风险外，施工风险也是一个重要的风险，包括施工准备不足、设计变更或图纸供应不及时、技术规范不明确、施工技术协调不力等。

④ 资金风险。

一些业主是没有资金争着上项目，有了资金，也尽量不给或少给，能拖则拖，而施工企业为了争取到工程的施工权，不得不垫资施工，低的垫30%，高的可垫到50%，这为以后拖欠工程款埋下了祸根。垫资已成为投资方降低资金成本、转嫁经营风险、榨取施工企业利润的重要手段。若企业垫资过多，而业主方拖欠工程款，将直接影响到企业的业务开展乃至生存。此外，材料价格的上涨是施工企业不得不面临的风险，建设工程项目成本的55%~65%通常是材料成本，因此材料价格的上涨对项目的成本影响较大。

⑤ 资源供应风险。

建筑施工企业有时还会面临建筑材料资源方面的风险，无论是施工单位自行采购还是由甲方供料，都存在着物资供应能不能满足施工需要的问题。供应跟不上进度会停工待料；材料设备规格、型号不对或质量达不到要求会造成返工浪费；供货地点不便，施工使用时会发生二次倒运。物资供应在时间、数量、质量和地点上，常常都会因为各种原因给项目施工造成风险。

（2）分析各因素对目标的相对影响程度。

在识别因素的基础上，采用专家调查法或者经验估算法估算各个因素对项目的影响程度，比如在建设项目中，需要根据各个项目的不同情况，对项目的风险影响程度进行具体分析。

（3）确定主要风险因素。

根据各因素向不利方向变化的可能性进行分析、判断，并确定主要风险因素，该步骤主要参考敏感性分析。

2. 风险估计

风险估计，是指采用主观概率和客观概率分析方法，确定风险因素的概率分布，运用数理统计分析方法，计算项目评价指标相应的概率分布和累计概率、期望值、标准差。概率分为主观概率和客观概率，主观概率是当某些事件缺乏历史统计资料时，由决策人自己或借助于咨询结果或专家凭经验进行估计得出的，即主要进行定性分析；而客观概率则是利用科学的数理统计方法，推断、计算随机事件发生的可能性大小，是对大量历史先例进行统计分析得到的，是定量分析。在对风险的估计中，应采取定性描述与定量分析相结合的方法对风险做出全面估计。

（1）离散型概率分布。

当变量可能数值为有限个时，这种随机变量称为离散型随机变量，其概率密度为间断函数，在此分布下指标期望值为

$$\bar{x} = \sum_{i=1}^{n} p_i \cdot x_i$$

其中　$\bar{x}$ ——指标的期望值；

　　　p_i ——第 i 种状态发生的概率；

　　　x_i ——第 i 种状态下的指标值；

　　　n ——可能的状态数。

指标的方差 D 为

$$D = \sum_{i=1}^{n} p_i \cdot (x_i - \bar{x})^2$$

指标的均方差（或标准差）

$$\sigma = \sqrt{D}$$

（2）连续概率分布。

当一个变量的取值范围为一个区间时，这种变量称为连续变量，其概率密度分布为连续函数。常用的连续概率分布有：

① 正态分布。

正态分布是一种最常用的概率分布，特点是密度函数以均值为中心对称分布。正态分布

适用于描述一般经济变量的概率分布，如销售量、售价、产品成本等。

设变量为 x，x 的正态分布概率密度函数为 $p(x)$，x 的期望值 $\bar{x}$ 和方差 D 计算公式如下：

$$\bar{x} = \int xp(x)\mathrm{d}x$$
$$D = \int_{-\infty}^{+\infty}(x-\bar{x})^2 p(x)\mathrm{d}x$$

当 $\bar{x}=0$、$\sqrt{D}=1$ 时称这种分布为标准正态分布，用 $N(0,1)$ 表示。

② 三角分布。

三角分布的特点：密度函数是由悲观值、最乐观值和乐观值构成的对称或不对称的三角形。它适用于描述工期、投资等不对称分布的输入变量，也可用于描述产量、成本等对称分布的输入变量，如图 9.5 所示。

③ 梯形分布。

梯形分布是三角分布的特例，在确定变量的乐观值和悲观值后，对最可能值却难以判断，只能确定一个最可能值的范围，这时可用梯形分布描述，如图 9.6 所示。

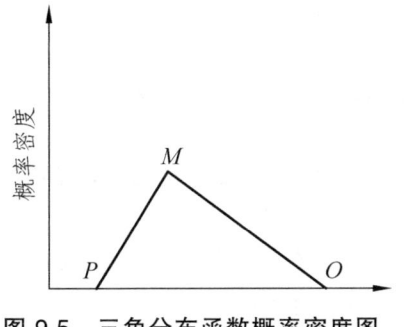

图 9.5　三角分布函数概率密度图

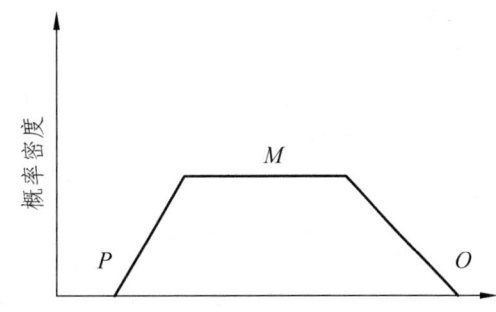

图 9.6　梯形分布函数概率密度图

④ β 分布。

如果某变量服从 β 分布，则其概率密度函数在均值的两边呈不对称分布，如图 9.7 所示。β 分布适用于描述工期等不对称分布的变量。通常可以对变量作出三种估计值，即悲观值 P、乐观值 O、最可能值 M。其期望值及方差近似为

$$\bar{x} = \frac{P+4M+O}{6}$$
$$D = \left(\frac{O-P}{6}\right)^2$$

⑤ 均匀分布。

如果指标值服从均匀分布，其期望值和方差如下：

$$\bar{x} = \frac{a+b}{2}$$
$$D = \frac{(b-a)^2}{12}$$

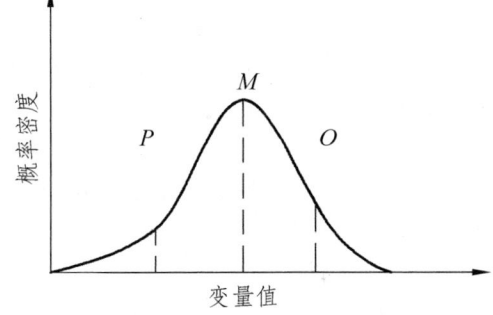

图 9.7　β 分布概率密度图

式中，a、b 分别为指标的最小值和最大值。均匀分布的概率分布如图 9.8 所示。

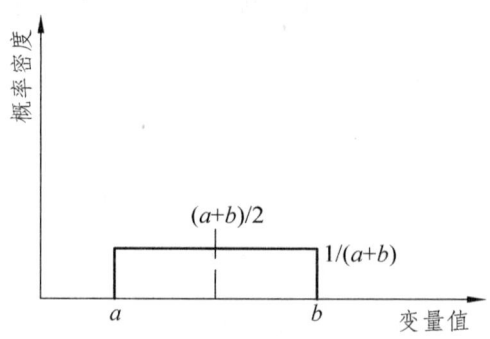

图 9.8 均匀分布概率密度图

（3）概率树分析。

概率树分析是借助现代计算技术，运用概率论和数理统计原理进行概率分析，求得风险因素取值的概率分布，并计算期望值、方差或标准差和离散系数，表明项目的风险程度。

概率树分析的基本步骤是：

① 列出要考虑的各种风险因素，如投资、经营成本、销售价格等。
② 设想各种风险因素可能发生的状态，即确定其数值发生变化的个数。
③ 分别确定各种状态可能出现的概率，并使可能发生状态概率之和等于 1。
④ 假定输入变量之间是相互独立的，分别求出各种风险因素发生变化时，方案净现金流量各状态发生的概率和相应状态下的净现值 NPV 或者对应的 IRR。
⑤ 根据每个输入变量状态的组合计算得到的内部收益率或净现值的概率为每个输入变量所处状态的联合概率，即各输入变量所处状态发生概率的乘积，即求出方案净现值的期望值（均值）$E(NPV)$：

$$E(NPV) = \sum_{j=1}^{k} MPV_{(j)} \times p_j$$

式中　p_j ——第 j 种状态出现的概率；
　　　k ——可能出现的状态数。

⑥ 根据评价指标 $NPV = 0$，$IRR = i_c$ 或（i_s），由累计概率表计算 $p[NPV(i_c)<0]$ 或 $p(IRR<i_c)$ 的累计概率。

⑦ 对概率分析结果作说明。累计概率越大，风险越小。

【例 9.4】 某企业拟开发一种新产品取代将要滞销的老产品，新产品的性能优于老产品，但生产成本比老产品高，已知投入市场后可能面临着如下四种前景。

第一种前景：销路很好（称为状态 1，记着 θ_1）。
第二种前景：销路一般，能以适当的价格销售出去（θ_2）。
第三种前景：销路不太好（θ_3）。
第四种前景：没有销路（θ_4）。

经过周密的研究，销售部门做出如下判断：

状态 1、2、3、4 出现的概率分别是 0.3、0.4、0.2、0.1，技术部门提供了以下三种方案。

方案 A：立即停止老产品的生产，改造原生产线生产新产品，这一方案的投资较少，但有停产损失，而且生产规模有限。

方案 B：改造原生产线生产新产品，并把部分零件委托其他厂生产，以扩大生产规模。

方案 C：暂时维持老产品生产，新建一条高效率的生产线生产新产品，这一方案投资较大。

各方案在不同状态下的净现值见表 9.3。试用净现值决策树法比选最优方案。

表 9.3　各方案在不同状态下的净现值

状态与概率 方案	θ_1 0.3	θ_2 0.4	θ_3 0.2	θ_4 0.1
A	140	100	10	−80
B	210	150	50	−200
C	240	180	−50	−500

【解】　决策概率树如图 9.9 所示。

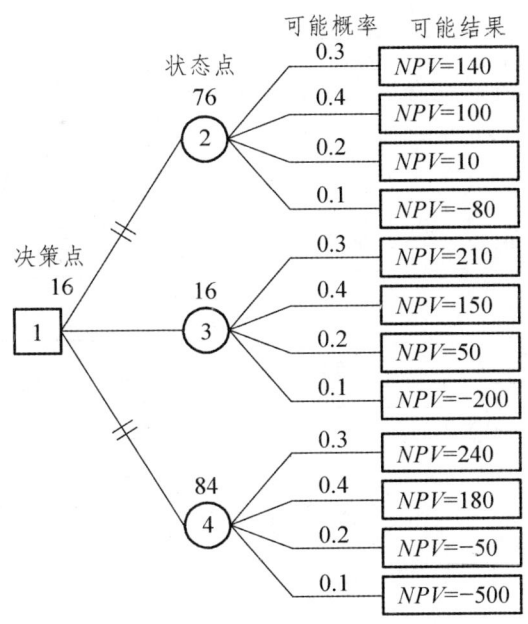

图 9.9　期望值决策概率树图

根据期望值决策方案评价指标的大小，计算结果如下：

$$E(NPV_A) = 140 \times 0.3 + 100 \times 0.4 + 10 \times 0.2 + (-80) \times 0.1 = 76$$

$$E(NPV_B) = 210×0.3 + 150×0.4 + 50×0.2 + (-200)×0.1 = 113$$
$$E(NPV_C) = 240×0.3 + 180×0.4 + (-50)×0.2 + (-500)×0.1 = 84$$

根据期望值最大的原则，选择方案 B。

3 种方案在不同的状态下具有不同的经济效果。在一定计算期内，各方案在不同状态下有不同的净现值。这个例题是典型的风险决策问题。企业的目标是取得最好的经济效果，决策者面临 3 个备选方案 4 种可能状态，并且已经了解各种方案在不同的状态下的经济效果指标及各种状态发生的概率，决策者要决策的问题是确定哪个方案最适合。

【例 9.5】 已知某投资方案各种可能因素出现的数值及其对应概率如表 9.4 所示。净收益为离散型函数，根据经验推断，假设投资发生在第一年初，年净现金流量均发生在各年年末，已知折现率为 10%，项目寿命期 10 年，试求：

（1）$E(NPV)$；
（2）$P(NVP>0)$。

表 9.4 项目方案的基本参数估计

投资额（万元）		年净收益（万元）	
数值	概率	数值	概率
120	0.3	20	0.25
150	0.5	28	0.4
175	0.2	33	0.35

【解】 （1）项目净现金流量未来可能发生的 9 种状态如图 9.10 所示。

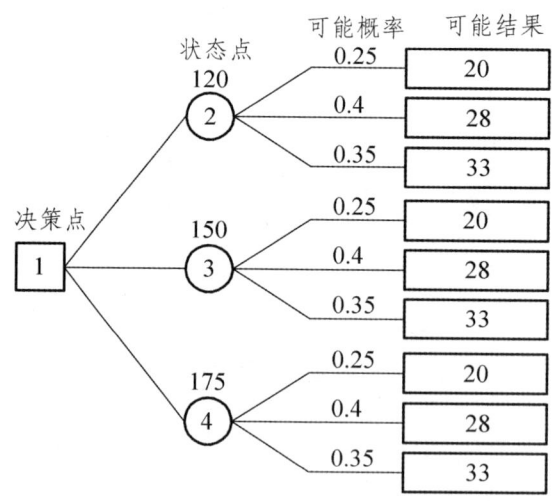

图 9.10 项目净现金流量状态图

（2）分别计算项目净现金流量各种状态下的概率 P_j。
（3）分别计算项目各状态下的净现值 NPV_j（$j = 1, 2, 3, 4, 5, \cdots, 9$），见表 9.5。

表 9.5

可能状态(j)	状态概率(p_j)	$NPV(j)$	$p_j \times NPV(j)$	投资额	净现金流
1	0.075	2.892	0.217	120	20
2	0.12	52.0488	6.246	120	28
3	0.105	82.772	8.691	120	33
4	0.125	−27.108	−3.389	150	20
5	0.2	22.049	4.41	150	28
6	0.175	52.772	9.235	150	33
7	0.05	−52.108	−2.605	175	20
8	0.08	−2.952	−0.236	175	28
9	0.07	27.772	1.944	175	33

（4）计算项目净现金值的期望值。

$$E(NPV) = 0.075 \times 2.892 + 0.12 \times 52.0488 + 0.105 \times 82.772 - \\ 0.125 \times 27.108 + 0.2 \times 22.049 + 0.175 \times 52.772 + 0.05 \times \\ (-52.108) - 0.08 \times 2.951 + 0.07 \times 27.772 \\ = 24.513（万元）$$

$$P(NPV) = 0.075 + 0.12 + 0.105 + 0.2 + 0.175 + 0.07 = 0.745$$

结论：该项目净现值的期望值大于零，是可行的，净现值的概率不够大，说明项目存在一定的风险。

概率分析的理论计算法一般只适用于服从离散分布的输入与输出变量。当输入变量数和每个变量可取的状态数较多（大于 3 个）时，一般不适于使用理论分析方法。若各输入变量之间不是独立，而存在相互关联时，也不适用这种方法。

（4）蒙特卡洛模拟法。

在风险估计中，概率树多用于解决比较简单的问题，比如只有一个或两个参数是随机变量，且随机变量的概率分布是离散型等。但若遇到随机变量较多且概率分布是连续型的，采用概率树法将变得十分复杂，而蒙特卡洛方法却能较方便地解决此类问题。

蒙特卡洛模拟法，是用随机抽样的方法抽取一组输入变量的概率分布特征的数值，输入这组变量以计算项目评价指标的方法。通过多次抽样计算可获得评价指标的概率分布及累计概率分布、期望值、方差、标准差，计算项目可行或不可行的概率，从而估计项目投资所承担的风险。

蒙特卡洛模拟法的实施步骤一般为：

通过敏感性分析，确定风险随机变量；

确定风险随机变量的概率分布；

通过随机数表或计算机求出随机数，根据风险随机变量的概率分布输入变量；

选取经济评价指标，如净现值、内部收益率等；

根据基础数据计算评价指标值；

整理模拟结果所得评价指标的期望值、方差、标准差和它的概率分布及累计概率，绘制累计概率图，计算项目可行或不可行的概率。

① 离散型随机变量的蒙特卡洛模拟。

假如根据调查获得的某种产品的年营业收入服从如表 9.6 所示的离散型概率分布，根据表 9.6 绘制的概率分布如图 9.11 所示。

表9.6　离散型随机变量的概率分布表

年营业收入（万元）	1 000	1 200	1 500	2 000
概率	0.1	0.5	0.25	0.15
累计概率	0.1	0.6	0.85	1.00

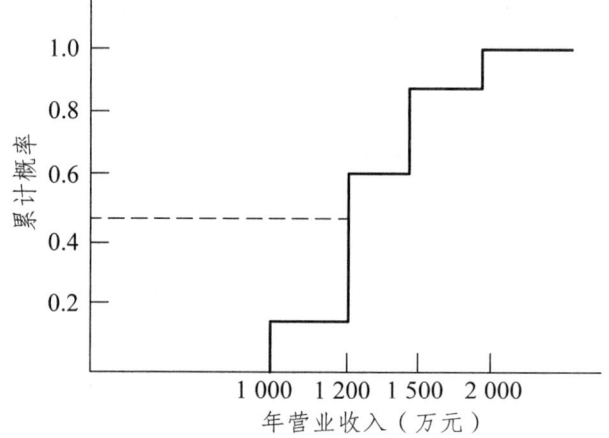

图 9.11　年营业收入累计概率图

若抽取的随机数为 48 867，从累计概率图纵坐标上找到累计概率为 0.488 67，画一水平线与累计概率折线相交的横坐标值为 1 200 万元/年，即是年营业收入的抽样值。

随机数、累计概率与抽样结果关系如表 9.7 所示。

表9.7　随机数、累计概率与抽样结果的关系

年营业收入（万元）	1 000	1 200	1 500	2 000
随机数	00000～09999	10000～59999	60000～84999	85000～99999
累计概率	0.1	0.6	0.85	1.00

② 正态分布随机变量的蒙特卡洛模拟。

根据正态分布概率密度函数可以绘出它的累计概率分布图，如图 9.12 所示。

用随机数作为累计概率的随机值，每个随机数都可在图 9.12 中对应一个随机正态偏差，并通过下列公式求得：

$$抽样结果 = 均值 + 随机正态偏差 \times 均方差$$

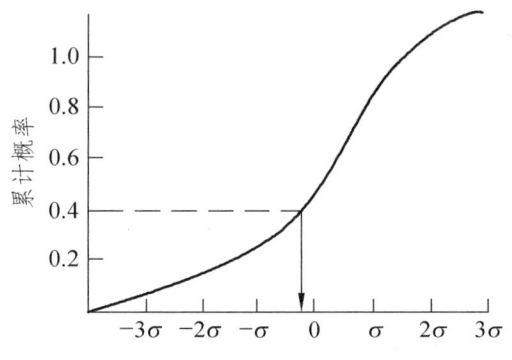

图 9.12　正态分布累计概率图

③ 均匀分布随机变量的蒙特卡洛模拟。

具有最小值 a 和最大值 b 的连续均匀分布随机变量，其累计概率分布如图 9.13 所示。另 RN 表示随机数，RN_m 表示最大随机数，根据相似三角形对应成比例的原理，有：

$$抽样结果 = a + \frac{RN}{RN_m}(b-a) = \frac{a+b}{2} - \frac{b-a}{2} + \frac{RN}{RN_m}(b-a)$$

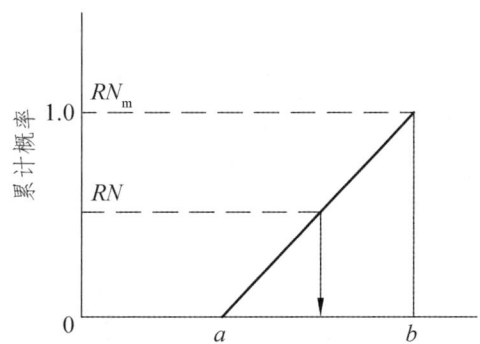

图 9.13　均匀分布累计概率图

如果某均匀分布的随机概率值为 8，范围为 6，则其抽样结果 $= \left(8 - \frac{6}{2}\right) + \frac{RN}{RN_m} \times 6$。

但是，在应用蒙特卡洛模拟法时应注意：在运用蒙特卡洛模拟法时，假设输入变量之间是相互独立的，在风险分析中会遇到输入变量的分解程度问题。

输入变量分解得越细，输入变量个数也就越多，模拟结果的可靠性也就越高。变量分解过细往往造成变量之间有相关性，就可能导致错误的结论。为避免此问题，可采用以下办法处理：

Ⅰ. 限制输入变量的分解程度。

Ⅱ. 限制不确定变量个数。模拟中只选取对评价指标有重大影响的关键变量，其他变量保持在期望值上。

Ⅲ. 进一步搜集有关信息，确定变量之间的相关性，建立函数关系。

从理论上讲，模拟次数越多越正确，但实际上一般应在 200～500 次为宜。

（5）风险综合评价法。

风险综合评价的方法中，最常用、最简单的分析方法是通过调查专家的意见，获得风险因素的权重和发生概率，进而获得项目的整体风险程度。其步骤主要包括：

① 建立风险调查表。在风险识别完成后，建立投资项目主要风险清单，将该投资项目可能遇到的所有重要风险全部列入表中。

② 判断风险权重。

③ 确定每个风险的发生概率。可以采用 1～5 标度，分别表示可能性很小、较小、中等、较大、很大，代表 5 种程度。

④ 计算每个风险因素的等级。

⑤ 最后将风险调查表中全部风险因素的等级相加，得出整个项目的综合风险等级。

3. 风险评价

风险评价是在风险估计的基础上，通过相应的指标体系和评价标准，对风险程度进行划分，以揭示影响项目成败的关键风险因素。项目风险大小的评价标准应该根据风险因素发生的可能性及其造成的损失来确定，一般采用综合风险等级作为判别标准。

（1）以评价指标作为判别标准。

① 财务（经济）内部收益率大于等于基准收益率（社会折现率）的累计概率值越大，风险越小；标准差越小，风险越小。

② 财务（经济）内净现值大于等于 0 的累计概率值越大，风险越小；标准差越小，风险越小。

（2）以综合风险等级作判别标准。根据风险因素发生的可能性及其造成损失的程度，建立综合风险等级的矩阵，将综合风险分为风险很强的 K 级、风险强的 M 级、风险较强的 T 级、风险适度的 R 级和风险弱的 I 级。综合风险等级分类如表 9.8 所示。

表 9.8 综合风险等级分类

综合风险等级		风险影响的程度			
		严重	较大	适度	低
风险的可能性	高	K	M	R	R
	较高	M	M	R	R
	适度	T	T	R	I
	低	T	T	R	I

4. 风险决策

（1）风险态度与风险决策准则。

人是决策的主体，在风险条件下决策行为取决于决策者的风险态度。对同一风险决策问题，风险态度不同的人决策的结果通常有较大的差异。典型的风险态度有三种表现形式：风险厌恶、风险中性和风险偏爱。与风险态度相对应，风险决策人可有以下决策准则：满意度准则、最小方差准则、期望值准则和期望方差准则。

（2）风险决策方法。

① 满意度准则。

在工程实践中由于决策人的理性有限性和时空的限制，既不能找到一切方案，也不能比较一切方案,并非人们不喜欢"最优",而是取得"最优"的代价太高。因此,最优准则只存在于纯粹的逻辑推理中。在实践中,只能遵循满意度原则,就可以进行决策。

满意度准则既可以是决策人想要达到的收益水平,也可以是决策人想要避免的损失水平,因此它对风险厌恶和风险偏爱决策人都适用。

当选择最优方案花费过高或在没有得到其他方案的有关资料之前就必须决策的情况下,应采用满意度准则决策。

【例9.6】 设有如表9.9所示的决策问题,表中的数据除各种自然状态的概率外,还有指标的损益值,正的为收益,负的为损失。如果满意度准则如下:(1)可能收益有机会至少等于5;(2)损失不大于-1。试选择最佳方案。

表9.9 满意度准则风险决策

方案\损益值	S_1	S_2	S_3	S_4
	状态概率 $p(S_j)$			
	0.5	0.1	0.1	0.3
Ⅰ	3	−1	1	1
Ⅱ	4	0	−4	6
Ⅲ	5	−2	0	2

【解】 按准则(1)选择方案时,得到方案Ⅱ和方案Ⅲ有大于或等于5的可能收益,但方案Ⅲ取得收益5的概率更大一些,应选择方案Ⅲ。

按准则(2)选择方案时,得到方案Ⅰ的损失不超过-1,所以应选择方案Ⅰ。

② 期望值准则。

期望值准则是根据各备选方案指标损益值的期望值大小进行决策的。如果指标为越大越好的损益值,则应选择期望值最大的方案;如果指标为越小越好的损益值,则选择期望值最小的方案。由于不考虑方案的风险,实际上隐含了风险中性的假设。因此,只有当决策者风险态度为中性时,此原则才能适用。

【例9.7】 用期望值准则对【例9.3】的问题进行决策。

【解】 用期望值准则决策的结果如表9.10所示。

表9.10 期望值准则风险决策

方案	各方案的期望值
Ⅰ	3×0.5 − 1×0.1 + 1×0.1 + 1×0.3 = 1.8
Ⅱ	4×0.5 + 0 − 4×0.1 + 6×0.3 = 3.4
Ⅲ	5×0.5 − 2×0.1 + 0 + 2×0.3 = 2.9

应选择期望值最大的方案Ⅱ。

③ 最小方差准则。

一般而言,方案指标值的方差越大,则方案的风险就越大。所以,风险厌恶型的决策人有时倾向于用这一原则选择风险较小的方案。这是一种避免最大损失而不是追求最大收益的准则，具有过于保守的特点。

方案计算公式更为方案的表达式如下：

$$D = \sum_{i=1}^{n} x_i^2 p_i - (\bar{x})^2$$

【例 9.8】 用最小方差商量对【例 9.3】的问题进行决策。

【解】 用最小方差准则决策的结果如表 9.11 所示。

表 9.11 最小方差准则风险决策

方案	各方案的期望值
Ⅰ	$3^2×0.5 + (-1)^2×0.1 + 1^2×0.1 + 1^2×0.3 - (1.8)^2 = 1.76$
Ⅱ	$4^2×0.5 + (0)^2×0.1 + (-4)^2×0.1 + 6^2×0.3 - (3.4)^2 = 8.84$
Ⅲ	$5^2×0.5 + (-2)^2×0.1 + 0^2×0.1 + 2^2×0.3 - (2.9)^2 = 5.69$

应选择方差最小的方案Ⅰ。

④ 期望值方差准则。

期望值方差准则是将期望值和方差通过风险厌恶系数 A 化为一个标准决策的准则。

$$Q = \bar{x} - A\sqrt{D}$$

式中，风险厌恶系数 A 的取值范围从 0 到 1，越厌恶风险，取值越大，通过取值范围的调整，可以使 Q 值适合于任何风险偏好的决策者。

【例 9.9】 用期望值方差准则对【例 9.3】的问题进行决策。

【解】 用期望值准则决策的结果如表 9.12 所示。风险厌恶系数 A 为 0.7。

表 9.12 期望值方差准则风险决策

方案	各方案的 Q 值
Ⅰ	$1.8 - 0.7\sqrt{1.76} = 0.87$
Ⅱ	$3.34 - 0.7\sqrt{8.84} = 1.32$
Ⅲ	$2.9 - 0.7\sqrt{5.69} = 1.23$

5. 风险应对

风险应对，是指根据风险决策的结果，研究规避、控制与防范风险的措施，为项目全过程风险管理提供依据。

风险应对的四种基本方法是：风险回避、损失控制、风险转移和风险保留。

（1）风险回避。

风险回避是投资主体有意识地放弃风险行为，完全避免特定的损失风险。在这个意义上，风险规避也可以说是投资主体将损失机会降低到 0。例如，在货物采购合同中业主可以推迟承担货物的责任，即让供货商承担货物进入业主仓库之前的所有损失风险。这样，在货物运输时业主可以避免货物入库前的损失风险。

简单的风险回避是一种最消极的风险处理方法，因为投资者在放弃风险行为的同时也放弃了潜在的目标收益。因此，风险回避对策的采用一般都是很慎重的，只有在对风险的存在与发生，对风险损失的严重性有把握的情况下才有积极意义。

（2）风险控制。

风险控制是针对可控性风险采取的防止风险发生、减少风险损失的对策，也是绝大部分项目应用的主要风险对策。

当特定的风险不能避免时，可采取行动抵制与风险有关的损失。损失控制不是放弃风险行为，而是制订计划和采取措施降低损失的可能性或者是减少实际损失。如当损失存在 M 级强风险时，就应修正拟议中的方案，通过改变设计或采取补偿措施等进行控制。当存在 T 级较强风险时，可设定某些指标值的临界值，指标值一旦达到临界值，就要变更设计或对负面影响采取补偿措施。

损失控制在安全生产中很常用，控制包括事前、事中和事后三个阶段。事前控制的目的主要是降低损失的概率，事中和事后的控制主要是为了减少实际发生的损失。为了减少管理的费用，每个阶段都应把握控制重点，如事故高发区和安全隐患集中的区域。

（3）风险转移。

风险转移，是指通过契约，将让渡人的风险转移给受让人承担的一种行为。当存在 R 级适当风险时，通过风险转移，有时可大大降低经济主体的风险程度，因为风险转移可使更多人共同承担风险，或者因为受让人预测和控制损失的能力比风险让渡人大得多。风险转移是将项目业主可能面临的风险转移给他人承担，以避免风险损失的一种方法。风险转移的主要形式有合同和保险。

① 合同转移。通过签订合同，经济主体可以将一部分或全部风险转移给一个或多个参与者。例如，在建设工程发包阶段，业主可以与设计、采购、施工联合体签订交钥匙工程合同，并在合同中规定相应的违约条款，从而将一部分风险转移给设计、采购和施工承包商。

② 保险转移。保险是使用最为广泛的风险转移方式，凡是属于保险公司可保的险种，都可以通过投保把风险全部或部分转移给保险公司。

（4）风险保留。

风险保留是指将风险损失留给项目业主自己承担。如果损失发生，经济主体将以当时可利用的任何资金进行支付。当存在 R 级适度风险或 I 级弱风险时，项目业主可进行风险保留。风险保留包括无计划自留、有计划自我保险。

① 无计划自留。指风险损失发生后从收入中支付，即不是在损失前作出资金安排。当经济主体没有意识到风险并认为损失不会发生时，就会采用无计划保留方式承担风险。一般来说，无计划保留应当谨慎使用，因为如果实际损失远远大于预计损失，将引起资金周转困难。

② 有计划自我保留。指可能的损失发生前，通过做出各种资金安排以确保损失出现后能及时获得资金以补偿损失。有计划自我保险主要是通过建立风险预留基金的方式来实现。

风险自留适用于两种情况：一是已知有风险但由于可能获利而需要冒险时，必须保留和承担这种风险；另一种情况是已知有风险，但若采取某种风险措施，其费用支出会大于自担风险的损失时，常常主动自担风险。

以上所述的风险对策不是互斥的，实践中常常组合使用。

本章小结

建设项目的不确定性和风险是决定项目成败的一个重要因素,为了保证投资效益,规避项目投资风险,必须对项目进行不确定性分析和风险分析。通过对本章的学习,需要达到能够运用不确定性分析确定投资方案的最佳产量、决定投资方案因素的敏感度,在此基础上进行分析,确定风险发生的概率,并以此提出风险分析的策略,以实现项目投资效益的最大化。

课后习题

一、单项选择题

1. 某项目生产能力为 3 万件/年,产品售价为 400 元/件,其中固定成本 300 万元,总变动成本、税金与产量成线性关系,单位变动成本为 250 元/件,应纳税 25 元/件,则盈亏平衡点的产量是(　　)。

    A. 20 000　　B. 24 000　　C. 25 000　　D. 27 000

2. 在投资项目经济评价的不确定性分析中,敏感性分析的主要目的是(　　)。

    A. 分析不确定性因素的变化对项目评价指标的影响

    B. 度量项目风险的大小

    C. 判断项目承担风险的能力

    D. 分析不确定因素发生变化的概率

3. 某建设项目以财务净现值为指标进行敏感性分析的有关数据见表 9.13。

表 9.13

投资额变化幅度	−20%	−10%	0	+10%	+20%
净现值(万元)	310	290	160	20	−80

则该建设项目投资额变化幅度的临界点是(　　)。

    A. 10%　　B. 11.87%　　C. 12%　　D. 12.8%

4. 在投资防范的不确定性分析中,通过盈亏平衡分析,可以(　　)。

    A. 度量项目风险的大小

    B. 揭示产生项目风险的根源

    C. 找出降低项目风险的具体途径

    D. 确定风险因素的变动对项目的影响程度

5. 在可行性研究阶段进行敏感性分析时,常采用的评价指标是(　　)。

    A. 投资回收期和净现值率

    B. 净现值和内部收益率

    C. 内部收益率和投资收益率

    D. 投资收益率和投资回收期

6. 某建设项目以财务净现值为指标进行敏感性分析的有关数据见表 9.14,则按净现值确定的敏感程度由大到小的顺序为（　　）。

表 9.14

变化幅度 项目	-10%	0	+10%
建设投资	12.70	8.79	14.3
经营成本	11.12	8.79	6.42
营业收入	3.01	8.79	5.45

　　A. ①②③　　B. ③②①　　C. ③①②　　D. ②①③

7. 敏感性分析的目的在于寻求敏感因素，可以通过（　　）来确定。

　　A. 平衡点　　B. 累计概率　　C. 临界点　　D. 斜率

8. 根据图 9.14 所示，净现值对三种不确定因素经营成本 A、销售收入 B、投资额 C 的敏感性从小到大的排列顺序为（　　）。

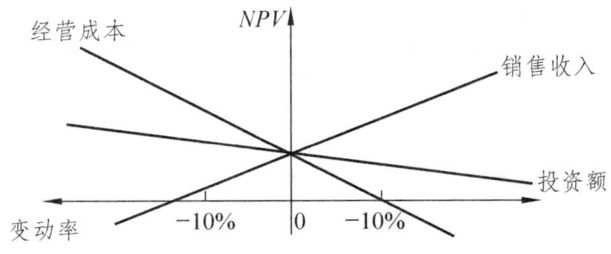

图 9.14

　　A. B<C<A　　B. B<A<C　　C. A<C<B　　D. A<B<C

二、名词解释

盈亏平衡点　单因素敏感性分析　临界点　风险

三、简答题

1. 不确定分析的方法有哪些？
2. 什么叫盈亏平衡分析？盈亏平衡点如何确定？
3. 敏感性分析的目的有哪些？需要经过哪些步骤？有何不足？
4. 风险分析的过程有哪些？风险分析的策略有哪些？

四、案例分析

某建设工程项目的基本数据估算值如表 9.15 所示，试进行单因素敏感性分析。

表 9.15

因素	建设投资	1~8 经营成本	第 8 年残值	营业收入
估算值（万元）	-3 000	600	100	1 200

　　假设基准收益率为 10%，设敏感性因素分别为初始投资、年经营成本、年收入。试对该方案进行净现值和内部收益率的单因素敏感性分析。

第 10 章 建设项目的总评估和后评估

本章要点
（1）掌握建设项目的总评估、后评估的基本概念及其在项目管理中的作用。
（2）了解建设项目的总评估、后评估的具体评估对象。
（3）掌握评估实务中的工作步骤和常用的工作方法。
（4）理解项目总评估和后评估与其他项目评估的内在联系和区别。

10.1 项目总评估概述

建设项目总评估是建设项目评估过程的重要环节，是整个项目评估过程的一个有总结性、解释性的、可对比性的重要阶段成果，也可以理解为是整个项目评估工作的最后一步。

建设项目总评估就是对拟建项目进行评估的全面总结，从全局上分析与判断项目建设的必要性、应用技术的先进性、财务和经济的可行性。通过评估提出结论性、纲领性的意见和建议，对项目整体推进提供必要的依据和参考。

10.1.1 建设项目总评估的概念

建设项目总评估就是在建设项目前期各个分项评估的基础之上——也就是完成了对项目的建设条件评估、市场需求评估、建设规模评估、建设项目环境影响评估以及建设项目的财务评价和国民经济评价等评估工作之后，根据实际情况，因地制宜地对项目进行全面的分析和权衡，从整体上把握项目的可行性和合理性，并提出方案选择和项目决策的结论性意见，撰写项目评估报告，为项目投资和贷款决策提供书面依据的综合性评估。

我们可以通过图 10.1 的示意了解项目总评估在整个项目评估过程中的位置和作用。很明显，项目总评估就是基于项目的基础条件评估和外围条件评价等活动及其成果，经过项目实施的必要性、可行性以及收益方面的总结和提纯，形成的对整个项目宏观层面的评价。它的研究成果通常表现为项目总评估报告。

第 10 章 建设项目的总评估和后评估

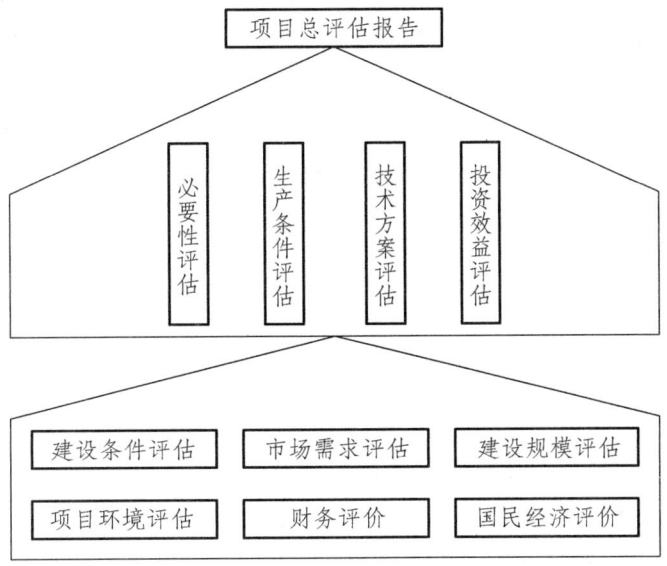

图 10.1 项目总评估基于建设项目的其他评估活动

10.1.2 项目总评估的作用

项目总评估首先是对分项评估的补充和完善，在评估的过程中需要将各分项评估的结果前后联系起来，这样就可以及时发现和修正分项评估中的可能存在的错误和遗漏，再根据决策的需要进行纠错或者补充性分析研究。

通过项目总评估以及相关的补充完善工作会使整个项目评估工作更加完善和有效。

其次，通过对分项评估的综合协调，能够理顺各分项评估的逻辑关系，更容易通过在分项评估的基础上进行综合分析，提出结论性的意见，给投资项目决策者提供一个简明直观的判断依据。

此外，项目总评估还可以实现对不同方案的比较选择，可以对项目得出综合性的评估结论，同时也能够对项目提出更具建设性的建议。

10.2 建设项目总评估的对象和内容

在上一节对项目总评估概念的论述中，我们提到，项目总评估是一个全局上的分析。为了得到结论性、纲领性的意见和建议，我们是通过什么外在、内在的条件和因素去进行相关的分析和研究的呢？在项目的可行性研究中，可能会提出很多不同的方案，如不同的厂址方案、工艺方案或者规模方案，有的涉及几个方面。虽然在分项评估中已经对不同的方案进行了分析，但在完成各专项评估后，通过项目的总评估可以进一步联系各个分项，对总体方案进行最优选择。同时也可以对各种方案中结论的优劣、影响条件的主次进行梳理，得出更为简明扼要、比较准确可靠的结论。

接下来介绍的就是我们在进行建设项目总评估工作中需要着重体现的几方面内容。

10.2.1 建设项目的必要性评估

该评估过程主要考虑的是与建设性项目相关的国家、地区的政策，经济发展趋势以及社会需求等方面。在我国的社会条件下，特别应重点考察是该项目的建设是否符合国家的建设方针和投资方向。

同时，必要性评估也是建设项目外在条件评估的一种。

通常，一个具有建设必要性的项目应该具备如下条件的全部或者大部分：

（1）符合国家相关领域的产业政策。
（2）符合国民经济长远发展规划的要求。
（3）有利于经济结构和产业结构的调整。
（4）符合地区经济发展、布局和行业改造等方面的要求。
（5）能适应社会需要和市场需求，有足够的消费市场。
（6）能够改善投资结构和经营环境的需要。
（7）适应企业改良，提高运营生产效率的需要。
（8）有利于新技术和新产品的开发。
（9）有利于为社会提供短缺的产品。
（10）有利于提高行业产品的质量。

如果符合上述要求，项目建设就是必要的。同时，项目的建设规模必须符合规模经济的要求。

10.2.2 建设项目的生产条件评估

生产条件评估就是从项目内部的技术因素角度分析和判断项目的可行性。我们可以从以下几个方面深入问题，进行分析论证综合后获得项目可行性的评估结论。

首先是项目建设条件的分析，这里包括有如下几个需要考虑的因素：

① 项目建设资金分析；
② 建设力量分析；
③ 建设物质供应分析；
④ 建设场地分析。

通过对上述几个因素的考量，我们可以获得项目建设的最基本的人、财、物条件的情况，能够及时发现项目建设初期准备工作和主要需求的不足。另外，我们同时还需要对项目建设后期的项目生产条件进行分析，这里包括：

① 资源分析；
② 原材料供应分析；
③ 项目配套条件分析；
④ 项目厂址方案分析。

接下来我们看到的表10.1就是一个典型的厂址方案建设投资费用的综合比较表，通过这张表我们就可以对比不同的选址方案在相关费用明细中的区别。这样我们就可以综合其他类目的分析结果，进行厂址选择方案在基础建设资金投入方面的优劣，为项目决策提供直接、有效的依据。

表 10.1 厂址方案建设投资费用比较表

序号	比较内容	建设投资		
		方案一	方案二	方案三
1	土地购置费用			
	土地费用			
	安置拆迁费用			
…	……			
2	场地平整费用			
	土方工程			
	石方工程			
…	……			
3	基础工程费			
	基础处理费			
	抗震措施费			
4	场外运输投资			
	铁路专用线			
	公路			
	码头			
5	场外公用工程投资			
	给水工程			
	排水工程			
	供热工程			
	供电工程			
6	防洪工程投资			
7	环境保护投资			
8	临时建筑设施费用			
	合计			

同时，我们在分析和比对完成厂址基础建设费用后，还要进一步结合项目建成后的运营方面费用（表 10.2）进行比对。这样才能保证我们的厂址选择方案在资金效率利用方面的分

析和讨论的全面性和完整性。

表 10.2 厂址方案运营费用比较表

序号	比较内容	运营费用		
		方案一	方案二	方案三
1	原材料及燃料运输费用			
2	产品运输费用			
3	动力费			
4	排污费			
5	其他			
	合计			

总之，项目建设条件的评估主要就是分析：厂址选择与生产布局的合理性；地质状况是否清楚，是否适合建设施工要求；施工力量、施工技术与施工物资的供应有无保证；设备可否落实配套；实施工程设计方案和建设规模是否切实可行；"三废"治理方案是否符合要求并获得有关部门批准认可。

10.2.3 项目的技术方案评估

项目的技术方案评估就是从项目的投入和运营条件的角度，即对已有的技术方案中的工艺、设备等软硬件配套设施，包括项目生产规模等，进行评估，判断项目顺利建设和正常生产的可能性。主要内容包括：

① 工艺分析；
② 设备分析；
③ 软件技术分析；
④ 项目的总平面规划分析；
⑤ 项目的生产规模分析。

通过技术方案的评估，全面了解技术方案的先进性、适用性、可靠性、安全性以及经济合理性。

项目应该尽可能地选择采用国内外领先的先进技术或者高新技术。衡量其的指标有产品的质量性能、产品的使用寿命、单位产品的物耗能耗、劳动生产率、自动化水平、装备水平等。同时，项目采用的技术应该和建筑产品方案以及管理水平相适应，这主要体现在项目采用的技术应该与可能得到的原材料、辅助材料和燃料相适应。采用的技术要与可能得到的设备相适应，包括国内设备和国外设备，主要设备和辅助设备；采用的技术也要和员工的素质以及管理水平相适应；采用的技术还应与环境保护的要求相适应，尽可能采用清洁的生产技术。在可靠性方面，项目采用的技术应该经过生产、运行的检验，在行业内拥有良好的声誉口碑和良好的可靠性记录。同时，所采用的技术应该能在正常使用中确保安全生产运行。例如，核电站、产生有毒有害和易燃易爆物质的项目，以及地下采矿、水利水电枢纽等项目尤其应该注意技术的安全性研究。在综合考量上述技术采用原则的同时，既保证技术设备的先进适用、安全可靠，还应该着重分析所采用的技术是否经济合理，是否有利于节约项目投资和降低生产成本，提高综合经济效益。

10.2.4 项目的投资效益评估

投资效益评估的实质是度量投资项目实施对经济与社会的贡献。其核心内容是分析投资项目的经济与社会效益。

从财务效益、国民经济效益、社会效益评估以及不确定性分析等方面，探讨并总结出投资项目效益评估的一般性方法。

这里就包括：

（1）投资估算和资金的筹措。包括拟建项目的整个投资构成，各项投资估算，资金的筹措方式、计划和各项来源的落实情况，对可行性研究报告中有关数据的修改理由。

（2）财务基础数据的估算。包括计算期、汇率、销售收入、销售税金及附加、总成本费用、利润、所得税的估算依据和结果，以及对可行性研究报告中有关数据的修改理由。

（3）财务效益分析。计算一系列技术经济指标，并用这些指标分析、评价项目财务角度的可行性。

（4）国民经济效益分析。

（5）不确定性分析。

在实际的投资效益评估实务中，我们通常将项目经济费用评价和项目财务评价进行区别比对（表10.3）。在具体处理两者关系时，我们会遇到以下的几种情况：

（1）当经济评价和财务评价都认为项目可行时，最终评价结论是项目可行。

（2）当经济评价与财务评价都认为项目不可行时，最终评价结论是该项目不可行。

（3）当经济评价认为项目可行，但是财务评价认为项目不可行时，最终评价结论是该项目可行。

（4）当经济评价认为项目不可行而财务评价认为项目可行时，最终评价结论是该项目不可行。

表10.3 项目经济费用评价和财务评价的区别

项目	经济费用效益评价	财务评价
评价的角度	国家整体的角度	（企业）项目财务的角度
评价的目的	以实现社会资源的优化配置和有效利用为目的，考察项目投资的经济效益和对社会福利做出的贡献以及整个社会对项目付出的代价，评价项目的经济合理性	以项目净收益最大化为目的，考察项目的盈利能力、债务清偿能力、生存能力、利润及其分配情况、各投资方的盈利能力
效益和费用的含义	着眼于项目引起的社会资源变动，凡是增加社会资源的项目产出，均计为效益，凡消耗社会资源的项目投入都计为费用，因此补贴、税金和国内借款利息作为转移支付剔除	着眼于货币的流入和流出，凡增加项目计为收入的财务收益，凡减少项目收入的计为项目费用，所以补贴、税金各种利息均为财务费用

续表 10.3

项目	经济费用效益评价	财务评价
效益和费用的范围	将整个国家作为独立的经济系统进行分析,包括项目产生的直接效益和费用、间接(外部)费用和收益;不仅包括有形外部效益和费用,还包括无形外部效益和费用	将项目作为独立的经济系统进行分析,故仅包括发生在项目范围内的流入、流出项目的货币金额
采用的价格	采用更能反映货物真实的经济价值、更有利于合理配置社会资源的影子价格	采用国内现行的市场价格
使用的参数和依据	采用社会折现率、影子汇率、影子价格及其换算系数	采用行业基准收益率或投资者所能接受的最低收益率,国家统一发布的外汇汇率

在项目总评估中对项目的投资效益评估应该综合考量上述两方面的因素,综合评价并具体量化项目的投资经济效果,可以参见表10.4进行分析。

表10.4 经济费用效益分析投资费用估算调整表 万元

序号	项目	财务分析			经济费用效益分析			经济费用效益分析和财务分析的增减
		外币	人民币	合计	外币	人民币	合计	
1	建设投资							
1.1	建筑工程费							
1.2	设备购置费							
1.3	安装工程费							
1.4	其他费用							
1.4.1	土地费用							
1.4.2	专利、专有技术费							
1.5	基本预备费							
1.6	涨价预备费							
1.7	建设期利息							
2	流动资金							
	合计(1+2)							

注:若投资费用是通过直接估算得到的,本表应略去财务分析的相关栏目。

10.2.5 项目是否可行和方案是否优化的综合性意见

应对可行性研究中提出的各个方案或评估时拟定的若干个有价值的方案进行比较,从中遴选出最优方案,并将前期分项评估的初步结果进行汇总、分类和梳理,归纳出几方面的重点问题,特别是在技术、财务、经济效益等方面进行详尽的比较和优选,抓住项目的关键问题,进行深入的分析论证,作出最终的结论和建议。

同时针对不同服务对象和评估目的，经过综合分析判断，提出项目是否值得实施或者选择最优方案的结论性意见并就影响项目可行性的关键性问题提出切实可行的建议。例如，对于政府有关部门批准立项提出决策依据的项目评估，应该重点考虑项目建设是否符合国家的相关产业政策和产业布局政策，提出是否建议有关部门批准该项目的建议。

影响项目投资成本与效益的技术经济因素不确定，对于企业未来技术力量、业务素质和管理人员的经营能力等因素，不可能先作出绝对准确的预测；至于影响项目成败的客观环境与条件的变化，更非项目业主所能主宰。所有这些情况的变异都可能使项目由原来的可行变成不可行，从而使项目出现风险。于是，许多项目的评估都少不了要做不确定性分析，以判断项目风险的大小。因此，项目风险分析是项目总评估的必要组成部分。

上述的内容可以作为项目总评估的综合性意见。

10.3 建设项目总评估的步骤和方法

项目总评估绝对不是简单地罗列和汇总各分项评估的结论，也不能简单地重复可行性研究的内容，而是要以可行性研究和分项评估为基础依据，将所获数据资料加以检验审核和整理，进行对比分析、归纳判断、"去伪存真、去粗取精、由此及彼、由表及里"的综合分析研究，结合拟建项目的实际情况，提出项目总的最终评估结论和建议。

10.3.1 项目总评估的步骤

项目总评估一般首先是整理相关的资料，进行评估的准备工作；然后明确评估的范围，即各分项内容和评估使用的方法及主要技术指标，根据已有的资料和数据进行分析比对，组织专家研讨；最后形成结论性的建议或者意见并编制总评估报告。其具体的流程可以参见图10.2。

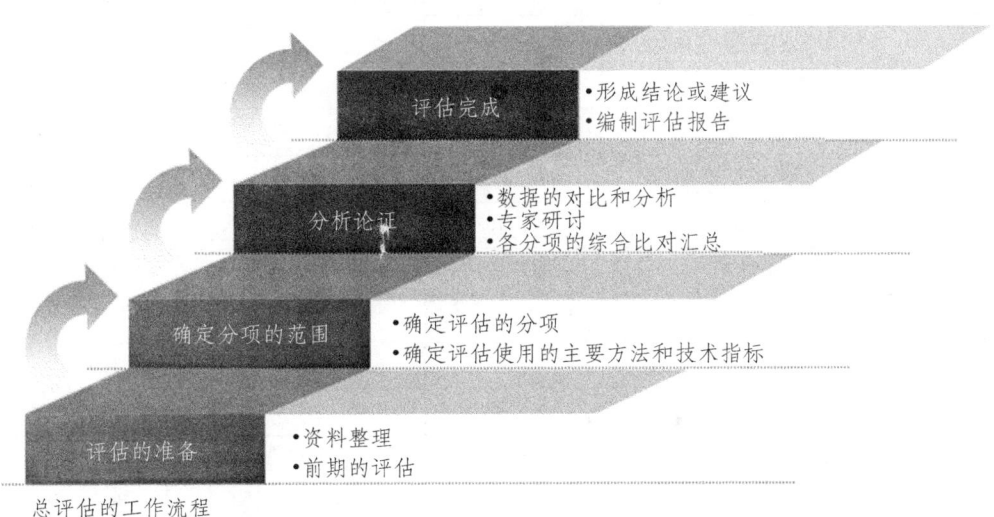

图 10.2 项目总评估的流程示意图

为此,项目总评估应遵循下列程序和步骤:

(1)检查和整理各分项评估资料。

在进行项目建设必要性、生产建设条件、工艺技术与设备选型、财务效益和国民经济效益等各分项评估时,已经收集、测算了各项基础数据和评估指标,并作出了判断和结论。因此,到项目总评估阶段,首先应该对各分项评估所取得的数据资料和测算的指标进行检查、审核、整理和归类,剔除重复和不切实的内容,修正错误的数据,调整价格和参数,增补一些遗漏的资料,做到数据准确、内容完整、结论可靠,为编写评估报告打好基础。

(2)对比分析、寻找差异原因,编制对照表。

总评估时应进行两方面的对比分析,不仅要对各分项评估结论进行对比分析,考虑各分项评估的质量和深度,纠正各分项评估中某些结论的误差,最主要的是要将这些分项评估结论同可行性研究报告的结果进行对比分析。由于项目评估与可行性研究两者的主体和分析角度不同,很可能出现不同的评价结论,应分析论证两者的差异,寻找原因,发现问题,作出相应的说明,例如说明是由于基础数据不同、预测和估算的方法不同或纯属计算误差等,而后进行切合实际的调整补充和修正,提高分项评估质量,并进一步更全面和系统地编制出项目评估前后的基础数据与基本指标对比表(表10.5)。

表 10.5　评估前后主要基础数据与经济指标对比表

序号	名　称	单　位	可行性研究报告	评估报告	增减	备注
1	基础数据					
1.1	年产量(设计规模)	吨、台、箱等				
1.2	建筑面积	平方米				
1.3	职工人数	人				
1.4	项目总投资	万元				
1.4.1	固定资产投资	万元				
1.4.2	流动资金	万元				
	其中:铺底流动资金	万元				
1.5	资金筹措	万元				
1.5.1	资本金	万元				
	资本金占总投资比例	%				
1.5.2	中长期借款	万元				
	长期借款	万元				
	中期借款(用于流动资金)	万元				
1.5.3	短期借款	万元				
1.6	年销售收入	万元				
1.7	年销售税金及附加	万元				
1.8	年总成本费用	万元				
	年经营成本费用	万元				

续表 10.5

序号	名称	单位	可行性研究报告	评估报告	增减	备注
1.9	年利润总额	万元				
1.10	年所得税	万元				
1.11	年税后利润	万元				
1.12	年外汇收入	万美元				
2	经济指标					
2.1	财务内部收益率（$FIRR$）	%				
	全部投资	%				
	自有资金	%				
2.2	财务净现值（$FNPV$）	万元				
	全部投资	万元				
	自有资金	万元				
2.3	投资回收期	年				
2.4	投资利润率	%				
2.5	投资利税率	%				
2.6	资本金净利润率	%				
2.7	国内投资借款偿还期	年				
2.8	资产负债率	%				
2.9	流动比率	%				
2.10	速动比率	%				
2.11	经济内部收益率	%				
2.12	经济净现值	万元				
2.13	经济外汇净现值	万元				
2.14	经济换汇成本	万元				
2.15	经济节汇成本	万元				
2.16	盈亏平衡点产量	吨、台、箱等				
2.17	盈亏平衡点生产能力利用率	%				
2.18	盈亏平衡点价格	元/台、吨、箱等				

（3）归纳判断，提出最终结论和建议。

这是将分项评估的初步成果，客观公正地进行分类，归纳出几个主要问题，判断项目建设的必要性及可行性，并对技术、财务、经济等各方面进行多方面比较和优选，抓住关键问题，进行深入研究、补充分析，最后进行综合分析论证，作出最终结论和建议。同时针对不同服务对象和评估目的，提出各有侧重的建议和意见。例如，对于政府有关部门批准立项提出决策依据的项目评估，应着重考虑项目建设是否符合国家的产业政策和布局政策，提出是否建议有权机构批准该项目的建议。又如，对于由项目贷款银行（含政策性银行和商业银行）和其他金融机构提供贷款决策依据的项目评估，应着重考虑企业的资信和项目偿还贷款的能力与贷款的风险，提出能否给予贷款的建议和意见。

10.3.2 项目总评估的方法

项目总评估的方法和项目其他评估一样，无外乎有以下几种方法：

（1）经验分析法：比照以往项目运作过程中积累的经验，结合评估项目中的具体问题，进行评价的方法。这种方法需要评估人员具有非常丰富的项目经验，积累较多的处理和解决项目中常见问题的能力，能够及时发现评估对象中存在的问题并且能够提供解决方案。

（2）分等加权法：首先罗列出影响决策的重要因素，根据项目的具体情况将各个因素分级打分，然后再按照各个因素在项目中的重要程度对分值进行加权，最后得到的总分即是该方案的最终评价得分。可以根据这一得分直观并且量化地对比各个不同方案间的优劣。

（3）专家意见法：组织相关领域的专业人员或专家对项目需要评估的内容进行集合研判与讨论，形成意见或者决策的方法。

（4）多级过滤法：根据项目的要求，设定多级过滤参数，符合要求的通过，最后就可以得到最符合项目要求的方案。

（5）一票否决法：对于对项目有着至关重要作用的核心因素，可以使用该方法，设定一票否决的因素，凡是不符合该因素指标要求的方案，给予直接否决。

当然，这些方法也可以组合应用，这都需要根据项目的具体情况和要求进行应用和实施。

10.3.3 项目总评估的要求和评估报告

项目总评估应该是对整个项目评估活动的总结，所以对于这部分内容的编写要求也较高，需要在编写过程中注意对前期工作的总结和提炼，在语言上要尽可能地做到精明简练，让读者能够很方便地了解项目的整体情况和重要问题。对于项目中的重点问题、重要内容作出合理的分析，不能空泛地谈论现象，要能深入到问题核心，做到有理有据有节。同时，在总评估的报告中提出的建议和意见要切实可行，不能云山雾罩，不明就里，更不能高高在上难以实现。另外，对于作出的结论性意见要慎重考虑后再提出，对于结论要有论据支撑，最好有量化的数据说明，做到科学可靠。

简单地说，编写项目总评估要做到以下几点：

（1）对关键内容要做出重点分析。

某些关键性的内容、对于项目的正常实施与投产运营具有十分重要作用的内容，在中评估中应该重点分析，以引起投资者或者有关部门的重视。

（2）语言精明简练。

总评估是具有总结性质的文件，没有必要对分评估的内容进行过于细致的描述，多表述结论性的内容或重要数据。避免使用高度专业化的术语，以便决策人员能准确理解。为了表达准确、科学，应使用数字或者指标说明问题，对于难以量化的内容要给出定性的分析，用文字加以说明。

（3）结论科学可靠。

项目评估小则关系到投资者的切身利益，大则关系到地区和国家的发展，所以评估人员应该坚持科学、公正的态度，实事求是地评估项目，在此基础上进行总评估。

（4）建议切实可行。

在总评估中，项目评估人员应该结合项目的实际情况，提出切实可行的建议。

项目总评估报告通常都是作为项目总体评估报告的一部分，和其他评估报告一样可以分成报告正文、主要的附表以及其他的附件等几个部分。

10.4 建设项目后评估概述

10.4.1 项目后评估的概念

项目后评估就是指在项目建成投产并达到设计生产能力后，通过对项目准备、决策、设计、实施和试生产直至达产后全过程进行的再评估，衡量和分析其实际情况与预计情况的偏离程度及产生的原因，全面总结项目投资管理经验，为今后项目准备、决策、管理、监督等工作的改进创造条件，并为提高项目的投资效益提出切实可行的对策措施。

项目后评估是整个项目管理的一种延伸，通过项目后评估可以全面总结项目投资管理中的经验教训，并为以后改进项目管理和制订科学的投资计划与政策反馈信息、提供依据，这对于提高建设项目过程的管理水平将起到重要作用。

10.4.2 项目后评估和其他评估的区别

项目后评估与项目可行性研究、前评估的主要区别如下：

1. 评估的目的和在投资决策中的作用不同

后评估的作用主要体现在对投资、决策的效率评估上，在总结经验教训的同时起到对今后项目实施的指导性作用。

2. 所处的阶段不同

后评估执行的时间都是项目建设完成以后，而可行性研究和前评估都发生在项目启动的初期。

3. 比较参数的标准不同

后评估比对的是项目本身实现的数据和项目设计的预测数据间的关系，或者同类型项目间的数据，所以采用的参数主要是能说明和量化的投入、产出相关的数据；而可行性研究和前评估主要是根据定额标准、国家参数来衡量项目的必要性、可行性和合理性。

4. 评估的内容不同

在评估的侧重点上,它们也存在较大的差别,后评估的评估内容主要集中在对前评估内容进行再评估以及对项目决策、实施效率等进行评价,还有就是对项目的实际运营情况进行深入的分析;而可行性研究和前评估主要是针对项目的建设条件、设计方案、实施计划以及社会经济效果等实施。

5. 组织实施上不同

项目可行性研究和前评估主要是由投资主体或者投资计划部门组织实施,而后评估通常是由投资运行的监督管理机关或单独设立的后评估机构进行,以确保项目后评估的公正性和客观性。我国设立的各级建设项目后评估部门或机构有:国家计划部门、国务各主管部门、地方政府、银行以及其他投资主体的后评估机构。

6. 评估的性质不同

后评估与项目中间环节的其他评估相比,也具有较多的不同点,例如它们的目的和作用不同,项目中评估一般都是专项评估,专业性更强,更具有针对某些特定环节的针对性,如社会经济效益评估或环境保护的影响评估。另外,它们在项目中所处的阶段不同,在评估过程中选用的数据和参数也不尽相同,评估的组织实施过程也有差别。

后评估与项目竣工验收、审计检查及项目监理相比也是有明显的区别。

总之,项目后评估的主要特点可以总结为以下几点:

① 公正性和独立性;
② 可信性和透明性;
③ 现实性;
④ 实用性;
⑤ 反馈性;
⑥ 探索性。

10.4.3 项目后评估的作用及种类

1. 项目后评估的作用

通过项目后评估可以总结项目管理的经验教训,可以为今后的项目管理提供依据,进而提高项目决策的科学化水平,也能够监督和改进项目本身,促进项目运营状况的正常化。同时,它可为项目投资机构,如银行部门等及时调整信贷政策和国家投资计划、政策的制定提供有力的依据。

2. 项目后评估的种类

(1)根据评估的时点划分:

① 项目跟踪评估;
② 项目实施效果评估;
③ 项目效益监督评估。

(2)根据评估的内容划分:

① 目标评估；
② 项目前期工作和实施阶段评估；
③ 项目运营评估；
④ 项目影响评估；
⑤ 项目持续性评估。
（3）根据评估的范围和深度划分：
① 大型项目或者项目群的后评估；
② 重点项目中关键工程运行过程的追踪评估；
③ 同类项目运行结果的对比分析，即进行"比较研究"的实际评估；
④ 行业性的后评估，即对不同行业投资收益性差别进行实际的评估。
（4）根据评估的主体划分：
① 项目自评估；
② 行业或地方项目后评估；
③ 独立后评估。

10.5 项目后评估的内容、方法和程序

10.5.1 项目后评估的内容

1. 从评估着手的角度划分

根据评估着手的角度，项目后评估的内容可以分成以下五种：

（1）目标评估。

通过比较项目实际产生的一些经济、技术指标与项目审批决策时确定的目标，检查项目是否达到预期目标或达到目标的程度，从而判定项目是否成功。

（2）执行情况评估。

项目在执行过程中对设计、施工、资金使用、设备采购、竣工验收、保修进行评估，可找出偏离预期目标的原因，并提出对策建议，以不断提高项目的建设水平。

（3）成本效益评估。

成本效益是衡量项目成功与否的关键因素，项目建成后，通过分析成本构成，进行财务评价和国民经济评价，并以一些主要经济指标进行衡量，如内部收益率等。

（4）影响评估。

项目建成后，可对国家、项目所在社区的社会、经济发展，健康教育，生态环境产生实际影响，需对此进行评估，据以判断项目的决策宗旨是否实现。项目的影响评价，一般是有选择地进行的。

（5）持续性评估。

持续性评估指对项目在未来运营中实现既定目标以及持续发挥效益的可能性进行预测分析。项目效益的持续发挥受一定因素的制约，如管理组织、财务、技术和社会文化、生态环

境以及经济、政治等因素都可能影响项目的持续性，因此仅从项目实施情况得出的评估结论是不够全面的，还应对项目未来的发展趋势进行科学的分析预测，即从接受投资的项目业主是否愿意并可以依靠自己的能力继续实现既定的目标，项目能否具有可重复性的方面进行评估。这里包括政府政策因素，管理、组织和参与因素，经济财务因素，技术因素，社会文化因素，环境和生态因素。

2. 根据项目运作的阶段不同划分

根据项目运作的阶段不同，可以根据下面的方式对项目进行分析和评估：

（1）项目前期工作的后评估。
① 项目筹备工作的评估；
② 项目决策的评估；
③ 厂址选择的评估；
④ 征地拆迁工作的评估；
⑤ 勘察设计工作的评估；
⑥ 委托施工的评估；
⑦ 工地开发工作的评估；
⑧ 资金落实情况的评估；
⑨ 物资落实情况的评估。

（2）项目实施的后评估。
① 项目开工的评估；
② 项目组织与管理的评估；
③ 项目建设资金供应和使用情况的评估。

（3）项目运营的后评估。
① 企业经营管理的状况评估；
② 项目产品方案的评估；
③ 项目达产年限的评估；
④ 项目经济效益后评估。

10.5.2　项目后评估的指标体系

项目后评估是应用控制论的基本原理，通过项目实际实施结果与预期结果的对比，寻找项目实施中存在的偏差，通过对产生偏差因素的分析，采用相应的控制措施，保证项目投资实现预期目标的过程。为定量分析项目实施过程中各主要目标的实现情况，一般采用指标计算和指标对比等分析研究方法。

指标计算就是通过计算项目实际投资利润率、实际内部收益率等反映项目实施和运营各阶段实际效果的指标，来衡量和分析建设项目的投资效果。

指标对比是通过各种项目后评估指标与预测指标或国内外同类项目相关指标的对比，来衡量项目建设实际效果的。

在项目后评估中建立的指标体系应该遵循以下原则：首先，指标的设置应该是全面性和目的性结合的,就是既能够覆盖需要说明的项目属性和特征,又要突出评估的目的;同时,这些指标应该是可以对比的,无论是作为项目间的对比还是项目实施前后的对比,都应该是可量化的,可直观比对的;此外,应该做到动态指标与静态指标相结合,使其不仅仅能反映某个时点的项目状态同时还要能凸显项目的过去轨迹和未来趋势;另外,还应该实现综合指标与单项指标相结合、微观投资效果指标与宏观投资效果指标相结合的形式。

接下来,我们就按照前面提到的评估内容逐一介绍一些主要的评估指标。

1. 项目前期工作和实施阶段后评估的评估指标

(1)实际项目决策周期。

实际项目决策周期是指建设项目从提出项目建议书到项目可行性研究批准所经历的时间,是表示项目决策效率的一个指标,单位通常是月。

(2)项目决策周期的变化率。

其计算公式为

$$项目决策周期的变化率 = \frac{实际项目决策周期 - 项目计划决策周期}{项目计划决策周期} \times 100\%$$

它表示的是项目决策周期与预计项目决策周期相比的变化程度。

(3)实际设计周期。

实际设计周期指的是建设单位和设计单位签订委托设计合同生效之日起至设计完成并提交建设单位所用的时间,单位通常为月。

(4)设计周期的变化率。

表示实际设计周期与预计(合同)设计周期偏差程度的指标。其计算公式为

$$设计周期变化率 = \frac{实际设计周期 - 预计设计周期}{预计设计周期} \times 100\%$$

(5)实际建设工期。

实际建设工期是指建设项目从开工之日起至竣工验收止所实际经历的有效日历天数,不包括开工后停建和缓建所间隔的时间。

(6)竣工项目定额工期率。

它是反映项目建筑工期和国家统一制定的定额工期或者与设计确定、计划安排的计划工期偏离程度的指标。其计算公式为

$$竣工项目定额工期率 = \frac{竣工项目实际工期}{竣工项目定额期} \times 100\%$$

项目定额工期率大于1表示实际工期比定额或计划的工期长,反之则短。

(7)单位工程平均定额工期率。

(8)实际建设成本。

实际建筑成本是指建筑项目包括物化劳动和活劳动消耗在内的实际劳动总消耗,是对竣工项目以价值量形式表现的总投入。

(9)实际建设成本变化率。

$$实际建设成本变化率=\frac{实际建设成本-预计建设成本}{预计建设成本}\times100\%$$

（10）实际工程合格品率。

（11）实际工程优良品率。

（12）实际返工损失率。

（13）实际投资总额。

（14）实际投资总额变化率。

（15）实际单位生产能力投资。

2. 项目运营阶段后评估指标

（1）实际达产年限。

（2）实际达产年限的变化率。

（3）超前达产年限实际效益和拖延达产年限实际损失。

（4）实际产品价格变化率。

（5）实际产品成本变化率。

（6）实际销售利润。

（7）实际销售利润变化率。

（8）产品销售数量对销售利润的影响额。

（9）产品品种变化对销售利润的影响额。

（10）产品价格变化对销售利润的影响额。

（11）实际投资利润率。

（12）实际投资利润变化率。

（13）实际投资利税率。

（14）实际投资利税变化率。

（15）实际净现值。

（16）实际的净现值变化率。

（17）实际的净现值率。

（18）实际的净现值率变化率。

（19）实际投资回收期变化率。

（20）实际内部收益率。

（21）实际内部收益率变化率。

（22）实际借款偿还期。

（23）实际借款偿还期变化率。

3. 项目影响后评估阶段评估指标

（1）社会贡献率。

（2）社会累计率。

（3）环境影响指标。

（4）单位投资就业人数。

10.5.3 项目后评估的方法

目前,业内同行的项目后评价方法有以下几种:

1. 前后对比和有无对比法

一般来说,前后对比法(before and after comparison)是将项目实施前后的情况加以比较,以确定项目作用和效益的一种评估方法。我们在项目后评估的实务当中往往是将项目前期的可行性研究预测的结论和项目实施后的实际产生结果进行对比分析,发现其中的差别和变化,分析这种差别和变化产生的根源。这种方法可以评价计划、决策和实施的质量,是项目后评价中可以遵循的一条原则。

有无对比(with and without comparison)是将项目实际发生的情况和没有项目的情况进行比对,以度量项目的真实效益、影响和作用。对比的重点应该分清项目的作用影响以及非项目作用(外部作用)的影响。这种对比用于项目的效益评价和影响评价,是项目后评价的一个重要方法论原则。这里的"有"和"无"其实针对的就是我们的评估对象,即建设项目或者计划、规划等。

但是很多项目,特别是关系到国计民生的特、重大项目实施后的效果和影响不仅仅是项目本身造成的,还受到很多项目以外的因素影响,因此简单的前后对比有时也不能得出项目的真实效果。

2. 逻辑框架法(logical framework approach,LFA)

逻辑框架法是美国国际开发署在1970年开发并使用的一种设计、计划和评估的工具,目前绝大多数的国际组织都将该方法作为援助项目的计划管理和后评估的主要方法。可以说这种方法是目前世界上最为先进和合理的用于项目规划、实施、监督和评估的系统性方法。

LFA 是一种概念化论述项目的方法,它使用一个简单的框图来清晰地分析一个复杂项目的内涵和相关要素间的关系。逻辑框架是一种综合、系统的研究和分析架构模式,它主要应用问题树、目标树和规划矩阵三种辅助工具,将几个内容相关、必须同步考虑的动态因素组合起来,通过分析其相互之间的关系,从设计策划到目的目标等方面来评价一项活动或者工作,如表10.6所示。

表 10.6 逻辑框架法的模式

层次描述	客观验证指标	验证方法	重要外部条件
目标	目标指标	检测和监督的手段和方法	实现目标的主要条件
目的	目的指标	检测和监督的手段和方法	实现目的的主要条件
投入	投入物定量标定	检测和监督的手段和方法	决定投入的主要条件
产出	产出物定量标定	检测和监督的手段和方法	实现产出的主要条件

通过表10.6我们可以看到,LFA 的逻辑框架矩阵,横行代表项目目标的层次(垂直逻辑),竖行代表如何验证这些目标是否达到(水平逻辑)。通过垂直逻辑我们可以分析项目计划做什么,弄清项目手段和结果之间的关系,并通过确定项目本身和项目所在地的社会、物质、政治环境中的不确定因素。水平逻辑的目的是要衡量项目的资源和结果,并通过确立客观的验

证指标以及指标的验证方法来进行分析。水平逻辑就是对垂直逻辑在四个层次上的结果作出的详细说明。

如表 10.7 所示，对于某一个具体的项目，我们可以通过应用 LFA 来分析项目原定的预期目标、各个目标层次、目标实现的程度和造成这种结果的原因，用以整体评价项目的效果、作用和影响。

表 10.7 某项目后评价的逻辑框架

层次描述	预计目标	实际结果	原因分析	可持续的条件
宏观目标				
项目目的				
项目投入				
项目产出				

3. 成功度法

成功度法即通常所称的打分法，就是依靠评估专家或专家组的经验，综合后评估各项指标的评估结果，对项目的成功程度作出定性的结论。当然，这也是以逻辑框架法分析的项目目标的实现程度和经济效益分析的评估结论为基础，配合其他翔实的项目规划设计、实现过程和实际生产应用文案、数据的细致分析，作出来的主观结论。同时，它也是以项目的目的和效益为核心进行的全面系统评估。

【例 10.1】 在项目总评估过程中，我们可以运用多种评估方法，对于那些对项目有着至关重要作用、能够直接影响到项目成败的核心因素、关键因素，我们通常可以采用（　　）。

【答案】 一票否决法

在评估方法中，如果遇到对于项目影响极其巨大的核心因素，我们可以采用比较极端的非此即彼的一票否决法，凡是不符合该因素指标要求的方案，给予直接否决。

【例 10.2】 对于国家开发银行贷款投资的某大型火电站项目，为了保证项目后评估的客观公正，下面哪几个单位不适合作为项目的后评估机构？（　　）

A. 省级国有资产管理办公室　　B. 国家开发银行专项资金管理办公室
C. 项目基桩工程承建单位　　　D. 项目主要设备承包商
E. 国务院发展改革和委员会下辖的电力业务主管办公室

【答案】 CD

项目的分包商或供货商在这个项目中有着重大的利益纠葛，缺少公平公正的立场；另外，这些机构本身不具备项目后评估的资格，也没有能力对该项目进行评估工作。

10.5.4　项目后评估的程序

项目后评估的工作程序主要是围绕着提出问题、评估准备、分析研究和作出结论四个步骤来进行的。

首先是根据项目后评估的具体要求了解评估工作的主要目的、对象，评估的范围以及对于评估有哪些具体的要求。这些具体的内容应该来自于评估主体单位的要求，同时也是行业内的惯例以及过往项目经验的积累。

在搞清楚评估需要解决的主要问题后，就需要制订出具体的后评估计划，这里面包括如下几个方面的内容：

① 建立后评估的组织机构，配备项目后评估人员；
② 确定后评估内容的范围与深度，选择评估标准和技术指标；
③ 选定评估方法，即确定评估策略。

接下来就是调查、收集和整理资料，这里面的资料包括：

① 档案资料，如建设项目的规划方案、项目建议书（预可行性研究）和批文、可行性研究报告、评估报告、设计任务书、初步设计材料和批文、施工图设计和批文、竣工验收报告、工程大事记、各种协议书和合同、项目选址和技术工艺设备方案及其选择的论证材料等；
② 项目生产经营资料，主要是生产、销售、供应、技术、财务、劳动工资等部门的统计年度报告；
③ 分析预测用的相关基础数据，主要是建设项目开工以来的有关利率、汇率、价格、税种、税率、物价指数变化等方面的资料；
④ 与项目有关的其他资料，如国家及地方的产业结构调整政策、发展战略和长远规划，国家和地方的相关法律、法规等。

对搜集到的数据和资料进行汇总、加工和分析、整理，对需要调整的数据和资料要进行调整和替换；如果需要进一步补充资料的，应该及时地查找补充。对相关数据也可以进行补充测算，以满足验证的需要。

最后就是撰写后评估报告，报告中应该体现以下几个方面的内容：

① 总体结果；
② 可持续性；
③ 方案比较选择；
④ 经验教训。

项目后评估的流程如图 10.3 所示。

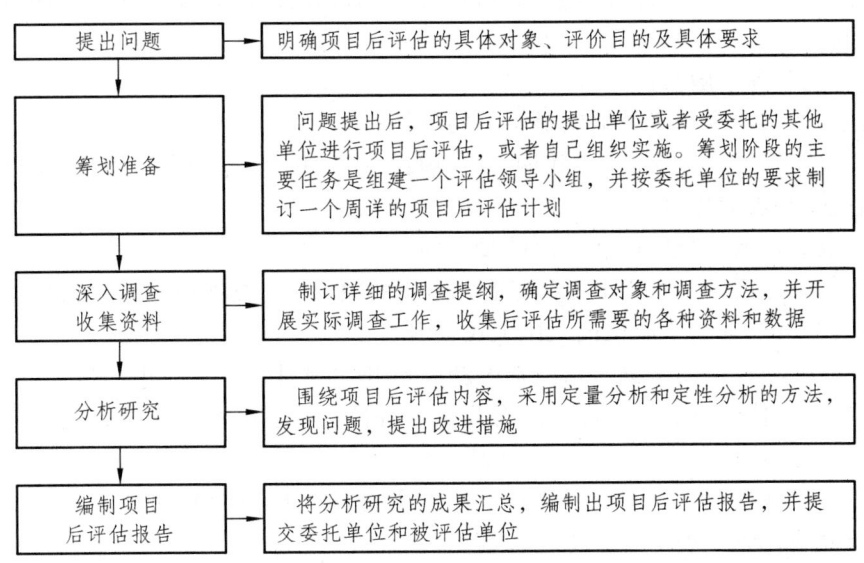

图 10.3　项目后评估的流程示意图

10.6 建设项目后评估的组织与实施

10.6.1 项目后评估的组织机构

（1）项目后评估组织机构的基本要求。

项目后评估的组织机构需要满足客观性、公正性的要求，本身要具有反馈检查的功能。

（2）项目后评估机构的设置通常如下：

① 国家计划部门项目后评估机构；
② 国务院各主管部门项目后评估机构；
③ 地方政府项目后评估机构；
④ 银行项目后评估机构；
⑤ 其他投资主体的项目后评估机构。

10.6.2 项目后评估的实施

在前面我们讲到了项目后评估的工作流程，初步了解了项目后评估的资源要求，这里面包括了评估过程中使用的资料和数据。另外，我们要组织项目后评估还需要有专门的评估小组，小组的组成成员需要涵盖各个专业领域的有着丰富项目经验的技术人员或专家。项目后评估对经费也有一定的要求，通常情况下项目后评估经费根据项目的规模不同都会占到项目总经费的一定比例：

① 大中型项目：0.2%~1.5%；
② 小型项目：1.5%~3.0%。

在时间安排上，项目后评估一般从项目后评估课题的提出到提交项目后评估报告需 3 个月左右的时间。

项目后评估对象一般有：

① 项目投产后本身经济效益明显不好的项目；
② 国家急需发展的短线产业部门的投资项目，其中主要是国家重点投资项目，如能源、通信、交通运输和农业项目；
③ 国家限制发展的长线产业部门的投资项目；
④ 一些投资额巨大、对国计民生有重大影响的项目，这类项目的后评估报告应该提交全国人民代表大会，审查结果应该向全国人民公开；
⑤ 一些特殊项目，如国家重点投资的新技术开发项目、技术引进项目。

根据项目后评估的概念和作用，结合我国经济社会发展的实际情况，我国目前通行的项目后评估时间一般选择在：

① 一般生产性行业在竣工项目达到设计生产能力后 1~2 年内进行；
② 基础设施行业在竣工后 5 年左右进行；
③ 社会基础设施行业可能更长一些。

本章小结

通过本章的学习,同学们应该掌握项目总评估和后评估的概念、常规流程和基本的工作方法,能够理解项目总评估和后评估在整个建设项目运作过程中的意义,进而达到通过项目总评估和后评估的应用,能够在项目管理过程中及时发现不足,评价项目运营效率,同时增强抵御不可测因素的综合管理能力。

课后习题

一、案例分析

以北方某市北运河综合治理工程建设项目为例,说明逻辑框架法在项目后评估中的应用。

该市主要干流河流域总面积达 264 617 km², 上游支流繁多。北运河是该河干流中的 1 条多功能河道,河道全长 15.017 km, 流经市内 3 区。其主要功能是分泄永定河洪水和输送滦河河水入海河。长期以来,两岸大量密集的民房、企业厂房、临建等占压河道滩地和堤防,生活、工业和建筑垃圾随意堆弃,造成水质污染、环境恶化、河道主槽宽度狭窄,实际过流能力仅为原设计流量的 1/8 左右,严重影响河道行洪能力,对全市人民生命财产安全构成了很大威胁。北运河综合治理工程自 2000 年 12 月正式开工,至 2001 年 9 月底顺利完工并投入使用,总投资约为 4.7 亿元。

该工程主要内容为:① 建设堤防、清理河道、清运垃圾、拆除河滩违章建筑物,实现河道行洪 400 m³/s 标准,以满足防汛和引滦输水要求;② 沿岸环境治理,绿化堤岸、新建 4 座沿河主题公园,形成城市自然和人文景观;③ 完善交通设施,建设沿岸道路、新建 3 座桥梁、1 座橡胶坝和船闸。北运河综合治理工程集防洪、供水、环保、旅游、景观、交通等多功能为一体,是具有社会、经济及环境综合效益的工程。

通过调查研究,充分了解项目实施前的现状,明确项目要解决的主要问题,分析这些问题产生的原因和造成的影响,阐述项目实施的必要性。分析中可采用"问题树"的分析方法。项目问题树分析示意图见图 10.4。

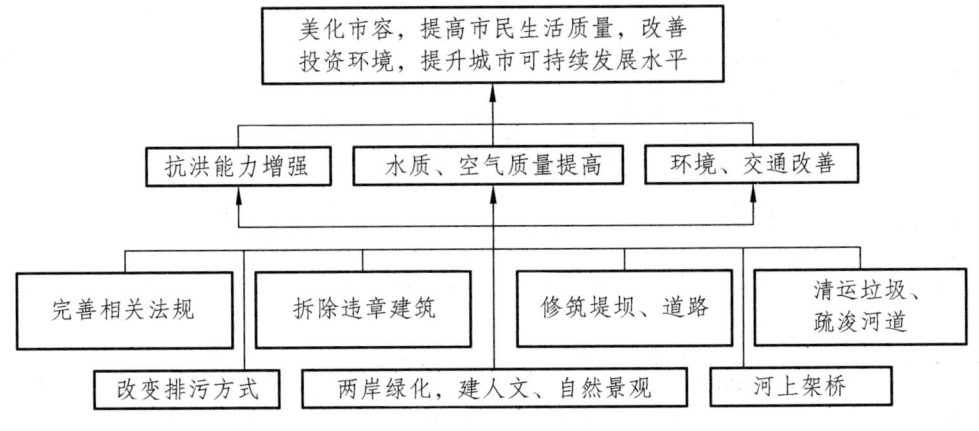

图 10.4 项目问题树分析示意图

目标分析是在问题分析的基础上,确定项目的"核心问题",即必须对北运河进行综合治理,才能解决防洪和污染问题,为城市可持续发展创造良好环境。通过目标分析,提出项目要实现的直接目的和宏观目标。目标分析是用来表述在问题解决后将达到的状态,并拟订解决问题方法。北运河项目目标分析树形图见图10.5。

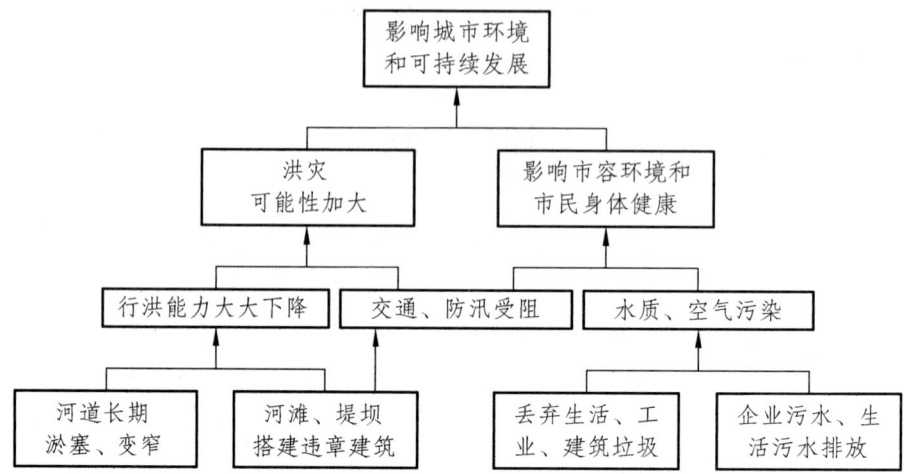

图10.5 项目目标树分析示意图

以社会评价为例,阐述该项目后评价中逻辑框架法的应用。社会评价重点为:深入分析北运河工程对社会稳定、社会发展、社会环境的影响。工程项目提高了天津市的防灾减灾能力,完善了基础设施,改善了生态环境,提高了人民生活质量,促进了社会的安定团结。同时,对于塑造大都市的文明形象、促进工农业生产发展也产生了积极的影响。工程项目得到全体市民的支持,发挥了很好的社会效益。社会评价逻辑框架分析如表10.8所示。

表10.8 社会评价逻辑框架分析

项目结构	指标	检验方法	达到指标的条件
项目目标 把天津建设成现代国际大都市,促进社会经济发展,提高市民生活水平	大大改善两岸生态环境; 促进了周围商业、交通、文化、教育事业的发展; 沿河各社区人与自然和谐相处; 就业机会增加	对比基线调查资料; 统计资料	国家对该工程建设的重视和支持; 市委、市政府把此项工程列为为人民办的重要实事
项目目的 北运河经过综合治理,具有防洪、供水、环保、旅游、景观、交通等功能	过流能力由工程实施前的 $50\ m^3/s$,可基本免受洪灾损失; 脏乱臭河变成河水清清、风景秀丽的旅游胜地; 提高城市供水能力; 移民生活水平提高	项目竣工验收报告; 对移民和北运河两岸居民的访问	工程及时竣工; 工程质量达标; 移民满意,能较好地适应新环境
项目产出 垃圾清运; 河道整治;	2001年9月完成: 90万 m^2 绿化带; 清除垃圾35万 m^3;	工程监理报告; 项目竣工验收报告; 沿河各区"建设征地	建设单位得力的组织管理; 工程资金到位;

续表 10.8

项目结构	指标	检验方法	达到指标的条件
基础设施建设，包括堤防、道路、桥梁、水上航线、电力线等； 两岸的绿化带； 4 个公园； 移民迁移和安置	滩地整形 41 万 m^3，公路 20 多 km； 新建滦水园等 4 个公园； 修建河道堤防、浆砌石护坡、挡水墙、橡胶坝 1 座、桥梁 3 座； 总拆迁面积达 32.8 万 m^2	"补偿和移民安置工作报告"； 现场实地考察	施工队伍精心施工； 监理公司严格监理； 当地政府积极配合
项目投入 资金； 工程技术专家； 政府部门工作； 各种施工设备和项目运营设施设备	总投资 4.7 亿元； 市水利部门组织强有力的工程建设管理工作机构； 沿河 3 个区政府拆迁指挥部门	工程进度报告； 资金拨付清单； 工程监理报告； 项目统计资料	资金落实； 沿河 3 个区区委、区政府的大力支持

二、简答题

1. 什么是建设项目总评估？它在项目管理过程中的作用有哪些？
2. 什么是建设项目后评估？它在项目评估中的作用是什么？
3. 简述建设项目总评估的步骤。
4. 建设项目总评估的方法有哪些？
5. 简述建设后评估的主要方法。
6. 建设项目后评估的程序是怎样的？

参考文献

[1] 国家环境保护总局环境工程评估中心. 环境影响评价相关法律法规[M]. 北京：中国环境科学出版社，2005.
[2] 国家环境保护局环境工程评估中心. 建设项目环境影响技术评估指南[M]. 北京：中国环境科学出版社，2003.
[3] 国家环境保护总局环境工程评估中心. 环境影响评价技术方法[M]. 北京：中国环境科学出版社，2008.
[4] 国家环境保护总局环境工程评估中心. 环境影响评价案例分析[M]. 北京：中国环境科学出版社，2008.
[5] 曾向东. 环境影响评价[M]. 北京：高等教育出版社，2008.
[6] 郝建新. 全国注册咨询工程师（投资）执业资格考试案例分析[M]. 武汉：华中科技大学出版社，2007.
[7] 王华. 建设项目评估[M]. 北京：北京大学出版社，2008.
[8] 王国玉. 投资项目评估学[M]. 武汉：武汉大学出版社，1996.
[9] 国家计划委员会. 建设项目经济评价方法[M]. 北京：中国计划出版社，1987.
[10] 周慧珍. 投资项目评估[M]. 4版. 大连：东北财经大学出版社，2010.
[11] 中国国际工程咨询公司. 建设项目评价咨询手册. 北京：中国计划出版社，1988.
[12] 何小峰，刘伟. 利用外资项目评估[M]. 北京：北京大学出版社，1989.
[13] 刘晓君，刘宏玉. 工程经济学[M]. 北京：中国建筑工业出版社，2012.
[14] 国家发展和改革委员会，住房和城乡建设部. 建设项目经济评价方法与参数. 北京：中国计划出版社，2006.
[15] 全国注册咨询工程师（投资）资格考试参考教材编写委员会. 项目决策分析与评价[M]. 北京：中国计划出版社，2011.